KB111234

우리겨레 성씨 이야기

김 정 현

지식산업사

우리겨레 성씨 이야기

초판 제1쇄 인쇄 2009. 12. 5.
초판 제1쇄 발행 2009. 12. 10.

지은이   김정현
펴낸이   김경희
펴낸곳   ㈜지식산업사
         주 소 본사: 경기도 파주시 교하읍 문발리 520-12
              서울사무소: 서울시 종로구 통의동 35-18
         전 화 본사: (031)955-4226~7 서울사무소: (02)734-1978
         팩 스 (031)955-4228
         인터넷한글문패 지식산업사
         인터넷영문문패 www.jisik.co.kr
         전자우편 jsp@jisik.co.kr
         등록번호 1-363
         등록날짜 1969. 5. 8.

책값은 뒤표지에 있습니다.

ISBN 978-89-423-3075-1 (03380)

이 책을 읽고 저자에게 문의하고자 하는 이는 지식산업사 전자우편으로 연락 바랍니다.

머리말

아득한 옛날 인간이 문자(文字)를 발명하였다. 이전에는 말로써만 가능했던 의사소통과 표현이 문자를 통해서도 가능해졌다. 인간의 지혜를 통해 이 문자는 혈통의 표시에도 쓰이게 되었다. 바로 성(姓)이 등장한 것이다.

성은 자자손손 이어졌다. 같은 성을 씀으로써 1백 년이고 2백 년이고 세월이 흘러도 같은 혈통임을 알 수 있게 되었다. 같은 혈통이란 곧 혈족(血族)을 뜻한다.

사실 원시시대의 인간이 비교적 자기 혈족을 잘 알 수 있었던 이유는 한 지역을 벗어나지 않는 데 있었던 듯하다. 같이 모여 사는 곳을 벗어나서 다른 지역으로 흩어져 나가 살고, 그 뒤로 긴 세월이 흐르면, 자기 혈족임을 분명 분간하지 못했을 것이다. 문자가 없었던 시절에도 그림 또는 어떤 물체를 사용하여 혈족을 구별했을지도 모르지만, 문자로 표기되는 성을 사용하면서 더욱 쉽게 분간할 수 있게 되었다.

한국인들은 같은 성을 쓸 뿐 아니라 본관까지도 같아야 혈족이라고 한다. 다시 말해, 같은 성을 쓴다고 해서 반드시 같은 조상에서 내려온 핏줄로 여기지는 않는 것이다. 이 본관제도는 유일하게 한국에서만 통용되는 제도이다.

그런데 오늘날 여러 나라에서 성이 등장할 때 가졌던 목적, 또는 취지와는 다르게 쓰는 것을 볼 수 있다. 다시 말해, 혈족의 표시로 사용하지 않는 것이다. 이에 대해서 우리는 새삼 의아하게 여긴다. 그러려면 어째서 성을 쓰는가, 라고까지 하는 사람들도 있다.

우리의 성은 분명 혈족의 표시다. 성에서 이런 의미가 사라진다면 굳이 성을 가질 필요가 없을지도 모른다.

오늘날 우리는 성이 변질되는 모습을 보고 있다. 혈족 표시로 사용하던 부계성(父系姓)의 혈통주의를 바꾸려는 움직임이 있는 것이다. 성의 역사를 살펴보면 부계성의 혈통주의가 남녀차별의 차원이 아님을 알 수 있다. 부계성이 자손들에게 전해진 데에는 피치 못할 이유가 있었다.

그런데 우리는 역사 속에서 형성된 그 이유를 무시하고 일찍이 공산주의 국가들이 취하던 비(非)혈족주의 성의 개념에 따라 부계성 성씨제도를 없애려 하고 있다.

성은 단순한 장식품이 아니다. 그저 건성으로 이름 앞에 달고 다니는 문자 표시가 아닌, 우리 선대(先代)의 지혜가 남긴 문화유산인 것이다. 소중한 유산을 섣부르게 변질시키기보다는, 그 본래의 뜻을 잘 보존하는 것이 도리가 아닌가 한다.

2009년 10월 5일
저자 김 정 현

차 례

3 부

4 부

1 부

성씨의 의미와 기원

고대 중국에서 성(姓)이란 말이 처음 등장하고 사용될 때는 오늘날 우리가 사용하는 개념과는 달랐다. 최초의 성은 그 용도가 어느 모계(母系), 곧 어느 어머니에서 나온 종족인가를 밝히는 것으로, 단지 종족을 구별하는 데만 목적을 두고 사용하였기 때문이다.

姓(성)을 파자(破字)해 보면 여(女)와 생(生)의 두 글자가 나온다. 곧, 여자가 아이를 낳는다는 말이 된다. 아이를 낳는 여자가 한두 명이 아니고 보면, 그 나름대로 한 핏줄이란 계보의 표시가 있게 마련이다. 이를테면 종족을 구분하는 방법이 나온 것이다.

고대 중국에서는 모계성(母系姓)으로 분류되는 성이 있었다. 희(姬), 길(姞), 강(姜), 규(嬀), 사(姒), 요(姚) 등이 그것인데, 모두 女(여)라는 글자를 포함하고 있다. 중국인들은 이들 모계성에 설화적 설명을 붙였다.

중국역사에 등장하는 삼황오제(三皇五帝)라는 전설적 인물이 있었는데, 그들 모두가 남성이며 성이 있다고 기록되어 있다. 그 가운데 삼황, 곧 황제(黃帝), 신농씨(神農氏), 우순(虞舜)의 성에 대해서는 다음과 같은 이야기가 있다.

중국 한족(漢族)의 시조인 황제의 어머니가 희수(姬水)에 살면서 황제를 낳았기 때문에 姬(희)의 성을 쓰게 되었고, 신농씨의 어머니는 강수(姜水)라는 곳에서 아들을 낳았기에 姜(강)이라는 성을 쓰게 되었고, 우순의 어머니는 요허(姚墟)에 살면서 아들을 낳았기 때문에 姚(요)의 성을 붙였다고 한다.

모계사회였을 때는 한 어머니가 여러 남자의 씨를 받아 애를 낳았다. 어머니가 보았을 때는 그 자신이 낳은 자식들이기에 한 핏줄이겠지만, 씨를 뿌린 남자들의 처지에서는 그 아이들이 하나의 핏줄이라고 생각하기 어려운 일이었다. 그래서 이때는 씨족(氏族)이란 말을 쓰지 않고 부족(部族)이라는 말로 그들 집단을 불렀다.

씨족(氏族)이란 말에서 씨(氏)란 글자는 남자의 뜻을 가진다. 고대 중국에서는 성(姓)과 씨(氏)를 구별하여, 성은 여자의 것으로, 씨는 남자의 것으로 구별하여 사용하였다.

성이라고 하면 앞서 말한 희(姬), 강(姜), 규(嬀), 사(姒), 요(姚)를 말하고, 씨라고 하면 오제(五帝)인 헌원씨(軒轅氏), 복희씨(伏羲氏), 신농씨(神農氏), 고양씨(高陽氏), 고신씨(高辛氏)의 이름 끝에 붙어 있는 씨(氏)를 말한다.

오늘날 이 씨(氏)는 남녀 구분 없이 존칭의 표시가 되었지만 고대 중국에서는 존칭이 아닌 남자라는 의미로 사용된 것이다.

문명사회로 접어든 뒤 인간의 지혜가 발전하면서 사람들은 간단한 글자로 혈족을 나타내는 표시를 하였다. 그 표시 덕분에 수백 년이 지나도 혈족을 구별할 수 있게 되었다.

부계성이 제도화되기 시작한 뒤로 모계성은 핏줄표시의 의미를 잃었다. 대신에 부계성으로 혈족을 표시하는 제도가 오늘까지 이어진 것이다.

'성의 의미가 도대체 무엇인가' 하고 물으면 단적으로 '문자에 의한 혈족표시'라고 말할 수 있다. 사전에는 '혈통끼리 가지는 칭호'라 설명하였다. 영어권에서는 성을 family name이라고 한다. 가족이 공통으로 쓰는 이름이라는 뜻이다.

가족은 핏줄이 같다는 뜻의 혈족개념이다. 그러니까 영어권에서도 마찬가지로 성이 혈족표시로 사용되어 왔던 것이다.

한문 성을 쓰는 나라에서는 성을 자기의 이름 앞에다 붙인다. 그러나 영어, 또는 다른 언어를 사용하는 서양 여러 나라에서는 자기의 이름 뒤에다 성을 붙이고, 서로를 호칭할 때도 성을 곧잘 사용했다('미스터 오바마' 하는 식으로). 이는 공통적으로 사용하는 가족의 성, 곧 혈족의 성을 중요시하는 관념에서 나온 습관이 아닌가 한다.

이와 달리 한문 성을 쓰는 나라에서는 성을 개개인의 이름처럼 부르는 것을 삼가하여 왔다. 예를 들어 이씨, 김씨 또는 이가야, 김가야 하고 불러대면 상대방을 낮춰 부르는 것으로 여겨 금기시했다. 성과 함께 이름을 부르되, 이름 뒤에다 씨니 님이니 하는 존칭을 붙여 부르는 것을 예의로 보았다. 막역한 친구 사이일 때는 그런 존칭을 안 붙이지만, 그래도 성만을 부르는 것은 삼가해 왔던 것이다. 친한 사이라면 성은 제외하고 차라리 이름만 부르는 것이 보통이었다.

언어가 다른 성씨의 문화권마다 이런 호칭의 차이가 있는데, 한국인들도 영어권 나라의 호칭을 쓰는 경우가 없지 않다. 그냥 한국식으로 김씨, 이씨 하고 부르기는 껄끄럽게 느껴졌기 때문인지, 성을 부르되 '미스터 김'이니 '미스터 리'니 하는 식으로 Mr.(미스터)

란 존칭인지 접두어인지 모를 말을 붙인다.

성은 본래 문자로 남기는 혈족표시이지만 오늘날에는 그 의미가 퇴색되었다. 옛날에는 성에 지배층을 위한 혈족표시의 의미가 있었다. 이와 달리 성의 소유가 대중화된 뒤에는 다양한 성이 나타났고 원래의 의미가 무색해졌다. 오늘날에는 개개인의 이름에 당연히 성이 붙는다고 인식하며 사용하고 있는 것이다.

고대와 중세에는 성이 그 본래 취지에 걸맞게 사용되었다. 중국의 여러 자료에 나타난 성의 기원을 보면 그 의미를 확실히 알 수 있다.

한국의 성이 어떤 뿌리에서 나왔는지 알려면 우선 중국의 사례를 살펴봐야 한다. 한국의 성은 중국의 성씨문화에서 전수된 것이고 중국의 성과 동질성을 갖는 바가 있기 때문이다.

중국의 성이 어떻게 나타났는지를 알려면 고대 주(周)나라의 성씨 등장과 그 제도 및 발전과정을 살펴봐야 한다.

주나라 왕실은 희(姬)라는 성을 썼다. 주의 왕실에서 공통으로 쓰는 성을 종성(宗姓)이라고 불렀다. 종성을 '종가집 성'이라 해석해도 상관없다. 이 종성은 우리나라의 본관과 비슷한 것으로 볼 수 있다.

주나라에는 원래 왕실의 성을 쓰던 왕족이 제후국의 군주로 나가면 따로 성을 갖는 제도가 있었다. 이 경우 새로 성을 지어 사용했는데, 이 성이 제후국의 이름이 되기도 하였다.

주나라는 최초로 제후국을 두는 봉건제도를 실시했다. 주나라는 봉건 제후국을 거느리는 큰 국가로 왕족이나 공신에게 지역을 나누어 주고 그 지역을 국가 형태로 다스리게 하였다. 제후(諸侯)는 제후국을 다스리는 영주를 말한다.

주나라가 봉건 제후국으로 거느리고 있던 나라는 노(魯)나라, 제(齊)나라, 오(吳)나라, 진(陳)나라, 조(曹)나라, 연(燕)나라, 진(晉)나라, 채(蔡)나라, 정(鄭)나라, 위(衛)나라 등이었다.

주나라에는 서주(西周), 동주(東周)시대가 있었다. 두 시대를 합해 867년 동안 나라를 지탱했다. 종성(宗姓)이 아닌 성을 주대(周代)에서는 씨(氏)라고 했다. 씨를 학자들 사이에서는 일명 씨성(氏姓)이라고 하기도 했는데, 씨성의 뜻은 남자의 성이란 것이다.

종성이 아닌 씨에 대하여 이해를 하려면 주나라의 종법(宗法)을 알아야 할 것이다. 종법에는 대종(大宗)과 소종(小宗)이 있다. 대종은 종가의 일족 가운데 단 한 사람으로, 시조를 영구히 받드는 위치에 있다. 적장자(嫡長子)가 이 대종의 자리를 승계하고 조상의 제사를 맡았다.

소종은 고조부(高祖父)까지 모시는 종가를 말한다. 임금으로부터 영지(領地)를 받아 부임한 제후들은 새로 종묘(宗廟)를 짓고 자기 조상에게 제(祭)를 올린다. 이 의식은 자기가 속해 있던 씨족으로부터 분가(分家)하여 새로운 씨족을 만든다고 선조에게 알리는 고유제(告由祭)이다. 그 뒤로 그 제후는 새로운 성의 시조가 된다. 이것은 우리나라의 성씨제도에서 볼 수 있는 파조(派祖)와 같은 성격을 띤 것이다.

주나라에서는 씨족제도를 기초로 하여 지배계급이 형성되어 있었다. 이 제도가 성씨제도에서 잘 나타나 있다. 제후들이 분가하여 새로운 국가를 만들게 되면 동일족(同一族), 곧 주 왕실의 왕족이 함께 갖고 있던 희(姬)의 성을 버리고 각자의 씨를 썼다. 이 집단에서 또 분가하여 나가는 왕족은 또 다른 씨를 취했다. 새로 씨를 만들 때는 주로 자신이 거주하는 지명(地名), 또는 자신이 얻은 관직명(官職名)에서 따왔다.

모계성인 성에서 씨가 나오고, 씨에서 또 씨가 나오고 하는 분출식(分出式)이 주나라의 성씨제도였다. 오늘날 중국에 많은 수의 성이 존재하는 것은 이 제도에 원인이 있다고 볼 수 있다.

주나라 왕실의 여자들은 모계성(母系姓)인 희(姬)의 성을 그대로 사용하였다. 이는 어떻게 보면 여자는 새로운 성을 가질 수 없다는 얘기가 되는 것이다. 출가하면 자기의 성은 혈연적으로 이용되는 것이 아니므로 굳이 성을 다른 것으로 가질 필요가 없다는 이유로 희(姬)의 성만 갖게 했는지도 모른다.

어쨌든 주나라 여자에게 새로운 성은 없었다. 희(姬)의 성을 계속 사용했고, 이 희(姬)라는 글자가 나중에는 성과 무관한, 여자를 존칭하는 의미로 쓰이게 되었다.

주나라는 성씨제도와 함께 동성불혼(同姓不婚)의 제도가 있었다. 이 동성불혼이 생긴 것은 성(姓)과 씨(氏) 사이에 혼돈이 있었기 때문이다. 다시 말해, 여자가 종성(宗姓)인 희의 성을 쓰고 있고 남자 역시 같은 종성을 쓰더라도 씨성이 다르면, 자신도 모르게 친족 사이에 혼맥이 맺어지는 경우가 많았던 것이다.

당시 주나라 사람들은 혈족 사이의 혼사는 혈족을 번창하게 하지 못한다는 믿음을 가지고 있었다. 성과 씨의 혼돈으로 혈족 사이의 혼맥이 생기는 것을 막고자, 주나라는 여자에게도 부계성인 씨를 따르게 하고 그 씨로 혈족임을 알게 하여 동성불혼을 지키게 하였다. 누구든지 같은 씨를 사용하는 사람은 모두 동족으로 생각하고 혼인을 못하게 한 것이다. 이것이 동성불혼(同姓不婚)의 의미였다.

이와 달리, 우리나라는 같은 성을 쓰더라도 본관이 다르면 혈족이 아니라고 간주하고 결혼을 했다.

중국 주나라의 동성불혼으로 말미암아 이른바 모계성인 종성이 없어지게 되었다. 남자가 갖는 씨(氏)가 성(姓)을 대신해 실제 혈족의 표시가 된 것이다.

이 때문에 성과 씨의 구별도 없어지면서 두 글자가 합쳐져 성씨(姓氏)라는 말이 생겼다. 오늘날 우리가 성씨하면 곧 성(姓)을 말하게 되는 데에는 바로 이러한 내력이 있었다. 성과 씨의 통합으로 말미암아 부계(父系)의 성으로 혈족을 표시하고 이를 후손들에게 물려주게 된 것이다.

중국 문헌에서 성에 관한 내용은 《위서》(魏書), 《관씨지》(官氏志), 《통지》(通志) 등에 기록되어 있다. 《위서》의 경우 A.D.5세기 무렵에 엮은 책이다. 《통지》는 12세기 중국 남송시대(南宋時代)에 간행된 것이다.

성의 등장시기는 문자가 발명된 뒤인 것이 분명하다. 그 문자가 오늘날의 문자와 어느 정도 비슷해졌을 때 발생되었다고 볼 수 있다. 주나라는 갑골문자를 쓰던 은나라를 대신해 등장한 국가이다. 이 시기에 어느 정도 지금의 글자 모습이 갖추어지고 성이 생겼다고 할 수 있다.

동성불혼 제도는 고대 한반도에서도 시행된 사례가 있다. 중국의 문헌에는 다음과 같은 내용이 있다.

우리민족의 고대국가 가운데 하나로서 한반도 동북부(지금의 함경도 지방)에 위치했던 예(濊)가 있었다. 이 예에서 동성불혼의 습속(習俗)이 있었던 것이다. 이 나라의 여러 습속은 오늘날 영남권 사람들이 갖고 있는 풍속과 비슷한 면이 있었다. 그 예로 삼베를 삼고 누에를 쳐서 명주를 짜는 풍습은 예전 영남지역에서 주로 나타났던 것이다. 중국의 《후한서》(後漢書)에 '예는 산천을 중히 여기고 산천마다 각각 부락(部落)의 경계를 둬 간섭하지 않고 같은 성(姓)끼리 혼인을 하지 않는다. 그리고 삼베를 삼을 줄 알고 누에를 쳐서 명주를 짰다'는 내용이 기록되어 있다.

예는 예맥(濊貊)의 약칭이고, 이 나라가 우리민족의 근간이 되었다는 이야기도 있다. 이 나라 사람들은 알타이어계의 퉁구스족에 속하는 것으로 보기도 한다. 또한 예는 삼국시대 이전의 국가다. 다시 말해, 신라에서 등장하였던 왕족의 성과 6촌의 성보다 먼저 성의 문화가 있었다는 얘기가 된다.

동성불혼은 주(周)나라의 풍속이었음을 고려하면, 그런 풍속이 한반도에도 이미 오래전에 전해졌다고 볼 수 있다.

중국의 역사서에 그같은 기록이 나온다면 허황된 이야기는 아니다. 역사서에서 성에 대한 언급을 한 것은 종족들이 성을 갖는 문화가 단순하지 않았음을 보여준다.

예의 동성불혼 풍속이 실제로 있었다면, 이는 신라의 성씨문화와는 확연히 다른 것이다. 신라에는 골품제도(骨品制度)가 있어 성골(聖骨)·진골(眞骨) 등의 위계가 왕위를 계승하거나 관직에 오르는 데 결정적인 영향을 끼쳤다. 성골끼리 결혼을 해야만 그 자식 역시 성골이 될 수가 있었다. 이 때문에 같은 성의 왕족끼리 혼인하는 일이 잦았다.

이 동성결혼의 풍습 때문에 김씨 왕족이 중국에서 건너온 흉노족의 후예가 아닌가 하는 말이 나오기도 한다. 중국의 김씨 성은 흉노족에게서 최초로 나왔고, 또 흉노족에게는 순수혈통 보존이란 취지로 동성혼(同姓婚)의 관습이 있었기 때문이다.

몽골사람에게도 일찍부터 근친혼의 관습이 있었다. 이 근친결혼 역시 혈통보존의 수단으로 나타났던 것으로, 남자이든 여자이든 어떤 혈족의 피를 가진 사람이 있으면 근친혼으로 혈족을 잇게 하는 관습을 갖고 있었다. 흉노족 가운데에는 몽고계 출신도 있었다. 그 때문에 근친혼 풍습도 공유했을 가능성이 있는 것이다.

흉노족은 기마유목민이다. 한 곳에 머물러 사는 것보다 여기저기 옮겨가며 사는 습성의 종족이다. 뿐만 아니라 싸움을 자주하고 다른 종족을 정복하는 생활양식을 가졌다.

그들은 전장에서 죽는 일이 많았다. 그러면 가족 가운데 부녀자들은 과부가 되었다. 이 때문에 종족의 인구가 감소할 우려가 있었고, 이를 방지하고자 근친 사이의 혼인도 나타났던 것이다.

그들에게는 '부자(父子) 또는 형제(兄弟)가 죽으면 남아있는 미망인은 자기의 처로 삼을 수 있다'는 습속이 있었다. 가령 어머니가 과부가 되면 살아있는 아들이 자기의 어머니를 부인으로 삼았다. 반대로 아들이 죽고 그 아들의 부인이 혼자가 되면 아버지가 처(妻)로 취했다. 이 때문에 과거 한(漢)나라에서는 '흉노족은 제 어머니와 붙어먹는다'는 비난조의 말을 하였다.

신라의 김씨 왕족 골품제도를 보면, 흉노족 습속의 영향을 받았다고 생각해 볼 수도 있다(한편 일본도 혈족을 지킨다는 의미에서 성이 다른 사람과 혼맥을 금하는 일이 있었다). 흉노족의 뿌리를

중앙아시아의 수메르계(系)로 보기도 한다. 그들은 오늘날 아랍계
와도 통한다. 과거에는 아랍계 사람들도 같은 혈통끼리 혼인하는
경우가 많았다.

중국인과 같은 글자의 성을 쓴다

왜 우리 한민족의 성과 중국인 성의 글자가 같은가, 그리고 하필이면 이런 글자를 쓰게 되었는가, 하는 궁금증이 생길 수도 있다. 이 의문에 대해 간략하게 답하자면 '성의 글자가 중국의 한자에서 나왔고 성씨의 문화 역시 중국에서 전래되었기 때문'이라고 할 수 있다.

한국인의 성을 한글 전용으로 사용하면 어떨까, 하는 의견도 있다. 그런데, 그렇게 되면 글자는 같지만 뜻이 다른 성이 많아지게 되어 혈족이 다른 성끼리의 구분은 어렵게 될 것이다. 혈족구별이 안 되는 성이라면 그 본래 의미는 없어지고, 단지 형식에 불과한 일종의 장식품이 되어버릴 것이다.

중국인에게는 백가성(百家姓)이라고 하는 대성(大姓)이 있다. 대성은 성씨들 가운데 인구수가 많은 성씨들을 말한다. 문헌에 따르면, 중국에서는 1만 개가 넘는 성이 있었지만 현재 주로 쓰이는 성은 1천 개 정도이다. 1천 개의 성을 두고 그들은 천가성(千家姓)이라고 한다. 이 천가성에서 많은 인구수를 가진 성 백 개를 골라 백가성이라고 하였다.

중국인의 가(家)는 한국인의 김씨(金氏), 김가(金哥)와 같은 개념을 가진다. 한 예로 중국에서 장가장(張家莊)이라고 하면 한국인에게는 장씨의 집성촌이라는 말이 된다.

중국인의 성은 한국인의 성처럼 한 개의 글자를 쓰는 단성(單姓)이 대부분이다. 두 개의 글자를 쓰는 복성(複姓)은 몽고계나 소수민족의 성을 표시할 때 하나의 한자로는 표기할 수 없었기에 두 글자, 세 글자 등으로 성을 만든 것이다. 몽고계의 경우에는 무려 열 개의 한자로 성을 표기하는 일도 있었다.

성의 내력을 잘 알면, 민족의 뿌리 관계도 잘 알 수 있다. 그러나 오늘날 우리 역사학계는 역사 속의 정치관계에는 관심이 있지만, 성의 내력에 따르는 역사에 대해서는 가벼이 여기는 것 같다.

동서양을 통틀어 성의 역사는 다 있다. 그러나 그 형성과 내력을 규명하는 데는 어느 나라든 큰 관심을 기울이지 않았기에, 적잖은 사람들이 무지(無知)한 실정이다.

유럽에서는 대부분 성을 이름 뒤에다 붙이지만, 헝가리인들은 이름 앞에 붙인다. 과거 징기스칸의 유럽정벌 과정에서 몽고계 사람들이 헝가리로 많이 유입되었기에 성씨문화도 그 영향을 받았다는 이야기가 있다.

동양권에서는 보통 단성(單姓)을 사용하는데 베트남인도 마찬가지이다. 그들도 역시 한자의 문화권에 속해 있었고 중국의 성씨제도를 본받았기 때문이다. 그런데 일본인은 그렇지가 않다. 단성은 적고 복성, 곧 두 개의 글자 이상으로 쓰는 성이 대부분이다. 왜 그럴까? 이에 대해서는 백제의 영향을 많이 받았다는 설이 있다. 백제에서는 두 글자로 이루어진 성을 쓰는 경우가 많았다. 그리고 백제가 멸망한 뒤 왕족과 귀족 가운데 일본으로 건너 간 사람들이 적지 않았다. 이로 말미암아 백제의 성씨 형태가 일본에 전해졌다고 볼 수 있는 것이다.

신라인은 중국 당(唐)나라의 성씨문화에 동화(同化)되었다. 그리하여 신라인이 동화된 성씨문화가 오늘날 우리 한국인들에게도 그대로 전수되고 있는 것이다. 한편 고구려 성씨는 단성과 복성의 혼합이다.

고구려 말기 권신(權臣) 연개소문이 있다. 그의 성을 사서(史書)에서는 '못'의 뜻인 연(淵)으로 표기하였다. 그런데 이 성은 오늘날 우리민족에게는 보이지 않는다. 중국에도 이 성이 있긴 하지만 희성(稀姓)이다. 그 성을 사용하는 인구가 얼마 안 된다는 뜻이다.

한편 연개소문의 성은 천(泉)씨라는 설이 있다. 이 설은 연개소문이 강화도(당시는 고구려 영토) 하점면 출신이라는 데서 나왔다. 그가 우물터에서 태어났기 때문에 그런 성을 붙였다는 것이다. 그런데 이 천씨 성에 대한 내용은 중국의 역사서에 기록되었다는 것에 주목해야 한다. 일설에 따르면, 연(淵)이라는 글자가 당(唐)나라를 세운 이연(李淵)의 이름과 같았기에, 사서를 작성한 중국인이 짐짓 연개소문의 성을 '못[淵]보다 작은 샘'의 뜻인 천(泉)으로 바꿨다 한다. 그런데 이상하게도 연개소문의 아우 연정토(淵淨土)는 연씨 성으로 기록되어 있고, 또 한편으로 연개소문의 큰아들 남생(男生), 작은 아들 남산(男産)은 천씨 성으로 나와 있다.

한국인의 성씨 기원을 탐구할 때 중국인의 성씨 내력을 살펴보아야 할 이유가 또 하나 있다. 오늘날 한국인이 사용하는 성의 최초 조상, 곧 시조 가운데 중국에서 귀화해 온 인물이 많이 기록되어 있기 때문이다.

중국의 백가성에서 인구수 순위대로 50개 정도를 차례로 적어보면 다음과 같다.

왕(王), 이(李), 장(張), 유(劉), 진(陳), 양(楊), 조(趙), 황(黃), 주(周), 오(吳), 서(徐), 손(孫), 호(胡), 주(朱), 고(高), 임(林), 하(何), 곽(郭), 마(馬), 나(羅), 양(梁), 송(宋), 정(鄭), 사(謝), 한(韓), 당(唐), 풍(馮), 우(于), 동(董), 소(蕭), 정(程), 조(曹), 원(袁), 등(鄧), 허(許), 부(傅), 심(沈), 증(曾), 팽(彭), 여(呂), 소(蘇), 노(盧), 장(蔣), 채(蔡), 가(賈), 정(丁), 위(魏), 설(薛), 섭(葉), 염(閻).

여기에는 한국인이 쓰지 않는 생소한 성도 있다. 한편 한국에서 인구수가 많은 성을 순서대로 적어보면 다음과 같다.

김(金), 이(李), 박(朴), 최(崔), 정(鄭), 강(姜), 조(趙), 윤(尹), 장(張), 임(林), 한(韓), 오(吳), 신(申), 서(徐), 권(權), 황(黃), 송(宋), 안(安), 류(柳), 홍(洪), 전(全), 고(高), 손(孫), 문(文), 양(梁), 배(裵), 백(白), 조(曺), 허(許), 남(南), 유(劉), 심(沈), 노(盧), 하(河), 정(丁), 성(成), 차(車), 구(具), 곽(郭), 우(禹), 주(朱), 임(任), 전(田), 나(羅), 신(辛), 민(閔), 유(兪), 지(池), 진(陳), 엄(嚴), 원(元).

같은 한자를 성으로 사용하더라도 택한 글자에는 차이가 있다는 것을 알 수 있다. 왜 한국인은 중국인의 성과 다른 글자를 성으로 많이 선택하였는가? 이를 밝히려면 오늘날 여러 성씨 문중의 족보를 들여다보아야 한다.

성의 글자마다 유래가 있다

각 성씨마다 왜 이런 글자를 성으로 삼게 되었는가 하는 궁금증을 가지는 사람들이 많다. 우리나라 여러 성의 유래에 대해 알아보도록 하자.

이씨의 이(李)는 오얏나무라는 뜻이다. 중국 이씨 성의 유래를 옮겨 보면 다음과 같다.

옛날 중국 상(商)나라 때 이정(理征)이란 이름의 고위관리가 있었다. 이정은 어떤 사건으로 말미암아 폭군 주왕(紂王)에게 죽음을 당했는데, 그때 그의 부인은 하나 밖에 없는 아들 이정(利正)을 데리고 다른 나라로 달아났다. 그 모자는 달아나면서 먹을 것을 못 얻어먹고 하여 몹시 허기가 져 있었다. 배고픔과 지친 몸을 이끌고 어느 나무 아래서 쉬게 되었는데 마침 그 나무는 오얏나무였고 주위에는 열매가 많이 떨어져 있었다. 그 모자는 오얏을 주워 먹고 허기를 면했다. 그 뒤 아들은 무사히 장성하여 뒷날 그 자손이 춘추전국시대의 진(陳)나라에서 대부(大夫)란 높은 벼슬에 올랐다. 그 무렵 마침 성을 취하는 제도가 생기자, 그는 조상의 생명을 구해준 나무를 잊을 수 없다는 뜻에서 오얏나무를 가리키는 글자 이(李)를 자신의 성으로 삼았다.

상나라 때면 주나라 건국 이전이다. 이때 성이 있었던 것은 아니지만, 그 대신 혈족임을 나타내는 같은 글자 한 개를 이름에다 붙이는 제도가 있었다. 이것이 후대에 성의 글자로 사용된 것이다.

중국인 가운데 이씨 성이 9천만 명이 넘는다고 한다. 1987년도에 중국과학원은 이씨 성의 중국인이 8,700만 명 정도라고 발표했다.

한국인 가운데는 김씨 성이 많다. 1천만 명에 육박한다. 1천만 명이라면 한국의 전체 인구수에서 5분의 1이 넘는다. 이 김씨 성에도 물론 유래가 있다.

중국인의 김씨 성 내력에 대해서는 네 가지 설이 있다. 첫째는 소호(少昊)란 신화의 인물이 금색(金色)을 숭상하여 금천(金天)이란 칭호와 함께 김씨 성의 비조(鼻祖)가 되었고 그 후손들이 금(金)이라는 성을 취하였다는 설이다.

이 설에 대해서는 신화 속 인물이기 때문에 오늘날 믿을 수 없다는 의견이 지배적이다. 한편 신화 속 인물이 아닌, 역사적 인물로서 김씨 성을 가진 사람에 대한 이야기도 있다.

B.C.1세기 무렵 한(漢)나라 무제(武帝)시대에 흉노족 휴도왕(休屠王)의 태자 일제(日磾)가 귀화하여 와서 한무제(漢武帝)로부터 김(金)의 성을 하사받았다는 설이다.

김일제의 원래 이름은 흉노어로 'midi'이다. 이를 한자로 표기하면 密滴이 된다. 당시 흉노족에게는 쇠로 사람의 상을 만들어 제사 지내는 풍습이 있었기 때문에 쇠의 뜻인 금(金)의 성을 쓰게 되었다고 한다. 당시 흉노족은 철기문화가 발달되어 있었기에 그 영향을 받은 것이다.

흉노족 일제가 김씨 성을 갖기 전 진(秦)나라 말기에 항우(項羽)의 근친 가운데 한 사람이 유방(劉邦)에게 투항해서 유씨 왕족의 성 유씨(劉氏)로 사성 받았다가, 당(唐)나라 때 와서 후손들이 劉(유)

의 글자에서 일부 획을 없애고 金(금)이라는 글자를 성으로 삼았다
는 설도 있었다.

마지막으로 청(淸)나라 왕족의 조상들이 김씨 성을 가졌기에 중
국인의 김씨 성이 등장하였다는 설도 있다. 청나라의 김씨 성이라
면 옛날 만주지역의 여진족으로 금(金)나라를 세운 아골타(阿骨打)
의 조상이 가진 신라계 김씨 성이다. 청나라도 처음에 나라 이름을
후금(後金)이라고 했다가 청나라로 바꾸었던 것이다.

한국 김씨 성의 유래는 신라의 김씨 성 왕족의 조상이 되는 김알
지(金閼智)에 두고 있다. 김알지의 성과 이름에 대한 유래 역시 전
설적이다. 김알지가 나무에 걸려있는 황금궤짝 속에서 어린아이로
나왔다는 데서 성을 김이라고 했다는 이야기이다. 오늘날 사람들
이 믿을 법한 이야기는 아니다. 비록《삼국사기》나《삼국유사》에
나오는 이야기이긴 하지만, 그 내용은 오로지 옛 설화(說話)로 기록
하여 놓았을 뿐이다.

김알지의 등장 시기를 중국에서 보면 후한(後漢)의 명제(明帝)가
통치하던 때이다. 이때에 후한의 조정 신하들은 어느 누구 할 것
없이 성을 다 가졌다. 성을 갖지 않은 사람은 관직에 나가지 못하
기도 했다. 심지어 전한(前漢) 때 많이 귀화해 온 흉노족 출신 사람
들도 성을 갖는 일이 많았다.

특히 김일제가 투(秺)라는 이름의 봉국(封國)을 하사받아 제후가
되었는데 여기서 흉노족계 한인(漢人)이 많이 생겨남에 따라 성을
갖는 흉노족이 더욱 많이 나타났던 것이다.

왕망(王莽)에게 전한이 망하자 김일제의 봉국이었던 투후국(秺侯
國)도 같이 망했다. 여기서 김일제 밑에 있던 흉노족계 가운데 다른

나라로 망명 또는 이주해 가는 사람들이 많았다. 특히 귀족의 신분으로 있던 흉노족 사람들이 망명길에 오르는 경우가 많았고, 그들 가운데 일부세력이 바다 건너 한반도로 이주해 가기도 한 것이다. 그들은 관직을 지내는 동안 의당 성을 가졌는데, 대부분 김씨 성이었다.

흉노족은 앞서 언급하였듯 쇠를 잘 다룰 줄 알고 싸움에도 용감한 종족이었기에, 다른 나라로 귀화하더라도 그 곳에서 반드시 필요한 인물이 된 것이다.

중국의 역사를 들여다보면, 김씨 성을 가진 유명 인물은 눈에 띄지 않는다. 그들의 김씨 성 내력에서는 역사가 상당히 오래된 것으로 설명하였지만, 오래된 역사와는 다르게 오늘날 중국인 김씨 성은 13억 인구에서 2백만 명 정도에 지나지 않는다.

2000년에 중국의 성씨관계 서적을 내는 출판사(북경의 기상출판사氣象出版社와 북경출판사北京出版社)에 문의한 결과 180만 명 정도라고 하였다. 그러면 김씨 성은 중국인의 주된 성은 아니라 할 것이다. 한국인의 김씨 성의 수에 견주면 엄청나게 적은 것이다.

한국인 김씨 성은 신라계와 가락국계의 김씨 성이 주류를 이루고 있는 것을 본다. 2000년도 통계청 조사에 따르면, 신라계 김씨는 480만 명이 좀 넘고, 가락국계 김씨는 410만 명이 좀 넘었다. 신라계 김씨라면 김알지를 원조로 하는 성이고, 가락국계는 김수로왕을 원조로 하는 김씨 성이다.

왜 금(金)이란 성을 갖게 되었는가에 대해서는 가락국계 김씨 성도 신라계와 마찬가지로 전설에 기대어 설명하고 있다. 역시 믿기가 어렵다 할 것이다.

두 계통의 김씨에 대해서는 (김알지와 김수로왕이 탄생하였다는 시기 이전에) 중국에서 넘어온 흉노족에게서 유래했다는 설이 더 신빙성이 있기에, 신라계와 가락국계 김씨 성도 성의 유래를 중국에서 찾아보는 편이 더 나을 것이다.

흉노족 안에서도 투르크계니 몽고계니 하는 인종적 분류가 있는데, 당시 흉노족은 워낙 광범위하게 분포되어 있어서 어느 계통에 속한다고 단정하기가 어려웠다. 단지 투르크계 종족일 것이라고 짐작할 뿐이다.

투르크는 한자 표기로는 돌궐(突厥)이다. 영어로는 Turk로 표기한다. 이 투르크란 발음은 몽골어에서 나온 것이다. 중국인은 그들에게 곤란을 많이 겪었기에 흉노(匈奴)족이라 칭했다. 이 흉노족은 제천의식(祭天儀式)을 중요하게 여겼고, 나라의 일을 논할 때는 신(神)에게 물어보는 무속적(巫俗的)에 많이 의지했다. 이는 한반도의 고대국가를 다스리던 지배계층의 습속과 비슷한 면이 많다고 볼 수 있다. 그 가운데서도 특히 신라와 가락국을 다스리던 지배층의 풍속과 같.

우리나라 역사서에 따르면, 신라의 6촌에서 양산촌(楊山村)의 촌장이 이(李)의 글자를 성으로 제일 먼저 삼았다고 기록하여 두었다. 그러나 왜 그 글자를 취하였는가에 대한 설명은 없다.

비단 이씨 성만이 아니라 다른 6촌의 촌장이 각각 성으로 삼았다는 최(崔), 손(孫), 배(裵), 설(薛), 정(鄭)에 대해서도 그 유래의 설명 같은 것은 없다. 한자가 뜻을 담은 글자이고 보면 그 글자를 택하게 된 이유가 분명히 있을 것이다.

중국에도 손(孫)씨가 있다. 중국인의 손씨는 인구수로 열두 번째

가는 대성(大姓)이다. 중국에서 孫(손)의 글자를 성으로 사용하게 된 유래를 기록한 내용에 따르면, 주(周)나라의 무왕(武王)이 낳은 혜손(惠孫)이 있었는데, 이 혜손의 손자 무중(武仲)이 성을 가질 때 할아버지를 기리는 뜻에서 할아버지의 이름에서 孫(손) 자를 따서 성으로 삼았다고 하였다.

앞서 얘기하였듯, 주나라에는 왕족의 종성(宗姓)으로 희(姬)의 성이 있었다. 이 희의 성은 모계(母系) 표시의 성이었기에 남자들은 부계성(父系姓)인 씨(氏)를 취하였다. 주나라 시대에는 왕족이나 공신이 봉국(封國)의 제후가 되면 그 봉국의 이름을 성의 글자로 삼는 경우가 많았다.

지명에서 비롯된 성의 경우에는 그 성의 조상이 식읍(食邑)을 받았거나 또는 어떤 지역과 관련을 맺은 뒤 그 지역의 이름을 딴 것이다. 식읍은 나라에 공이 있는 신하에게 왕이 하사하는 땅을 가리킨다. 이런 땅에서는 그 지역의 주민들로부터 세금 등을 받아 자신의 것으로 취할 수 있다. 이렇게 하사받은 땅을 봉지(封地)라고도 일컫는다.

고대 중국에서는 조상의 이름에서 하나의 글자를 택해서 성으로 삼거나, 별도의 이름으로 부르는 자(字)를 가지고 성의 글자로 삼는 후손도 있었다.

손씨의 유래에 대한 다른 이야기도 이러한 사례와 관련이 있다. 춘추시대 초(楚)나라에 위오(蔿敖)라는 이름의 청렴하고 현명한 고위관리가 있었다. 그의 자(字)는 손숙(孫叔)인데 후손들이 조상을 기린다는 의미에서 자(字)의 글자 가운데 하나를 떼어 성으로 삼았다고 한다.

또 다른 이야기가 있는데, 중국의 제(齊)나라에서 어떤 공신이 임금으로부터 사성(賜姓)을 받아 손씨 성이 나타났다는 것이다. 이 이야기에는 왜 손(孫)의 글자를 쓰게 되었는가에 대한 설명은 나와 있지 않다.

한편 정씨 성의 鄭(정)은 주(周)나라의 봉국(封國)이었던 정국(鄭國)이란 나라 이름에서 왔다고 한다.

최씨(崔氏) 성의 유래는 주나라의 무왕(武王)이 공신(功臣) 강상(姜尙)에게 봉국을 주었는데 그 봉국의 이름이 제(齊)였다. 여기서는 제라는 나라 이름을 성으로 삼지 않고 후손들이 강(姜)이라는 성을 이어갔다. 그의 후손들 가운데 한 명이 따로 식읍(食邑)을 받았는데, 그 식읍지역의 이름이 파최읍(把崔邑)이었기에 그 지명에서 최(崔)의 글자를 취해 성으로 삼았다는 것이다. 오늘날 산동성(山東省)의 장구(章丘)가 그곳이다.

앞서 언급했듯, 주나라에서 강씨 성의 뿌리는 모계성이었다. 강상은 주나라 왕족이 아니었기에 희(姬)의 성이 아닌 강(姜)의 성을 가졌던 것이다. 그와 달리 후손들은 부계성을 쓰게 되면서 강상의 후손 일부가 최(崔)의 성을 취한 것이었다.

강상은 한국인도 잘 아는 강태공(姜太公)이다. 그의 본래 이름은 여상(呂尙)이다. 그의 조상은 상(商)나라 이전 하(夏)나라의 순(舜) 임금 때 치수사업(治水事業)을 잘하여 여(呂)라는 땅에 봉읍(封邑)을 받았고, 봉읍의 이름에서 성을 취했던 것이다. 그래서 강상(姜尙)도 처음에는 여상(呂尙)이라 불렸다.

중국에서 정씨 성은 인구수로 23위로서 상위에 들어가지만 최씨 성은 백가성(百家姓)에서는 74위로 하위권에 들어간다.

신라 육촌의 성씨 가운데 하나인 배씨(裵氏) 성은 중국의 백가성에 들어가는 성씨가 아니다. 한편 한국인에게 설씨 성은 흔하지 않지만 중국에서는 백가성 가운데 48위에 들어간다.

중국 설씨 성의 내력도 역시 고대국가였던 설국(薛國)에서 온 것이다. 설국도 제후국, 곧 봉국이었다. 이와 다르게 선비족(鮮卑族)의 우씨(于氏) 성이 바뀌어서 설씨 성이 되었다는 이야기도 있다. 선비족은 고대 만주지역에 세거(世居)하던 종족으로, 뒷날 거란족으로 불렸다.

한국인에게는 박씨(朴氏) 성이 많다. 김씨, 이씨 다음으로 많은 성이다. 그런데 중국에서 박씨 성을 쓰는 사람은 많지 않다. 2000년도에 알려진 바로는 20만 명에도 미치지 못한다고 한다. 중국의 성씨관계 문헌을 보아도 중국에서 유래했다고 기록되어 있지 않은 유일한 성이다. 한국인들이 사용하는 많은 성씨에 대해 중국인은 자기네 조상에서 비롯되었다고 하지만 박씨 성에 대해서만은 그렇게 말하지 않았던 것이다.

중국의 기록에 따르면, 박씨 성은 고대 파군(巴郡)에 살던 소수민족이 가졌던 성이라고 한다. 중국의 파군지역은 오늘날 사천성(四川省)의 북현(北縣)이다.

그런데 이와 달리 중국의 박씨는 고려 출신인 박불화(朴不花)에서 비롯되었다는 이야기도 있다. 박불화는 원(元)나라가 중국을 지배하고 있을 때 환자(宦者)로 갔던 사람이다.

한국의 박씨는 신라를 건국한 박혁거세를 비조(鼻祖)로 삼는다. 그리고 박(朴)이란 성의 글자를 택하게 된 이유도 설명하고 있다.

《삼국사기》의 기록에 따르면, '진한(辰韓) 사람들이 호(瓠)를 박이라고 하는데 처음의 큰 알이 박과 같았으므로 그의 성을 박(朴)이라고 하였다'고 했다.

한국인 성씨 가운데 대성의 하나인 강씨(姜氏) 성이 있다. 강씨 성의 뿌리는 중국의 고대 전설 속 인물 신농씨(神農氏)에다 두고 있다. 신농씨가 중국 위수(渭水)의 지류인 강수(姜水) 유역에 살았기 때문에 강씨 성을 취했다고 한다. 강수는 현재 섬서성(陝西省) 기산(岐山) 지역이다. 지명에서 성의 글자가 나온 것이다.

한씨(韓氏), 서씨(徐氏), 조씨(趙氏), 송씨(宋氏), 황씨(黃氏), 고씨(高氏), 오씨(吳氏), 조씨(曹氏), 심씨(沈氏), 허씨(許氏), 주씨(朱氏), 곽씨(郭氏), 채씨(蔡氏), 진씨(陳氏), 나씨(羅氏), 양씨(梁氏), 위씨(魏氏), 전씨(田氏), 장씨(蔣氏), 노씨(魯氏) 등의 성씨 역시 나라의 이름에서 유래했다.

양씨(楊氏), 백씨(白氏), 노씨(盧氏) 등은 식읍(食邑) 또는 읍명(邑名) 같은 지명(地名)에서 온 성씨이다. 장씨(張氏)는 고대 벼슬 이름의 하나였던 궁장(弓長)이란 두 글자를 합쳐서 만든 성씨이다.

이렇듯 중국인의 성 가운데는 봉국명(封國名), 지명(地名), 관직명(官職名), 조상의 이름에서 온 것이 많았다.

중국에는 왕조성(王朝姓)이 있었다. 나라를 세운 건국시조의 성이다. 이 왕조성은 나라 이름에서 나온 성은 아니었다. 예로 하(夏)나라는 사(姒), 상(商)나라는 자(子), 주(周)나라는 희(姬), 진(秦)나라는 영(瀛), 한(漢)나라는 유(劉), 당(唐)나라는 이(李), 송(宋)나라는 조(趙), 명(明)나라는 주(朱)의 성을 왕과 왕자들이 사용했다. 이러한 성이 이미 존재하였기에, 그 성을 쓰는 사람들이 나라를 새로 건국하여 왕조의 성이 되었던 것이다.

　옛 한국인의 경우에는 나라 이름으로 성을 삼은 사례가 없다. 그런 일이 없기 때문에, 왜 그 글자로 성을 삼았는가 하는 유래를 탐구할 때 피치 못하게 중국의 영향을 받아 사용하였다고 보아야 할 것이다.

　여러 성의 유래를 분류하여 보면 아래와 같이 정리할 수 있다.

● 나라의 이름에서 따온 성 : 정(鄭), 조(趙), 한(韓), 오(吳), 신(申), 조(曹), 정(丁), 성(成), 서(徐), 권(權), 황(黃), 변(卞), 강(康), 곽(郭), 노(魯), 라(羅), 허(許), 반(潘), 설(薛), 송(宋), 신(愼), 심(沈), 안(安), 양(梁), 예(芮), 우(禹), 위(魏), 진(陳), 장(蔣), 정(程), 주(朱), 진(秦), 진(晋), 채(蔡), 팽(彭), 호(扈), 호(胡)
※ 왕(王)의 성은 과거 왕가(王家)의 사람이었다고 하여 갖게 된 성이다.

● 식읍의 이름에서 따온 성 : 박(朴), 백(白), 배(裵), 노(盧), 방(方), 소(蘇), 신(辛), 양(楊), 여(呂), 고(高), 임(任), 유(劉), 원(元), 육(陸), 온(溫), 제(諸), 선우(鮮于)

● 기타 지명과 관련되어 등장한 성 : 강(姜), 하(河), 임(林), 류(柳), 지(池), 표(表), 천(千), 제갈(諸葛), 은(殷)

● 벼슬의 이름에서 따온 성 : 장(張), 윤(尹), 이(李), 최(崔), 홍(洪), 차(車), 추(秋), 옥(玉), 사(史), 사공(司空), 유(庾)

● 자(字), 이름, 또는 시호(諡號)에서 유래한 성 : 손(孫), 문(文), 민(閔), 남(南), 맹(孟), 공(孔), 주(周), 유(兪), 전(田), 염(廉), 엄(嚴), 인(印), 석(石), 도(都), 선(宣), 길(吉), 어(魚), 함(咸), 태(太), 탁(卓), 피(皮), 황보(皇甫)
※ 후손들이 성이 없던 조상의 자, 이름 또는 시호에서 글자 하나를 따서 성으로 삼은 것이다.

∘ 물체에서 따온 성 : 김(金)

※ 광물체(鑛物體)의 하나인 금(金)에서 나온 성으로, 당시 철기문화가 발달한 흉노족이 중국식 성을 취하면서 최초로 나타났다.

∘ 기타 : 직업 등의 이름에서 나온 성도 있다. 예로 견(甄), 창(倉), 고(庫) 등이 그러하다. 견은 질그릇을 만들었다고 하여 가졌던 성이고 창, 고는 곳간을 지키는 일을 했다고 하여 가진 성이다.

성씨가 신분의 표시가 되다

성은 등장 때부터 혈족뿐 아니라 신분을 표시하는 구실도 했다. 성의 신분표시 기능은 중세(中世)로 내려오면서 더욱 확고해졌다. 우리 역사를 살펴보면 고려시대의 과거제도에서 이러한 기능의 예를 확연히 찾아볼 수 있다. 고려의 공신 귀족 권신들에게 부여한 사성(賜姓)도 성이 신분의 표시였음을 보여준다.

과거제도는 시험을 거쳐서 관리를 등용하는 제도이다. 일찍이 중국 한(漢)나라 시대에 시작되었고, 우리나라도 신라 원성왕(元聖王) 4년(788)에 이를 받아들여 독서출신과(讀書出身科)를 실시했다.

그러나 이 제도는 신라 귀족계급의 골품제도(骨品制度)와는 모순되는 점이 있었기에, 시작초기부터 귀족들의 반대에 부딪쳐 제대로 시행되지 못했다.

그 뒤 고려가 개국되자 광종 9년(958)에 중국 후주(後周)에서 귀화한 학자 쌍기(雙冀)의 건의로 중국 당(唐)나라의 과거제도를 모방하여 실시하였다. 과거제도가 면모를 갖추고서 제대로 시행되기 시작한 것은 사실상 고려시대가 최초라 할 수 있다.

고려 시대에는 과거제도를 시행하면서 성이 없는 사람에게는 응시자격을 주지 않았다. 성이 없는 사람들은 당시 비천한 신분으로 여겨졌기 때문이다.

문종 때는 자기 집안의 조상 내력이 적힌 세계(世系)가 호적에 올라 있지 않은 사람에게는 과거시험 응시를 허락하지 않았다. 반드시 호적에 성과 이름이 기재된 자에게만 허용했다.

고려 원종 때는 응시자에게 답안지 첫머리에 성명과 본관을 적고 네 분의 조상을 반드시 기록하도록 하였다. 그 네 분이란 아버지, 할아버지, 증조부, 외조부였다.

중국 당나라에서는 이미 일반 백성들에게도 성이 보편화되어 있었다. 성이 없는 백성은 이민족(異民族)으로 취급했다. 당연히 관직에 있는 벼슬아치들은 모두 성이 있었다.

고려 태조 왕건이 개국공신에게 성을 하사한 것은 일종의 신분보장 또는 신분상승으로 볼 수 있다. 홍술(洪述), 삼능산(三能山), 백옥(白玉)은 성이 없었던 왕건의 개국공신들이다. 고려가 건국되었을 때 왕건은 그들에게 각각 홍씨(洪氏), 신씨(申氏), 배씨(裵氏)의 성을 하사하였다.

왕이 신하에게 성을 하사한다는 것은 성이 그만큼 가치가 있었고 귀중하였다는 의미이다. 아무나 가질 수 있었던 것이라면 왕이 공신에게 굳이 성을 하사하는 일은 없었을 것이다.

왕건 자신이 애당초 성을 갖고 있지 않았다는 이야기도 있는데, 만약 그렇다면 더욱 성의 가치를 깨달았을 것이다. 왕이 되기 이전에 성을 가졌던 신라의 귀족들과 그들의 신분을 보았기 때문이다. 그 뿐만 아니라 중국 당나라를 내왕하면서 중국 역시 고귀한 신분의 사람들과 지배층은 모두 성을 가지고 있다는 사실을 알았을 것이기 때문이다. 다시 말해, 성을 하사하는 것은 귀하고 높은 신분을 보장한다는 뜻이 된 것이다.

삼국시대의 성은 왕과 특권층에만 주어졌던 신분의 표시였다. 조선시대에는 성이 보편화되어 있었지만, 상인(常人)에게는 성이 없는 일이 많았다. 또한 성이 있어도 본관이 분명하지가 않는 경우에는 상인 또는 (비속하게 일컬어) 상놈의 성이라는 말을 들었다. 이렇듯 근대 이전에는 성이 신분을 표시하는 구실을 확실히 한 것이다.

양반(兩班)이란 말은 지난날 반상(班常)의 제도가 있을 때 나타났던 말이다. 반상은 바로 양반과 상인을 일컫는다.

이 양반이란 말은 신분제도가 엄격하였던 조선시대에 주로 사용되었던 말로 벼슬을 하고 있던 신분의 문신(文臣)과 무신(武臣)들을 일컬어 양반이라고 했다.

양반은 동반(東班)과 서반(西班)을 합쳐서 나온 말이다. 임금 앞에서 문신은 왼쪽[東], 무신은 오른쪽[西]에 앉았기에 문신(文臣)의 관직에 있는 벼슬아치들을 동반으로, 무신(武臣)의 관직에 있는 벼슬아치들을 서반으로 구별해서 불렀다. 지난날 벼슬을 지냈던 사람과 같은 집안의 사람은 현직의 벼슬아치가 아니더라도 양반의 신분으로 대접받았고, 또 벼슬길에 나설 수 있는 신분에 있는 사람들도 양반이라고 하였다.

동반과 서반이란 관직(官職), 곧 벼슬에서 나타났던 이 용어는 고려조에서 비롯되었던 것으로 이것이 양반이란 말로 통상적인 신분계급의 표시로 상용어가 된 것은 조선시대에 이르러서였다.

동반이든 서반이든 벼슬자리에 나설 수 없는 신분의 사람이 바로 상인 또는 상놈이라 불렸던 것이다.

양반의 신분이었더라도 역적으로 몰려 중죄인이 되거나 하면 천한 신분으로 내몰리는 경우가 있었는데, 이때 자기의 성과 본관이 본의 아니게 지워지기도 했다.

성과 본관은 양반층의 전유물이었기에, 성과 본관이 분명하면 많은 사람들이 우러러 보는 처지가 되어 그 성을 쓰는 가문은 명문(名門)으로 여겨졌고, 나라에서도 인정받아 누구든 함부로 대하지 못하였다.

이렇듯 전근대 사회에서는 성이 갖는 비중이 대단했고, 그 가치가 목숨보다 중요하게 여겨지기도 했다.

성이 없던 상인들은 성과 본관을 갖는 것이 자기의 비천한 신분을 벗어나는 길이라 생각하고, 양반과 같은 성과 본관을 갖기를 소원했다. 그래서 더러는 돈으로 족보를 사기도 하였다. 족보는 바로 성과 본관을 보장하는 증명서 구실을 했기 때문이다.

조선시대에는 성이 없는 양반은 없었다. 그러나 성이 없는 상인은 있었다. 상인(상민)은 조상과 자손을 기록으로 남길 수도 없었다. 그 때문에 그들은 자기 대(代)에서만 혈족과 친족을 확실하게 알 수 있었다.

1909년 2월 민적법(民籍法)이 공포되면서 성이 없는 백성도 성을 갖기 시작했다. 그때까지 성이 없었던 이제 상인들이 어떤 성을 가지든, 설령 기존 양반들만 갖고 있던 성을 쓴다 해도 어느 누구도 시비를 걸 수는 없었다. 그러나 본관은 쉽게 갖지 못했다. 상인이 성을 갖게 된 것은 당시 개화사상(開化思想)의 풍조 덕이었다. 이 풍조 덕분에 누구라도 성을 갖게 되어 상인, 또는 상놈이란 신분이 자연히 사라지게 된 것이다.

'민족'이란 말도 성씨에서 나왔다

민족이란 말에 단순히 혈족, 핏줄, 또는 동족이라는 의미만을 부여할 수는 없다. 민족이란 말의 어원(語源) 자체가 성(姓)의 출현으로 등장한 용어이기 때문에 성(姓)의 집단과도 연관이 있다.

민족이란 말에는 백성(百姓)이란 뜻이 있는 민(民)이란 글자가 들어 있다. 족(族)은 '겨레' 또는 '피붙이'라는 뜻의 글자이다. '겨레' 또는 '피붙이'라는 말은 피가 같다는 뜻도 있지만, 넓게 보자면 '하나의 집단'이란 개념도 갖고 있다.

곧, 민족은 한 조상이 아니라 서로 다른 핏줄의 여러 조상으로부터 유래한 종족이 모인 것이다. 이들은 같은 지역에서 같은 풍속, 같은 언어, 같은 문화의 영향 아래 함께 생활하거나, 과거 그들의 조상이 그런 지역적 연관과 풍속, 언어, 문화를 공유했다. 각각의 종족이 성을 가지고 있었기 때문에 민족이란 말이 생긴 것이다.

결국, 민족이란 말을 단적으로 정리하면 '저마다 성을 가지고 같은 문화권에서 같은 역사를 일구어 온 사람들로 구성된 여러 종족의 집단'인 것이다.

그러므로 민족이란 용어를 하나의 종족이란 뜻으로 사용해서는 안 된다. 귀화해 온 이족(異族)을 시조로 모시는 성도 있기 때문이다. 시조가 비록 이족이었더라도 그 후손이 같은 장소에서, 같은 풍속으로, 같은 언어로 생활을 하고 공통된 역사를 계속 갖고 내려 왔으면 민족(民族) 또는 동족이란 범주에 들어가는 것이다. 한 예로, 임진왜란 때 귀화한 일본 장수 사야가(沙也可)를 들 수 있다. 그는 김해김씨(일본인계)의 시조가 되었으며, 그의 후손은 오늘날 10만 명이 넘는다. 그가 일본사람이었다고 해서 그 후손들은 우리 민족이 아니라고 할 수는 없다.

안동장씨(安東張氏), 의령남씨(宜寧南氏), 수원백씨(水原白氏) 등 적잖은 성씨의 시조가 중국에서 건너온 것으로 알려져 있다. 그러 나 이들의 후손을 가리켜 동족이 아니라고 하지는 않는다. 마찬가 지로 우리민족인 것이다.

민족이란 말은 토착민만을 가리키는 개념이 아니며, 어디서 흘 러 들어왔건 언어와 문화, 그리고 역사를 같이 하는 사람이면 모두 민족이 되는 것이다. 지금도 어느 외국인이 귀화해서 우리나라 국 적을 갖고 문화를 공유한다면, 뒷날 그 자손들은 우리민족이 될 것이다.

성씨제도가 생기기 전에는, 이런 집단을 부족(部族)이라고 불렀 다. 부족이란 말은 성이 없는 단순한 집단을 가리킨다.

결국 민족이란 용어가 성씨의 집단에서 나타났기 때문에 성의 생성과정(生成過程)을 알면 민족의 범주 역시 확실히 알 수 있게 되는 것이다.

예부터 한국인들은 '배달민족'이란 말을 많이 썼다. '배달민족' 이라고 하면 단군의 후손이라는 뜻이다. 요즘은 '배달'은 빼고 단 지 '민족'이란 말만 쓴다. 학자들이 단군조선에 대해 확실히 신뢰할 수 없다고 생각했기 때문이다. 이 때문에 이른바 진보학자란 사람들도 배달이라는 말을 무시한다.

심지어는 단군조선이나 고조선이니 하는 시대는 없었다고 주장하는 이들도 있다. 그런데 이런 사람들도 민족이란 말은 곧잘 입에 담는다. 그 뿌리가 도대체 어디 있는지는 알려고 하지 않고, 지금 남과 북으로 갈라져 있는 동포들, 그리고 그들과 같은 언어와 문화 풍속을 가졌던 동포들을 가리키는 데만 만족한다.

단군조선으로부터 내려온 민족이 오늘날 한국인의 뿌리라는 생각을 하지 않는 한국인은 드물다. 그러나 그런 생각을 하는 한국인 가운데, 고대 한반도에 당시에는 동족으로 묶을 수 없는 여러 부족이 있었다는 사실까지 알고 있는 사람은 많지 않다.

마한(馬韓), 변한(弁韓), 진한(辰韓)이라는 3한이 있었다. 그 뒤를 이어 고구려, 백제, 신라의 삼국도 있었다. 한반도 최남단에 가야국도 있었다. 이들은 모두 우리 한민족으로 보고 있다.

고구려가 건국될 무렵 한반도 서북쪽에 중국 한(漢)나라가 설치했다는 한사군(漢四郡)의 하나인 낙랑군(樂浪郡)이 있었다. 옥저(沃沮), 동예(東濊)도 있었다.

한반도 넘어 요동반도와 만주지역에는 부여(夫餘)라는 나라가 있었다. 고구려를 건국한 주몽과 백제를 건국한 온조는 부여계(夫餘系) 사람이라고 하였다.

옛날에 여러 나라가 있었는데, 같은 핏줄의 종족이 각기 다른 나라를 세웠다고만 할 수는 없을 것이다. 그 가운데는 피가 다른 종족도 있었을 것이며 그들이 세운 나라가 한반도에 있었을지도 모른다.

　그 종족들이 모두 단군조선에서 내려 온 이른바 배달민족이었다면, 우리는 지금에 와서도 단일민족이라는 개념을 확실히 둘 수 있을 것이다. 그러나 실제로는 그 동안 많은 이민족이 원래의 한민족에 섞이고 동화되었기 때문에, 단일민족이니 배달민족이니 하는 말로 오늘날의 민족개념을 설정할 수는 없다.

　통일신라시대 이후에는 귀화인들이 더욱 많았다. 그들의 후손은 오늘날까지 이르면서 더욱 번성했다. 그들의 후손도 오늘날 우리는 함께 한민족(韓民族)이라 부른다.

　민족이란 용어를 우리에게 처음 선보인 것은 1907년 6월 21일자 《황성신문》(皇城新聞)이다. 그 이전에는 이 용어를 볼 수 없었다. 고려시대와 조선시대에서 사용된 적도 없었다. 민족이란 말 대신에 종족(種族)이니 동족(同族)이니 하는 용어만 써 왔다.

　같은 성씨관습과 문화에서 벗어났다면, 서로 다른 민족이 된다. 만약 고려나 조선에 귀화해 살았던 일본인이 계속 기무라(木村)니, 야마다(山田)니 하는 일본식 성을 가지고 내려왔다면 우리와 같은 민족이라고 하지 않을 것이다.

　역성혁명(易姓革命)이란 용어가 왕조시대에 있었다. 이 용어 역시 성과 연관이 있는 용어이다. 역성은 성을 바꾼다는 뜻이다. 옛날 왕조국가에서 새 왕국이 등장한다는 것은 성이 다른 왕이 건국을 했음을 뜻하기에 나온 말이었다. 예를 들어, 고려는 왕씨(王氏) 성의 왕이 다스려 온 나라인데, 조선이 새로 세워지면서 이씨(李氏) 성의 왕이 다스리는 나라가 되었다. 바로 이런 경우에 역성혁명이란 말을 하게 된다.

　역성혁명이라는 개념은 고대 중국에서 먼저 등장했다. 역성(易

姓)이라는 글자에서 알 수 있듯, 성씨제도가 생긴 뒤에 생겨난 말이다. 당시에는 좋은 의미에서 이 용어가 사용되었다. 즉 덕망이 있는 사람이 폭군을 폐위시키고 새 왕국을 세웠던 사건에서 나온 개념이었던 것이다.

이 용어는 사마천의 《사기》에서 처음으로 기록되어 있다. 춘추전국시대 제(齊)나라(강태공이 최초로 다스리던 나라) 말기에 권력다툼이 심했는데, 한때 전씨(田氏)라는 성의 나라가 되었다가 얼마 안 되어 또 다른 성씨에게 제나라가 넘어간 것을 일컫는 말이었다.

성씨제도는 이렇듯 여러 개념의 뿌리가 되었으며, 인류사 변천에 큰 영향을 끼치기도 하였다. 민족(民族), 백성(百姓), 씨족(氏族), 종족(宗族) 등이 모두 성의 존재를 바탕으로 나타난 용어였던 것이다.

한국인의 성씨에는 본관이 있다

'본관'이라는 말에는 '성의 고향'이라는 뜻이 있다고 볼 수 있다. 이 본관을 관향(貫鄕)이라 표현하기도 한다. 성의 고향이라고 하여 성이 그곳에서 태어나고 자랐다는 것은 아니고, 성과 관계된 연고 지라는 뜻이다.

한국인은 같은 성을 쓴다고 해서 반드시 혈족으로 여기지는 않는다. 성에 관계된 지명(地名)이 같아야 같은 혈족이라고 한다.

본관은 본(本)이라고 약칭을 한다. 본관의 貫(관)은 원래는 엽전이라는 뜻이다. 당시 엽전처럼 구멍이 있는 돈은 한 줄에 꿰어서 갖고 다녔다. 이처럼 본관을 같이 하는 동족은 하나로 묶을 수 있다 하여 관(貫)이란 용어를 썼다.

본관을 최초로 갖는 조상이 바로 시조가 된다. 본관 가운데 특별히 나라에서 하사받은 것을 두고 사관(賜貫)이라고 한다.

왕조시대 나라에서 하사하는 본관은 대개 공신과 귀화인을 대상으로 한 것이었다. 보통 본관을 정할 때는 시조가 되는 사람의 출신지 또는 정착지를 근거로 삼는 예가 많았지만, 나라에서 하사하는 본관은 시조의 출신지와 정착지 같은 것과는 관계없이 정해졌다. 다만, 봉군(封君)을 받은 정승 및 재상이나 큰 학자의 경우에는 그들의 연고지를 본관으로 정해 주는 경우가 있었다.

봉군은 상당군(上黨君)이니 광산군(光山君)이니 하는 군(君)자가 붙은 군호(君號)를 임금으로부터 받는 것을 말한다. 군호와 시호(諡號)는 다르다. 시호 역시 나라에서 내려주지만, 사후(死後)에만 내려주는 것이다. 문정공(文正公)이니 충무공(忠武公)이니 하는 호칭에서 보듯, 시호의 끝에는 공(公)이라는 글자가 붙는다. 이와 달리 군호는 생전에 주는 나라의 작위(爵位)이다. 조상이 군호를 받는 것은 그 후손에게도 큰 영광으로 여겨졌다.

옛 사람들은 서명(署名)을 할 때 본관 표기를 하는 예가 많았다. 예컨대 경주인(慶州人), 전주인(全州人)하는 식으로 이름의 위나 아래에 적었다. 자기 자신의 출신지를 피하고 꼭 본관 표기를 했던 것이다. 이는 성을 물려준 조상을 존경하고 자랑하려는 의도에서 나온 행동이다. 다시 말해 자기의 성은 곧 조상의 얼굴이며 조상의 혼이라고 여기는 사상에 바탕을 둔 것이다.

과거 한국에서는 어느 성이라도 본관이 없으면 아무 가치가 없는 성으로, 다시 말하면 뿌리가 없는 성으로 여겼다. 귀화인이 한국식 성을 가졌다 하더라도 필시 본관을 취해야만 한국인의 성과 같은 것으로 대우를 받는다고 생각했다. 조선시대에는 그들의 이러한 생각을 보여주는 사례가 많았다.

《조선왕조실록》 세종 21년(1439) 2월의 기록을 보면

　　매우(梅佑)가 상소했다. '신(臣)의 아비 원저(原渚)는 일찍 죽었는데, 집에는 문적(文籍)이 없어 조부 군서(君瑞)가 중국에서 고려로 귀화해 온 이유는 모르나 고려에서 벼슬을 하였고 아비도 조선 태종조에 벼슬하여 의주목사(義州牧使)에 이르기까지 했습니다. 신도 성은(聖恩)을 입어 벼슬에 있으나

본관은 아직도 중국으로 하고 있으니 심히 민망합니다. 원컨대 본관을 하나 내려 주소서'

라는 내용이 있다.

이 상소에 대해 이조(吏曹: 벼슬아치를 관리하는 중앙부서)에서는 다음과 같이 왕에게 아뢰었다.

옛날 제왕(帝王)들은 다른 지방에서 사람들이 오면 성(姓)을 내려주곤 했습니다. 우리나라에서도 고려조 설장수(偰長壽)의 아비 설손(偰遜)이 원나라에서 왔는데 본관을 경주로 주었고, 또한 상산군(商山君) 이민도(李敏道)가 원나라에서 왔을 때 태종께서는 본관을 경주로 주었습니다. 매우의 조부 군서가 처음으로 왔고, 부(父) 원저도 청렴하고 근신하였던 목사(牧使)였으며, 아들 매우에 이르기까지 우리나라에 복무하였으므로 전례(前例)를 따라 예우(禮遇)해 줌이 마땅하오니, 본관을 하사하소서.

이를 받아들여 왕은 매우의 본관을 충주(忠州)로 정해 주었다.
조선 7대 세조(世祖) 때도 귀화인에게 본관을 하사한 기록이 《조선왕조실록》에 나온다. 세조 9년(1462)에 귀화한 왜인(倭人) 평순(平順)과 피상의(皮尚宜)에게 본관을 하사하였다는 것이다. 역시 이조(吏曹)에서 아뢴 것인데 내용은 다음과 같다.

평순의 아버지 평원해(平原海)는 병자년에, 피상의 아버지 피사고(皮沙古)는 지난 기묘년에 조선에 와서 시위(侍衛: 왕을 호위하는 일) 관직에 있다가 죽었습니다. 평순 등이 '신은 여기서 나고 자랐으며 성은(聖恩)을 입어 벼슬이 3품에 이르기도 했습니다. 그러나 본관이 없어 자손들은 일본을 본관으로 알고 있습니다. 매우(梅佑), 당몽장(唐夢璋)의 예를 따라 본관을 내려 주소서'라고 청했다.

이 내용에 따라 왕은 피상의에게는 동래(東萊)를, 평순에게는 창원(昌原)을 본관으로 내려 주었다. 둘은 모두 원래 왜인, 다시 말해 오늘날의 일본인이다. 그리고 평순의 아버지 평원해는 조선 초기의 명의(名醫)였다. 한편 매우, 당몽장은 모두 중국 한족계(漢族系) 사람이다.

앞서 태종 때 원나라 관리의 후손이 본관을 하사해 달라고 청원한 일도 《실록》에 기록되어 있다. 통역관 이현(李玄)이 상소를 올린 것이었다. 그는 고려 때 원나라 관리로서 귀화한 백안(伯顔)의 자손이었다.

> 신의 증조부 백안은 황제의 이모가 되는 제국공주(齊國公主: 고려 충렬왕의 비)를 뫼시고 왔는데 그 뒤 나라의 은덕을 대대로 입었습니다. 그러나 지금껏 조선에 적(籍)을 두지 못했습니다. 귀화인의 예를 따라 본관을 내려 주시기 청합니다.

이현의 청원을 받아들여 태종은 그에게 임주(林州)를 본관으로 내려 주었다. 임주는 오늘날 충남의 임천(林川)이다. 그의 조상은 본래 원나라의 서북방지역 외오아국(畏吾兒國)이란 나라에서 온 사람들이었다.

조선시대에는 여러 나라에서 온 귀화인들이 많았다. 그들은 이미 성을 가지고 있는 경우라도 본관을 임금으로부터 하사받고자 했다. 당시의 법에 따르면, 본관은 국적 또는 신분을 확인시키는 호적과 같은 것이었기에 임의대로 본관을 가질 수가 없었기 때문이다.

이와 달리, 중국인에게는 본관이 없었기 때문에 같은 글자의 성씨이면 같은 뿌리의 동족으로 생각하였다. 시조가 동래인(東來人) 또는 귀화인(歸化人)으로 표기된 한국인의 족보를 보면 그 시조를 중국의 여남인(汝南人), 태원인(太原人), 소주인(蘇州人), 소흥인(紹興人) 등으로 마치 본관처럼 표기한 경우가 있는데, 이는 시조의 출신지일 뿐 본관은 아니다.

족보의 등장

성이 혈족의 표시로 나타났기 때문에, 자연히 그 혈족을 나타내는 기록인 족보를 만들게 되었다. 혈족은 핏줄, 다시 말해 같은 피를 나눈 동족을 일컫는 것이다. 족보는 시조로부터 한 핏줄의 동족이 대대로 이어져 내려온 계보를 이름과 출생, 사망, 행적 등에 따라 순차적으로 작성해 둔 것을 말한다.

족보는 일종의 씨족사라고도 할 수 있다. 그 안에는 조상의 행적을 엿볼 수 있는 벼슬, 공적 같은 것이 간단하게라도 기록으로 남아 있기 때문이다.

족보의 등장도 중국이 먼저다. 5세기 무렵 중국 남북조시대에 족보의 형태가 나타났다. 성이 보편화된 것은 한(漢)나라 때의 일이지만, 수(隋)나라와 당(唐)나라 시대에 이르러 왕족과 문벌 귀족(貴族) 사이에 자기 혈통 확인과 신분표시의 수단으로 족보가 편찬되었다. 족보 편찬에는 수백 년의 세월이 지나도 자기의 혈통을 알게 하고, 아울러 조상을 기억하여 받드는 숭조(崇祖)의 정신을 높이는 목적도 있었다.

우리나라에서 족보형태로 갖춰진 책이 처음 나온 것은 고려중기 때라고 한다. 18대 의종(毅宗) 때 김관의(金寬毅)가 고려 왕실의 계보를 정리한 《왕대종족기》(王代宗族記)를 출간했다.

앞서 11대 문종(文宗) 때는 세계(世系)가 표기된 호적부(戶籍簿) 같은 것이 있었다. 이 서류를 과거시험 응시자가 제출하여 시험을 보았다는 기록이 있는데, 이것이 족보형태였다는 설도 있다.

족보는 한국인, 중국인뿐 아니라 서양사람에게도 있다. 그들에게도 자기의 가계(家系)에 대한 기록이 없을 리가 없다. 다시 말해 문자로 표시될 수 있는 성 또는 성씨가 등장함으로써 혈족을 표기하는 족보가 자연스럽게 만들어 졌다고 할 수 있다.

족보가 처음 등장하였을 때는 오늘날과 같은 형태가 아니었지만, 시대가 흐르면서 자연히 보완되고 제대로 내용이 갖춰지게 되었다.

한국에서 오늘날과 같은 족보형태를 최초로 갖춘 출판물은 조선시대 중종(中宗) 16년에서 명종(明宗) 21년 사이에 나왔다는 문화류씨(文化柳氏)의 족보이다. 내용이 지금과 비슷했다.

현재 우리나라에는 여러 종류의 족보가 있다. 성씨마다 본관별로 족보를 만들다 보니 각 본관의 족보도 수백이 되어버린 것이다. 이 많은 족보의 역사는 그렇게 길지 않다. 대부분 길어봐야 3백년의 역사를 가졌을 뿐이다. 조선시대 숙종(재위 1674~1720), 영조(재위 1724~1776) 이후로 여러 가문의 족보가 나왔던 것이다.

족보는 처음 등장할 때부터 아버지의 성, 곧 부계성(父系姓)으로 작성되었다. 한국보다 족보가 수백 년 앞서 등장하였고 그 기원을 처음 이루었던 중국도 시작부터 부계성 중심으로 족보를 만들었다. 그리고 이를 전통으로 삼았다. 한국인의 족보도 이를 답습했다. 그런데 중국 족보는 모계(母系)의 내용은 거의 기록해 놓지 않

았고 한국인의 족보에는 모계의 성과 조상을 언급했다는 차이가
있다.

한국인의 족보와 중국인의 대표적 족보라고 하는 공자(孔子) 후
손들의 족보를 비교하여 보면, 그 내용 면에서 많은 차이가 있음을
알 수 있다. 한국인 족보의 기록은 마치 씨족사를 보듯 자세하고
특이한데, 중국 공자 후손들의 족보는 그렇지 않은 것이다.

한국인의 족보에서는 부인의 성은 물론 부인 아버지의 본관과
이름도 명기해 놓았다. 그리고 사망연도와 묘소 위치도 기록되어
있다. 무엇보다도 남편의 벼슬에 따라 그 부인에게 임금이 내려준
벼슬 등도 기재되어 있음을 볼 수 있다. 바로 정경부인(貞敬夫人)이
니 정부인(貞夫人)이니 하는 작호(爵號)이다. 이런 내용을 보면 한국
인의 조상들은 부인의 성도 존중하였음을 알 수 있다.

옛 유럽의 왕조국가에서도 공이 있는 신하나 귀족에게 내려주
는 작위(爵位)가 있었다. 이 작위는 남자에게만 해당되는 것이었는
데 공작(公爵), 후작(侯爵), 백작(伯爵) 등의 등급이 있었다. 우리나라
로 치면, 벼슬의 품계 가운데 하나인 대부(大夫)와 같은 것으로 숭
록대부(崇祿大夫), 자헌대부(資憲大夫), 가선대부(嘉善大夫) 등의 칭
호를 내렸다. 대부의 관계(官階)에 따라 부인에게도 상응하는 관작
(官爵)을 내렸다. 예컨대 남편이 숭록대부의 작위를 받으면 그의
부인은 정경부인(貞敬夫人)의 관작을 받았고, 남편이 자헌대부가
되면 부인은 정부인(貞夫人)의 작호를 받았다. 유럽의 왕조국가에
서는 이런 사례가 없다. 공작부인(duchess)이니 백작부인(countess)이
니 하는 호칭만이 있었을 뿐이다.

54쪽의 사진은 한국인과 중국인의 족보 가운데 일부분을 예시

(例示)한 것이다. 사진에 나오는 한국인 족보의 내용을 해석하면
아래와 같다.

세수(世數)가 7세(七世)가 되는 아들(子) 인(潾)은 충숙왕(忠肅王) 무인(戊
寅)년생(1338)이고 공민왕(恭愍王) 경자(庚子)년에 국자진사(國子進士)로 숙
옹부(肅雍府)의 행수별장(行首別將)으로써 신경동당염방제십사(新京東堂簾
榜第十四)에 등제(登第)하였다. ※ 주: 숙옹부(肅雍府)는 공민왕비 노국공주(魯國公
主)를 숙위하는 부서, 신경은 새 수도를 말하는데 이 당시 고려가 홍건적의 침입으로
말미암아 임시로 강화도에 수도를 만들었다. 동당(東堂)은 문과(文科)를 말하고 염방제
십사(簾榜第十四)는 급제자 순위가 14라는 뜻이다.

포은(圃隱) 정선생(鄭先生)과 동방(同榜)하다. ※ 주: 포은(圃隱)은 정몽주(鄭夢
周)를 말하고 동방(同榜)은 함께 급제하였다는 뜻이다.
후(後)에 봉상대부중서사인지제고(奉常大夫中書舍人知制誥)의 벼슬을 지
냈다. ※ 주: 봉상대부는 당시 고려의 고위 문신(文臣)들에게 내려진 대부 벼슬이다.
중서사인과 지제고는 각기 다른 두개의 관직명(官職名)이다.

묘(墓)는 장단군(長湍郡) 송서면(松西面)의 전주내(田主內)에 있는 봉상동
(奉常洞) 유좌(酉坐 : 서쪽이 묘의 뒤편인 방향)이며 석물(石物: 비석 등)이
있다.

부인(夫人)은 상산김씨(商山金氏)이고 상산군(商山君) 득제(得齊)의 딸(女)
이며 묘(墓)는 남편과 같은 곳(祔公)에 있다.

이와 달리 중국에서 나온 공자 후손의 족보 내용을 보면, '공용
(公容)은 아들 한 명이 있는데 언현(彦顯)이다. 공종(公宗)은 아들 3
명이 있는데 언능(彦能), 언광(彦廣), 언선(彦先)이다' 하는 식으로 단
순히 몇 세대 째라는 대(代) 표기와 누구의 자식이란 이름만 기록
해 두었다. 자(字)가 있으면 이름과 함께 적어 놓고, 또 출생지를

한국과 중국은 족보 기록내용에서 확연히 다르다. 한국인은 조상의 생몰연대·관직·배필 등의 기록이 있다. 반면에 중국인은 대(代)수와 자(字)와 이름들만 대개 기록하였고 관직이 있어도 간단하다. 아들 이름만 있고 부인이나 딸 이름은 일체없다.

七世　　　　八世
子潾(린)　　子漸(정)

忠齋王戊寅年(一三
三八)生 恭愍王
庚子에 國子進士齋
雍府行首別將으로
州新京東堂麗榜第
十四에 登第 圜隱
鄭先生과 同榜 後
에 奉常大夫中書舍
人知製誥를 지내다
基는 長湍郡松西面
田主内奉常酉坐
石物있음
夫人商山金氏商山君
得齊女 墓는 祔公

號는 義村 恭愍王己
酉(一三六九)十
二月辛巳生 朝鮮
平安道觀察陟使
兼知東寧府事歷
任世祖三年丁丑
(一四五七)十二月
二十三日卒 諡號
는 胡剛公 墓는 先
考兆下酉坐
石物있음
配貞夫人青松沈氏右
尹山甫女
配貞夫人永嘉權氏

▲ 한국인의 족보 형태
（××김씨의 족보 내용 예）

중국인의 족보 형태
（공자 후손이라 하는 중국
위주파(衛州派)의 족보 예）

▶

孔子世家譜
二集
卷十七之一
衛州派 長支
五

公容 子一 彦顗
公敏 子一 彦廣
公宗 子三 彦能 彦先
公猷 由水口山遷菁邑白 彦
公寶 子二 彦欽
公斌
公

書範 子四 彦連 彦遠 彦遵 彦
書遠 彦遠 彦遵 彦
子一 彦顗

五十九代
四十六人

彦瑚 字宗霜松滋庫生 子二 承鳳 承詔
彦珊 字海霜松滋庫生 子二 承皐 承池
彦鳳 庫字瑞士江陵 生子一 承陵
彦

璉 傳失 子二 承鳳 承綸
彦鸞 字佐士荊州庫生 子二 承綸
彦麟
彦傑 字江陵 由石

緣
生戊午科舉人 子一 承寶
彦鵬 承子一 澮遷湖衛
彦倫 承子一 澮
彦麟 子一 承鳳
彦祖 由石綱村遷湖衛
彦佺 字俊士 庫
彦宗 由石

알면 출생지를 적어 놓고, 벼슬을 한 조상이 있으면 그 벼슬 이름
을 적어놓았을 뿐이다. 실로 단조롭다.

2 부

신라 왕들의 성씨

한반도에서 삼국시대의 성씨 이야기는 신라의 성씨에 대한 것이 주류를 이룬다. 고구려와 백제에서 생겨난 뒤 지금까지 내려온 성씨에 대한 이야기를 그들의 후손으로부터 들을 수 있는 기회가 별로 없기 때문이다. 적잖은 성씨 문중들이 중국 쪽에다 자기네 성씨의 기원을 연결시켜 놓았지만, 백제나 고구려에서 뿌리를 찾는 일은 없는 것이다.

신라의 성씨 기원은 우선 고려 때 편찬한 《삼국사기》(三國史記)와 《삼국유사》(三國遺事)의 기록에 의존한다. 신라의 성씨는 건국 시조 혁거세(赫居世)가 박씨(朴氏) 성을 제일 먼저 가진 뒤, 6촌의 촌장들이 각기 이(李), 정(鄭), 최(崔), 손(孫), 배(裵), 설(薛)의 성을 갖기 시작하였고, 그 뒤 석씨(昔氏), 김씨(金氏) 순으로 등장한 것으로 사서(史書)에서는 기록되어 있다. 김씨 성은 박씨나 석씨 성처럼 처음부터 왕의 성이었던 것은 아니고, 대보(大輔)라는 벼슬을 지냈던 알지(閼智)가 최초로 김씨 성을 썼다고 한다.

박, 석, 김은 신라의 왕들이 가졌던 성씨들이다. 이 성들의 기원은 모두가 설화로 기록되었다.

우선 《삼국유사》에 나오는 박혁거세의 설화를 보자.

삼월 초하룻날에 6부(촌)의 조상들이 각자 자제들을 데리고 나와 알천(閼川) 방죽에 모여 '임금 없이 백성을 다스리니, 우리 마을에는 질서가 안 잡히고 저마다 자기 마음대로이다. 우리가 덕이 있는 사람을 찾아 임금으로 세우고 나라를 다스리게 하는 것이 어떨까 한다'는 의논을 하였다. 이에 그들은 높은 곳에 올라가 남쪽을 바라보며 어느 곳에 그런 인물이 있을까 살폈다. 그런데 양산(楊山) 아래에 있는 나정(蘿井) 우물가에서 이상스러운 기운이 마치 번갯불처럼 하늘에서 땅으로 드리우고, 거기에 백마 한 마리가 꿇어 앉아 절을 하는 시늉을 하는 게 보였다. 그래서 그곳을 찾아가 보니 보랏빛 알 한 개가 놓여 있고, 말은 사람이 나타나자 길게 울고서는 하늘로 치솟듯 올라가 버렸다. 사람들이 신기하게 여겨, 그 알을 들고 돌아왔다. 이후 그 알은 깨지고 안에서 단정한 모습의 귀여운 옥동자 한 명이 나왔다. 사람들은 놀랍고도 괴이하게 여겨 그 아이를 동쪽에 있는 우물에 데려가 목욕을 시켰는데, 아이의 몸에서는 광채가 나고 새와 짐승들이 몰려와 춤추고 하여 천지가 진동하였다. 그리고 해와 달이 밝게 빛났다. 그래서 이름을 혁거세(赫居世)라고 짓고, 성은 박과 같은 큰 알에서 나왔다고 하여 朴(박)이라고 하였다……

석씨(昔氏) 성의 석탈해(昔脫解) 왕에 대해서는 다음과 같은 설화가 《삼국유사》에 기록되어 있다.

신라 제5대 남해왕(南解王) 때 가락국 바다 가운데 웬 배 한 척이 와서 닿았다. 가락국 수로왕(首露王)이 신하와 백성들과 함께 북을 치면서 환영하고 맞아들여 머물게 했는데, 배는 오히려 달아나듯 계림(신라) 동쪽 하서 지역(下西地域)의 아진포(阿珍浦)로 가버렸다. 그 포구에는 한 노파가 살고 있었는데 이름이 아진의선(阿珍義先)으로 바로 혁거세왕의 해척지모(海尺之母)였다. 그 노파가 바다 쪽을 바라보니 바다 한가운데 까치가 모여들어 울고 있었다. 그 광경을 보고 의아하게 여겨 배를 저어 그곳으로 가보니 배가 한 척 떠 있고 그 배 위에 까치떼가 모여 있었다. 노파가 배 안을 살펴보니 길이가 20척이요, 너비가 13척이 되는 궤 하나가 있었다. 그 궤를 뭍으로 끌고 나와 나무숲 아래 놓아두고, 이 궤가 좋은 것인지 나쁜 것인지 알 수가 없어 만약을 생각하여 하늘을 향해 빌고 난 뒤 궤짝을 열어 보기로 했다. 드디어 궤짝을 열어 보았는데, 그 안에는 사내아이와 여러 가지 보물과 노비(奴婢)들이 들어 있었다. 7일 동안 음식을 먹였더니 마침내 사내아이가 말하기 시작했다. "저는 본래 용성국(龍城國) 사람입니다. 용성국은 일찍이 28용왕이 있었는데 모두 사람의 태(胎)에서 났고 5, 6세부터 왕위를 이어 만백성을 가르치며 도(道)를 닦게 했습니다. 그리고 여덟 품계의 성골(聖骨)이 있으나 차별없이 모두가 임금의 자리에 오르곤 했습니다. 우리 부왕(父王) 함달파(含達婆)께서 적여국(積女國) 왕녀를 맞아서 왕비로 삼았으나 오래도록 아들을 보지 못했는데, 자식이 생기기를 하늘에다 빌자 7년 뒤 큰 알을 한 개 낳았습니다. 이것을 본 왕께서 고금(古今)에 없는 난생(卵生)은 불길한 징조라고 여겨, 궤짝을 짜서 그 안에 알과 함께 보물과 노비들을 넣어 바다로 떠나보냈습니다. 보낼 때 빌기를 '인연이 있는 땅에 닿으면 나라를 세우고 가문(家門)을 일으키게 되리라' 하고 말했습니다. 그런 뒤 붉은 용이 나타나 이 배를 호위하여 여기까지 온 것입니다." 라고 했다.

《삼국유사》의 가락국기(駕洛國記)에는 김수로왕과 석탈해가 왕의 자리를 놓고 다툰 이야기도 나온다. 이 이야기가 시사(示唆)하는 바는 석탈해가 신라의 왕이 되기 전에 어떤 부족집단의 수장(首長) 자리에 있었거나 다른 작은 나라의 왕이었다는 것이다. 당시는 신라의 6촌처럼 부족집단의 수장들이 모여서 연합체의 국가형태를 이루었고 부족의 수장들이 회의를 거쳐 왕의 자리를 차지하는 우두머리를 추대했다.

"나는 왕의 자리를 뺏으러 왔소." 하고 탈해가 말했을 때 수로왕은 대꾸하기를 "하늘이 나에게 왕위에 오르도록 명했는데, 이는 이 나라를 안정시키고 백성을 편안하게 하고자 함이었다. 그런데 감히 하늘의 명을 어기고 이 왕의 자리를 너한테 줄 수 있겠는가? 또한 백성들도 너에게 맡기기를 원치 않을 것." 이라고 하였다. 이에 탈해는 "그렇다면 우리 술법(術法)으로 겨뤄보자." 고 했다. 수로왕은 좋다고 승낙을 했는데 순간 탈해는 매로 변하여 달려들었다. 그러자 수로왕은 독수리로 변해 저항했다. 탈해는 또 참새로 변하였는데 수로왕은 참새를 잡는 매로 변신하였다. 변하는 시간이 매우 짧았다. 탈해가 원래 모습으로 돌아오자 수로왕도 다시 사람으로 변했다. 이에 탈해는 엎드려 말하기를 "술법을 다투는 마당에서 매가 독수리에게, 참새가 매에게 잡혀 죽게 되었는데 그러지 아니한 것은 성자(聖者)께서 죽이기를 미워하는 인(仁)과 덕(德)을 가지셨기 때문입니다. 그러니 내가 왕위를 다툰다 해도 이기기는 실로 어렵겠습니다." 하고 항복했다. 그러고는 배를 타고 계림으로 향했다. 수로왕은 혹시 탈해가 떠나지 않고 변심하여 반란이라도 일으킬까 염려해서 수군(水軍)을 실은 배 5백 척을 보내 뒤따라 쫓게 했다.

한편 신라계 김씨 왕족의 원조라고 전해오는 김알지(金閼智)의 설화는 다음과 같다.

신라 석탈해왕 즉위 9년 3월에 호공(瓠公)이란 사람이 밤에 월성(月城) 서리(西里)를 가는데 크고 밝은 빛이 시림(始林)쪽 하늘로부터 땅을 향해 뻗치는 것을 보았다. 호공이 기이하게 여겨 그곳에 가자 나뭇가지에 금궤(金櫃)가 걸려 있었다. 그 궤에서는 밝은 빛이 흘러나오고 나무 밑에서는 흰 닭이 울고 있었다. 이 기이한 현상을 본 호공은 왕께 달려가 그 사실을 알렸는데, 왕은 신하들을 데리고 친히 나가서 그 금궤를 열게 하고 들여다보았다. 그 속에는 범상치 않은 사내아이가 있었다. 왕은 이 아이를 데려다가 키웠는데, 마침 왕에게 뒤를 이을 후사(後嗣)가 없어 왕자로 책봉하였다. 금궤에서 나왔으므로 성은 김(金)으로 하고 그의 출생이 박혁거세의 옛날 일들과 비슷했으므로 이름은 알지(閼智)라고 했다. 알지는 우리말로 아이의 뜻이다. 그러나 알지는 자라서 파사(婆娑 : 박씨 성의 왕)에게 왕위를 양보하고 왕의 자리에 오르지 않았다.

신라의 왕족 성씨라고 하는 세 성씨의 최초 주인공들은 모두 알에서 나왔다는 난생설(卵生說)을 갖고 있다. 그들뿐 아니라 고구려의 주몽(朱蒙), 가락국의 수로(首露)도 알에서 탄생하였다고 《삼국유사》에는 기록되어 있다.

이런 난생설로 설화가 꾸며진 것은 중국의 고대국가 상(商)나라의 시조 설(契)이 제비의 알에서 나왔고, 중국 진(秦)나라의 시조도 마찬가지로 제비의 알에서 나왔다고 하는 설화를 모방했기 때문인 듯하다. 이 같은 난생설화가 신라나 고구려의 건국 이전에 이미 있었고 그것이 한반도로 전래되어 오면서 비슷한 설화가 나타났다고 할 수 있는 것이다. 상나라 때라면 B.C.1천년보다도 훨씬 이전이다. 신라 건국시기와 비교해 보면 큰 차이가 있다.

혁거세가 박씨(朴氏) 성을 취한 것은 혁거세가 나온 알의 모양이 박과 닮았다는 데서 연유된 것이라고 하였는데, 그의 비(妃)가 된 알영(閼英)은 성이 없었다. 《삼국유사》에도 기록해 놓지 않았다. 단지 이름만 알영으로 나와 있는 것이다.

가락국의 김수로왕의 비는 《삼국유사》와 《삼국사기》에 따르면 허씨(許氏) 성으로 기록되어 있다.

탈해가 석씨 성을 붙인 내력에 대해서는 두 가지 설이 있다. 그 하나는 호공(瓠公)이라는 조정의 대신이 있었는데, 그의 집을 탈해가 옛날 자기 집이라고 우겨 빼앗았다는 데서 '옛날'이란 뜻이 있는 昔(석)을 성으로 붙였다는 이야기가 있고, 배에 실려 올 때 까치들이 배를 안내해 왔다는 이야기를 바탕으로 까치란 뜻의 글자 鵲(작)에서 새라는 뜻의 글자 鳥(조)를 없애고 昔(석)으로만 성을 삼았다 하는 이야기도 있다.

석탈해에 관한 얘기는 신라와 가락국 양쪽에서 나오는데, 그의 등장에는 도전성을 보여주는 면이 있어 여느 등장인물보다 특이하다. 그러나 석씨 성의 왕은 신라에서 8명밖에 없었다. 김씨 성보다 먼저 등장했지만, 오늘날 석씨 성은 인구수 480만 명이 넘는 신라계 김씨 성에 견주어 인구수로 보면 400분의 1도 못되는 희귀성으로 남아 있다. 본관은 월성(月城) 한 곳 뿐이다. 중국에도 석씨 성은 있다. 한(漢)나라 때 등장한 것으로 알려졌지만 그곳의 석씨 성 역시 희귀성으로 남아 있다.

김알지로부터 비롯된 신라의 김씨 성이 왕족의 성이 된 것은 신라 13대 미추왕(味鄒王) 때이다. 김알지가 등장한 뒤 197년이 지난 때이다. 그러나 그 뒤로는 박씨, 석씨를 제치고 사실상 신라를 김씨의 나라로 만들었다.

신라가 김씨의 나라가 된 것은 청동기 문화가 일찍부터 발달한 투르크계의 흉노족이 부족국가의 지배권을 장악했음을 보여주는 일이라고 주장하는 사람도 있다.

신라 법흥왕 19년(532)에 가락국이 신라에 병합되었는데, 가락국에서는 왕의 김씨 성과 왕비의 성 허씨(許氏)만이 언급된 것을 사서(史書)에 보게 된다. 신라의 6촌 성씨처럼 부족에게도 성이 있었을 법한데 가락국기에 백성들의 성씨 언급은 일체 없다.

가락국은 신라건국보다 1백 년 가까이 늦다. A.D.42년에 건국한 것으로 되어 있다. 그러면 신라 3대 유리왕이 6촌에 성을 내렸다는 시기보다 10년 늦다. 신라와 인접한 국가였다는 점을 고려할 때, 신라의 6촌 성이 그때 등장하였다면 가락국에도 그와 같은 성이 건너갔을 가능성이 있다. 그러나 기록상으로는 왕과 왕비의 성만을 알 수 있을 뿐이다.

가락국에서 등장하였다는 허씨 성의 이야기는 다음과 같다.《삼국유사》에 나오는 기록이다.

　(허씨 공주가 다음과 같이 말했다) 저는 아유타국(인도 중부지역에 있었
던 고대국가)의 공주인데, 성은 허씨이고 이름은 황옥(黃玉)이며 나이는 16
세입니다. 본국에 있을 때 지난 5월에 부왕과 모후께서 저에게 말씀하시기
를 "우리가 어젯밤 꿈에 하늘의 상제(上帝)를 뵈었는데 상제께서는 '가락국
왕 수로는 하늘이 내려 보내어 왕위에 오르게 했으니 신령스럽고 성스러운
분이다. 그런데 새로이 나라를 다스리게 됨에 배필을 정하지는 못했다. 그
대들이 공주를 보내 배필이 되게 하라'고 말씀하시고 승천하셨는데, 꿈을
깨보니 그 말씀이 생생하게 머리에 남아 있었다. 그러니 너희는 곧 여기를
떠나 그곳으로 가라." 고 하셨습니다. 그래서 제가 여기까지 오게 된 것입
니다.

　허씨 공주는 왕비가 된 뒤 아들 10명을 두었다. 이 가운데 둘째
아들이 어머니의 성을 쓰기 시작하여 허씨 성의 시조가 되었다는
설이 있다.

　아유타국에서 허씨 성의 왕국이 있었다면 이 나라도 한자 문화
권에 속했을지도 모른다. 지금도 인도에 허씨 성과 관련된 사람들
이 있는지 알아볼 필요가 있다.

　중국의 허씨 성 유래는 주(周) 무왕(武王) 때 문숙(文叔)이 허국(許
國)이라는 봉지(封地)를 받은 데서 성이 생겼다고 한다. 문숙은 주
나라 초기에 현인(賢人)으로 알려진 백이(伯夷)의 아들이다. 백이와
그의 아우 숙제(叔齊)는 서로 왕위를 사양하고 수양산(首陽山)에 들
어가 고사리를 뜯어 먹고 살았다는 유명한 일화가 있다.

　신라의 초대 왕 혁거세가 성을 가졌던 게 사실이라면 재위기간
이 B.C.57년에서 A.D.4년이므로 신라에서 맨 처음 등장한 성씨를

가지고 우리의 성씨 역사를 계산하면 2000년이 넘는다.

혁거세왕 때 중국은 한(漢)나라 시대였다. 이때 중국에서는 유학(儒學)이 성행하고 이전 어느 시대보다 문화가 발달되어 있었다.

오늘날 우리가 쓰는 형태의 한자가 이때에 완성되었다는 설도 있다. 중국의 대표적 역사서라고 하는 사마천(司馬遷)의 《사기》(史記)가 한나라 시대에 나왔는데 신라가 건국되기 40년 전에 저술되었던 것으로, 당시 유명한 학자가 저술한 역사책이 나올 정도였으면 그때의 문화가 어떠하였는지 가히 짐작을 할 수 있다.

사마천의 《사기》에 따르면, 한나라 시대에는 유학(儒學)이 본격적으로 발전하기 시작했고, 왕과 왕족은 물론 신하들은 대부분 성을 갖고 있었다.

한나라 건국의 시조는 유방(劉邦)이다. 그의 성은 유씨(劉氏)였다. 한나라 건국은 B.C.206년으로 신라의 건국보다 149년이 앞섰다. 후한(後漢)의 시작은 A.D.25년이다. 왕망(王莽)이 한나라를 멸망시키고 신(新)이라는 나라를 세웠으나, 그 뒤 17년 만에 유수(劉秀)가 다시 한나라를 세웠다. 바로 후한의 광무제(光武帝)이다. 그러니까 전한, 후한의 한(漢)나라는 왕과 왕족이 모두 유씨 성이었던 것이다.

신라 건국시기는 정확하게 말해서 전한(前漢)의 의제(宜帝) 때이다. 당시 한나라의 북쪽 변경에서는 흉노족(匈奴族)이 세력을 떨치고 있었다.

흉노족이라면 한나라 이전의 진(秦)나라 진시황(秦始皇)이 그들을 막기 위하여 만리장성을 쌓았다는 종족이다. 말을 타고 다니는 유목민 생활을 했는데, 어떤 학자는 몽고족 또는 투르크족이라고 하고 어떤 학자는 아리아족이라고 했다.

흉노족에게는 한나라처럼 성을 표시하여 혈족을 구분하거나 근친혼을 피하는 일이 없었다. 그들은 혈족이란 것에 구애받지 않고 부부관계를 맺는 일이 많았다.

사마천의 《사기》에 나오는 사람들은 대부분 지배층이고 그들이 성을 가진 것을 알 수 있다. 당시 한나라에는 성을 갖지 못한 서민들도 많았다. 성을 갖지 못한 이들은 벼슬에 오를 수 없었다.

한나라는 신라가 건국되기 전 한반도의 북쪽지역에 사군(四郡)을 설치한 일이 있다. 낙랑군(樂浪郡), 임둔군(臨屯郡), 현도군(玄菟郡), 진번군(眞蕃郡)이다. 이 네 곳을 한사군(漢四郡)이라 불렀다. 한나라가 B.C.108년에 위만조선(衛滿朝鮮)을 멸망시키고 그 땅에 설치한 군현이었다.

한나라 때 지배층마다 성이 있었다면 이들의 성씨 문화가 자연히 한반도로 유입되었을 것이고, 한반도의 여러 국가의 지배층도 역시 성을 가졌을 것이다. 신라가 성씨 등장에 굳이 전설적인 기원을 두지 않았더라도 자연히 성씨 문화를 중국으로부터 전수받았다고 할 수 있다.

중국의 당시 상황을 보면, 신라의 건국시조 박혁거세와 석탈해, 그리고 김알지는 《삼국사기》나 《삼국유사》에 적힌 것처럼 전설적인 인물이라고 말할 수는 없다. 보통 사람이었는데 왕이 될 만큼 훌륭한 인물로 성장하여 통치자가 되었다고 보는 편이 더 자연스러울 것이다.

《삼국유사》와 《삼국사기》에서는 박씨 성, 석씨 성, 김씨 성과 육촌의 여섯 성씨가 있었던 것으로만 기록하였지 후손들이 누구인가, 또는 그 성을 누가 계속 잇고 있었는지에 대한 기록 같은 것은 없다. 중국 사마천의 《사기》에서는 왕과 신하들의 이름에는 꼭 성을 붙여서 기록을 계속한 것을 볼 수 있지만, 이와 달리 우리의 사서(史書)에는 왕이나 등장인물에 성을 함께 표기한 것은 별로 눈에 띄지 않았다. 《삼국사기》에 나오는 신라 인물 가운데 성이 언급되는 사례는 24대 진흥왕 이후의 역사기록에서만 등장한다. 그것도 김씨 성이 대부분이었다.

《삼국사기》에는 진흥왕의 성을 김씨로 적고 있는데, 중국의 여러 문헌에도 진흥왕의 성이 김씨라는 기록은 있지만 이상하게도 진흥왕 바로 앞서 왕이었던 법흥왕에 대해서는 진흥왕처럼 김씨 성이라고 표기하지는 않았다. 오히려 중국의 문헌 《책부원구》(冊府元龜)에는 '법흥왕의 성은 募(모)요, 이름은 秦(진)'이라고 언급되어 있다.

《삼국사기》에는 법흥왕의 이름을 원종(原宗)으로 기록했다. 그리고 성은 김씨라고 했다. 중국의 문헌에서 법흥왕의 성을 모(募)로 표기한 것은, 신라에서는 그때까지 왕을 마립간(麻立干)이라고 불렀는데 당시 중국 한자 표기법에 따라 약칭(略稱)을 써서 모(募)라고 기록한 내용에 대해, 중국의 사관들이 마치 성(姓)인 줄 착각했을 것이라는 이야이가 있다.

중국의 문헌들에 보면 법흥왕 이전에 즉위한 신라 왕들의 성을 기록한 사례는 볼 수 없다. 그러면 신라는 사실상 법흥왕 이전에는 성이 없었던 게 아니냐는 의문이 생길 수 있다.

이 문제에 대한 다른 자료를 살펴보도록 하자. 진흥왕이 경남 창녕, 서울 북한산, 함흥 황초령, 함경도 단천의 마운령에 세웠다는 순수비(巡狩碑)에 적힌 글이 참고가 될 것이다.

여기에는 이 비의 건립에 관여한 신하들의 이름만 적혀 있지 성은 적혀 있지 않다. 다만 그 신하의 출신지만 적혀 있는 것이다. 그 가운데 하나를 적어 보면 다음과 같다. 창녕에 있는 순수비에 나오는 내용이다.

喙 居七夫智 一尺干 沙喙 心表夫智 及尺干 村主 痳叱智 述干
훼 거칠부지 일척간 사훼 심표부지 급척간 촌주 마질지 술간

喙(훼)는 이씨 성을 하사받았다는 육부의 양부(楊部)이고, 사훼(沙喙)는 최씨 성을 하사받았다는 사량부(沙梁部)이다. 촌주(村主)는 비를 세운 지역의 마을 촌장을 말한다. 일척간, 급척간은 중앙관리의 벼슬 이름이고, 술간은 지방관리의 벼슬 이름이다. 거칠부지, 심표부지, 마질지는 신라말 발음으로 표기된 신하들의 한자 이름인 것이다.

이러한 신라의 기록들을 보면, 신라에서 쓰던 성의 기원에 대해 적잖은 의문을 가지게 된다.

당나라에서 남조 양(梁)나라(502~567)의 역사를 편찬한 책이 있다. 바로 《양서》(梁書)인데 이 책에 따르면 신라는 위(魏)나라 때에는 신로, 송(宋)나라 때에는 신라 또는 사라라고 하였다는 기록이 있다. 그리고 신라는 작은 나라였기에 단독으로 사신을 파견하고 외교를 할 수가 없었고, 보통(普通) 2년(521)에 처음으로 신라 사신이 백제 사신을 따라와서 조공하였다는 내용이 있는 것이다. 보통(普通)은 양나라 무제(武帝)의 연호이다.

《양서》의 이 기록에서 미루어 보건대, 법흥왕 때까지도 신라는

보잘 것 없는 나라였고 따라서 문화도 발달하지 않았음을 짐작해
볼 수 있다.

사서(史書)에서는 신라에 문자(文字)가 없다고까지 하였다. 이러
한 자료를 살펴보면 신라의 성씨 등장 시기를 《삼국사기》의 내용
과 다르게 생각할 법도 하다. 법흥왕 이전의 왕들에게 과연 성이
있었느냐 하는 문제를 제기할 수 있는 것이다. 이와 더불어 건국시
조 박혁거세 이후로 신라 6촌의 성과 김씨 성이 있었다는 기록에
도 의문을 가질 수 있다.

고구려와 백제에서 왕이 아닌 신하들의 성을 보면 그 성씨들은
오늘날 우리가 쓰는 성과는 다르다. 그런 성들은 오늘날 거의 찾아
볼 수 없다. 이와 달리, 신라 때 등장하였다는 성은 지금도 우리가
대부분 사용하고 있다. 한편 신라에서 왕족의 성씨라고 하는 박씨
와 석씨는 성씨의 인구수로 보자면 중국에서는 희귀성에 가깝다.

과거 귀화인 계통이 아닌 한국인 김씨 성은 모두 신라와 가락국
에서 뿌리를 찾는다. 그런데 金(금)이라는 한자를 정상적으로 읽으
면 쇠의 뜻인 '금'으로 발음해야 하는데 왜 '김'이라 발음하는가
하는 의문이 생길 수 있다. 어떤 이야기에 따르면, 조선 태종이 짐
짓 금(金)의 발음을 바꾸게 했다고 한다. 나무의 뜻이 있는 李(오얏
나무)가 쇠로 말미암아 잘려 나갈 수 있다는 오행의 원리에 따른
조치라는 것이다. 물론 이에 대한 문헌 기록은 어디에도 없다. 그
런 얘기는 낭설이라고 하더라도, '김'이라는 발음이 생겨난 이유에
대해 다음과 같은 추측은 해볼 수 있다.

중국어의 金(금) 발음은 자음인 ㄱ과 ㅈ 사이의 소리로 ㅣ 모음이
들어가는 'ㅇ지'[ji] 발음에 받침 ㄴ을 붙인 소리의 'ㅇ진'[jin]이다. 어

떻게 보면 한국어의 '김'과 비슷한 발음이 되는 것이다. 애초에 이런 발음으로 김씨 성이 전래되었고, 중국어 발음이 그대로 정착되어 김씨 성이 되었을지도 모른다. 중국어 발음과는 달리 한국어의 발음은 단음(單音)으로 발음되는 경향이 있고 말에 악센트가 강하다. 이 때문에 '°진'[jin] 이 '김'으로 변했다고도 할 수 있다.

이상의 내용을 살펴보았을 때, 단순히 《삼국사기》에 나오는 김알지의 시림(계림) 이야기와 김수로왕의 구지봉(龜旨峰) 이야기만을 가지고 김씨 성의 내력을 말할 수는 없는 것이다.

신라 6촌의 성씨와 그 밖의 성씨들

6촌의 성씨는 3대 유리왕(儒理王)이 여섯 마을의 촌장에게 각각 하사하였다는 성이다. 여섯 마을은 각각 알천양산촌(閼川楊山村), 돌산고허촌(突山高墟村), 무산대수촌(茂山大樹村), 취산진지촌(嘴山珍支村), 금산가리촌(金山加利村), 명활산고야촌(明活山高耶村)이란 이름을 갖고 있었다. 이 6촌은 뒤에 6부(部)로 묶이면서 각각 양부(楊部), 사량부(沙梁部), 점량부(漸梁部), 본피부(本彼部), 한지부(漢祇部), 습비부(習比部)로 이름이 바뀌었다.

유리왕은 여섯 마을에 다음과 같이 성을 내려주었다.

알천양산촌(양부)에는 이씨(李氏), 돌산고허촌(사량부)에는 최씨(崔氏), 무산대수촌(점량부)에는 손씨(孫氏), 취산진지촌(본피부)에는 정씨(鄭氏), 금산가리촌(한지부)에는 배씨(裵氏), 명활산고야촌(습비부)에는 설씨(薛氏).

신라는 당나라의 영향으로 성을 갖게 되었고 성의 글자도 그들과 비슷한 것을 취하였다. 6촌의 성은 모두 당나라에서 쓰는 성의 글자이다.

당나라의 영향을 받아 성을 갖는 일이 늘어났지만, 한편으로는 계속 성을 갖지 않는 사람들도 있었다. 비록 성을 쓰지 않더라도

이름에 같은 글자를 써서 같은 형제 또는 부자간의 혈족임을 나타
내는 사람들도 있었다. 오늘날의 항렬자 사용과 비슷한 관습이었
던 것이다.

한 예로, 신라 경문왕(景文王) 때 윤흥(尹興), 숙흥(叔興), 계흥(季
興)이란 형제들이 있었다. 그들은 이찬(伊飡)이라는 벼슬을 지냈던
관리들인데 반역을 꾀한 죄로 참수되었다.

《삼국사기》에는 두 글자의 이름을 가진 사람들이 많이 등장한
다. 이 가운데 물론 성씨를 생략한 경우도 있지만, 대개는 성이 없
는 사람들이었다.

위진(魏珍), 위홍(魏弘), 위흔(魏昕)이란 이름이 《삼국사기》에 등
장한다. 3명 모두 위(魏)를 첫 글자로 쓰고 있다. 그렇다고 이들을
위씨(魏氏)의 조상이라고 하지는 않는다. 위(魏)가 성이 아니기 때
문이다.

신라 42대 흥덕왕(재위 826~836) 때 효자로 소문났던 사람이 있
다. 그는 손순(孫順)인데 이름이 순이고, 손은 성이라고 하며 경주
손씨의 시조라고 일컫기도 한다. 그런데 의문이 가는 바가 있다.
《삼국사기》를 보면 31대 신문왕(재위 681~692) 때 파진찬(波珍飡)
을 지낸 손문(孫文)이란 관리가 있었다. 이 사람을 오늘날 손씨의
조상이라고는 하지 않는다.

38대 성덕왕(聖德王) 때 재상급 벼슬을 지낸 문량(文良)이라는 사
람의 기록이 있다. 앞 글자를 보고 성이 문씨가 아니었나 생각할
수도 있는데, 사실 문량은 박씨 성의 사람이었다. 원문(元文), 원순
(元順), 원술(元述), 원효(元曉), 원훈(元訓) 등 원(元)으로 시작되는 이
름이 《삼국사기》에 많이 등장한다. 그런데 모두가 원씨 성이라면

왜 이름이 한결같이 외자인가 하는 궁금증이 생긴다. 이들 역시 사실은 원씨가 아니다.

원술(元述)은 김유신(金庾信)의 둘째 아들이고, 고승(高僧) 원효(元曉)는 성이 설씨(薛氏)로 알려졌다.

원문(元文), 원순(元順), 원훈(元訓)은 성이 없었다. 그런데 오늘날 그런 글자를 보고 자기네 성과 같다고 하여 조상으로 보는 종중(宗中)들이 있는 것이다.

《삼국사기》나 《삼국유사》를 통해 등장 인물들의 성을 조사해 보면, 박씨는 25명인 것과 달리 김씨는 2백 명 넘게 기록돼 있다. 석씨는 7명이고, 이씨는 5명, 손씨 1명, 배씨는 2명, 정씨는 1명, 설씨는 9명, 최씨는 12명이 기록되어 있다.

김씨 왕이 많이 들어선 뒤로 신라가 실제 김씨의 왕국이 되었던 것을 생각하면 이해가 간다. 《삼국사기》와 《삼국유사》의 신라편은 김씨 성의 왕조사로 엮은 것이기 때문에 김씨가 왕의 자리를 주로 차지한 신라에서는 아무래도 김씨 성이 많이 등장할 수밖에 없다.

오늘날 한국 각 성씨 문중의 족보를 보면 역사책에서는 볼 수 없는 신라시대 인물이 많이 보인다. 하지만 그 인물들의 관직(官職)을 표기해 놓은 것을 보면 고려시대, 조선시대의 관직이다. 계림군(鷄林君)이니 월성군(月城君)이니 하는 군호(君號)까지 기록되어 있다. 벼슬 이름이나 군호가 가짜라면 인물 또한 가짜라는 의미로 볼 수 있다.

이차돈(異次頓), 이사부(異斯夫) 등의 이름은 한자의 뜻에 따라 지어진 것이 아니다. 신라의 말을 한자를 빌어 표기한 것이다.

이차돈(異次頓), 이사부(異斯夫)를 두고 이(異)씨 성으로 보는 사람이 있는데, 이(異)는 이름의 일부분일 뿐이며 성은 아니다. 이차돈은 불교 포교를 하다 순교했던 인물로 성이 왕족의 성씨인 김씨이고, 이사부는 17대 내물왕(奈勿王)의 직계손으로 알려졌고 역시 성이 김씨였다. 이사부는 독도와 울릉도를 신라의 땅으로 만들었던 장군이다. 이전에는 그곳을 우산국(于山國)이라고 하였다.

태조 왕건을 도와 고려를 건국한 공신들의 이름인 홍술(洪述), 삼능산(三能山), 백옥(白玉), 복사귀(卜沙貴) 등도 역시 뜻을 가진 이름이 아니고 단지 당시 한국어를 한자로 표기했을 뿐인 것이다.

부과(夫果)라고 하는 6촌의 사량부(沙梁部) 출신이 있다. 문무왕 11년(671)에 백제부흥군과 벌인 웅진(熊津) 전투에서 전사한 장군이다. 그 이름에서 부(夫)라는 글자가 있다고 해서 오늘날 부씨의 조상이라고 하면 큰 잘못이다.

고씨(高氏) 문중에서는 고순(高純)이란 인물이 《삼국사기》에 나와도 자기 성씨의 조상이라고 하지 않았다.

인구수가 얼마 안 되는 몇몇 문중에서는 그들 성씨의 역사가 유구(悠久)함을 주장하고자, 역사책에 등장한 성씨 불명의 인물이 쓰던 이름에서 자신들의 성씨와 같은 글자가 있으면 무턱대고 조상으로 기록하여 둔 사례도 없지 않다.

상식적으로 따져볼 때, 인구수가 많은 성이 역사가 길고 오래 전에 있었던 성씨일 가능성이 높다. 역사가 길면 그 긴 기간 동안 자손이 많이 불어났을 것이기 때문이다.

무열왕 때 문장가로 유명하였던 강수(強首), 백제군과 용감하게 싸운 젊은 화랑 관창(官昌), 진흥왕 때 황룡사 벽화로 유명했던 화가 솔거(率去), 역시 진흥왕 때 가야금 악사로 유명했던 우륵(于勒) 등은 성이 없었거나 불명(不明)으로 전해 왔다.

성이 없었거나 불명(不明)으로 전해 내려온 것은 당시 지배계층과 지식층에도 성의 필요성을 느끼지 아니하여 성을 짐짓 갖지 않았거나, 비천한 신분의 사람들이 글을 몰랐으므로 성을 갖지 못하였기 때문인 듯하다.

이와 달리, 지식층 가운데 중국 당나라에 유학을 갔다 온 흔적이 보이는 사람에 대한 기록을 보면 대부분 성이 같이 기재되어 있음을 알 수 있다.

《삼국사기》와 《삼국유사》에서 성을 가졌다고 하는 인물이면 거의 김씨 성으로 표기되어 있어서 신라에 다른 성씨의 인물은 별로 없었다고 생각할 수도 있다. 그런데 오늘날 여러 성씨의 족보를 보면 그들 성씨의 인물이 신라에서 활약했다고 기록되어 있다. 아래에 열거한 성씨 문중의 족보가 그러하다.

강(姜), 나(羅), 남(南), 노(盧), 양(梁), 류(柳), 문(文), 방(方), 백(白), 변(卞), 부(夫), 사공(司空), 서(徐), 성(成), 소(蘇), 송(宋), 신(辛), 안(安), 여(呂), 오(吳), 위(魏), 유(兪), 육(陸), 윤(尹), 임(林), 장(張), 정(丁), 제갈(諸葛), 조(趙), 조(曺), 주(周), 차(車), 홍(洪), 황(黃) 등이다. 다만, 신라 시대 이들 성씨의 조상에 대한 기록은 그들 족보 외의 다른 문헌에서는 찾아보기 어렵다.

통일신라시대에는 중국 당나라를 내왕한 신라인도 많았고, 당나라에서 신라로 귀화한 사람도 적지 않았기에 당나라인이 쓰던 여러 성이 신라에 들어왔다. 그러면 (성의 글자 그 자체는 중국에서 들어왔지만) 신라에서 생겨났다는 3개의 왕족 성과 6촌의 성 외에도 다른 여러 성이 있었다고 볼 수 있다.

또한 신라인이 중국에 유학 가서 새로이 성을 얻거나, 또는 관직에 올라 성을 가진 사람들도 있기 때문에, 비단 6촌의 성만이 아닌 다른 성도 충분히 있었을 법하다.

사람들에게 잘 알려진 해상왕 장보고(張保皐)는 신라 흥덕왕(재위 826~836) 때 신라인으로 당나라에 들어가 장군이 되었다. 그는 성이 없이 궁복(弓福)이란 이름만을 썼는데, 당에 가서 벼슬을 하려니, 성이 없다는 이유로 관직을 얻을 수가 없어, 당시 당나라에서는 흔하던 장씨(張氏) 성을 붙여 입사(入仕)하였다는 일화가 있는 것이다.

그는 당나라에서 벼슬하면서 당나라 해적들이 신라인을 잡아다가 노예로 팔아먹는 것을 보고, 신라로 돌아와 왕에게 이러한 실태를 보고한 뒤 신라 군사 1만 명을 거느리고 해적 소탕작전에 나가큰 공을 세웠다. 그 뒤 그는 지금의 완도 땅에다 진(鎭)을 설치하고 청해진대사란 관직을 갖고 활약했다.

신라 때부터 있었던 성씨라고 하면, 그 역사가 길어 본관과 관계없이 어느 성씨든 인구수가 많아졌을 것이라 짐작할 수 있다. 하지만 6촌에서 등장한 성 가운데 이씨, 최씨, 정씨, 손씨는 오늘날 인구수가 많은 편인데 배씨, 설씨는 그렇지가 않다. 왕족 성씨라고하는 석씨(昔氏)는 인구수가 더욱 적다.

《삼국사기》나 《삼국유사》에는 신라 6촌에서 돌산고허촌(突山高墟村)의 촌장 소벌도리(蘇伐都利)는 3대 유리왕(儒理王)이 성을 내려주어 최씨 성(《삼국유사》에는 정씨 성)을 쓰게 되었다는 기록이 있는데, 오늘날 소씨(蘇氏) 문중에서는 소벌도리를 자기 문중의 조상으로 보고 있다. 중국에서 건너와 신라 건국 이전에 진한(辰韓)을 건국했던 소곤오(蘇昆吾)의 후손이 소벌도리라고 그들의 족보에다 기록을 해놓은 것이다.

소씨(蘇氏)는 진주(晉州)를 본관으로 하고 있다. 그리고 오늘날 성씨별 인구수로 순위를 매겨도 60위 밖이고, 본관별로 인구수 등위를 보면 100위 안에도 못 들어간다.

신라 6촌 때라면 아득한 옛날이다. 혁거세로부터 시작된 박씨 성 이전에 있었던 성이라면, 특별한 사건이 없는 한 아무리 후손이 적었다 하더라도 오늘날 박씨 성이나 경주최씨의 인구수에 견주어 절반이라도 되어야 한다. 박씨 성의 경우, 밀양박씨만 해도 인구수가 3백만 명이 넘는다. 그리고 최씨 성 역시 경주최씨 한 문중의 인구수가 97만 명이 넘는다. 전체 최씨 성의 인구수를 보면 2백만 명 가까이 된다. 그러나 우리나라에서 소씨 성을 쓰는 사람은 채 5만 명도 안 된다.

소(蘇)라는 성이 진정으로 삼한(三韓)시대부터 있었다면, 한국인 성씨의 기원은 그동안 알려졌던 것보다 훨씬 오래전으로 봐야 할 것이다. 그러나 이를 뒷받침할 신빙성 있는 기록이 현재로선 없다.

경주배씨(慶州裵氏)도 역시 신라 6촌 성씨의 하나라고 주장하며 고려 왕건의 공신인 배현경(裵玄慶)을 중시조(中始祖)로 삼았지만, 그 이전의 조상에 대해서는 기록을 못하고 있다.

배현경의 배씨는 고려 태조 왕건이 내려준 성이기에, 신라 6촌의 하나인 금산가리촌(金山加利村)의 촌장 지타(祗沱)가 사성받은 배씨 성의 계보가 아님이 확실하다. 그런데 배씨 문중에서 배현경을 같은 계보의 중시조(中始祖)로 모셨다면 어느 한쪽의 기록이 분명히 잘못되었다고 봐야 한다.

배씨 성은 한국의 토착성씨로 알려져 있다. 역사기록을 살펴보아도 귀화인 가운데 배씨 성의 인물은 눈에 띄지 않는다.《삼국사기》에 보면 희강왕(僖康王) 때 배훤백(裴萱伯)이라는 장군이 등장한다. 앞서 성덕왕(聖德王) 때는 상대등(上大等)을 지낸 배부(裴賦)라는 사람이 있었다. 만약 이들이 배씨 성의 인물이라면 후손이 있을 법한데, 그런 기록은 보이지 않는다. 이들의 후손이라면 배씨 성을 처음 받은 인물인 지타의 계보를 이었다고 하더라도 충분히 신뢰를 얻을 수 있을 텐데 이상한 일이다.

중국의《구당서》(舊唐書)에는 신라에는 김씨와 박씨 성이 많고 성이 다르면 결혼을 하지 않았다는 기록이 있다.

한편 이《구당서》에는 신씨(申氏) 성과 숙씨(叔氏) 성이 신라에 있었다는 내용도 있다.

'김준옹을 신라 왕으로 책봉하고 모친(母親) 신씨(申氏)를 대비(大妃)로 삼고 부인(夫人) 숙씨(叔氏)를 왕비로 삼도록 하였습니다' 라는 내용이다. 그런데 이 기록은 잘못된 것이다.

김준옹(金俊邕)은 신라 39대 소성왕(昭聖王)이다. 소성왕의 모친은 신술(神述)의 딸로 원성왕(元聖王)의 비(妃)가 된다. 신술의 이름에서 앞 글자를 성으로 착각하여 기록한 것이다. 또한 같은 글자도 아닌 신(申)이라는 글자를 썼다. '숙씨'(叔氏)라는 내용도 역시 착각에서 비롯되었다. 그의 아버지가 숙명(叔明)이라는 이름을 썼는데 그 이름의 앞 글자를 성으로 오인한 것이다. 당나라에서는 이름을 적을 때 꼭 성을 붙였기 때문에, 이름만 적었더라도 그들은 가장 앞의 글자를 성으로 여기고 기록한 경우가 많았다. 사실 신술과 숙명은 김씨 성의 인물이었다.

《구당서》에도 기록되었듯, 성이 다르면 결혼을 하지 않는다 하는 관습이 신라에 있었고, 당시 성골(聖骨), 진골(眞骨)의 품계에서 같은 김씨 또는 같은 왕족 성씨인 박씨 성을 왕비로 맞이하는 것이 관례였다. 오늘날로 보자면 근친혼이었던 것이다.

오늘날 김씨와 박씨 성이 많은 것도 당시 성을 가진 지배층이었던 그들 두 성씨 사이에 혼맥을 주로 가졌던 데 그 이유가 있는 것이다.

41대 헌덕왕(憲德王)은 성이 김(金), 이름이 언승(彦昇)이다. 《구당서》에는 헌덕왕의 부인을 정씨(貞氏)로 기록해 놓았는데, 이것 역시 잘못된 기록이다. 혹시 신라초기의 6촌에서 유래한 정씨(鄭氏)라고 생각해볼 수도 있겠으나, 당시 골품제도(骨品制度)에 따르면 정씨(鄭氏) 역시 왕비는 될 수 없는 성씨였기에 기록상의 오류임이 분명하다.

신라 6촌의 성씨가 어느 때 등장하였든, 그 가운데 대부분이 오늘날 우리나라에서 주류 자리에 있는 성씨인 것은 사실이다.

또한 6촌의 성을 중국의 성과 견주어 보면, 배씨 성 하나를 빼놓고는 중국인 성의 주류라고 할 수 있는 백가성(百家姓) 안에 모두 들어간다.

현 한국인의 주류가 되는 성씨들 가운데, 그들 성씨의 족보에 시조가 신라에서 비롯되었다거나 신라에서 활약한 조상들이 있었다고 기록한 내용을 살피면, 그 내용에서 믿을 수 없는 부분이 많이 있음을 알 수 있다.

강씨(姜氏) 성도 신라에 있었다고 한다. 그런데 이 강씨 문중에서

는 고구려의 명장이었던 강이식(姜以式) 도원수(都元帥)가 시조라고
기록해 두었는데, 강이식은 고구려 26대 영양왕(재위 590~618) 때
의 사람으로 원래는 중국 수(隋)나라에서 고구려로 귀화해 온 장군
이었다고 한다. 그의 귀화와 신상에 대한 기록을 《삼국사기》와
《삼국유사》 등에서는 찾아볼 수 없는데, 족보에는 강이식의 아들
운기(雲紀)에 대한 기록이 있다. 또한 족보의 내용에 따르면, 운기
는 신라 문무왕 8년(668)에 검교대장군(檢校大將軍)이라는 벼슬을
지냈다고 한다.

고구려가 망한 뒤 강이식의 아들은 신라에서 벼슬길에 올랐다
는 이야기인데, 《삼국사기》의 신라본기(新羅本紀)에 그에 대한 언
급이 없는 것은 물론 그 당시 신라에 도원수라는 벼슬이 없었다는
점을 생각해 보면, 그 족보의 내용에 의문을 가지게 된다. 그뿐 아
니라 그 아래로 몇 대의 자손들까지 병마원수(兵馬元帥)니 태사태
보(太師太保)니 밀직부사(密直副使)니 하는 벼슬을 했다고 기록해
둔 점은 이런 의문을 더욱 증폭시킨다.

그런 벼슬 모두가 신라에는 없었고 고려가 세워진 뒤 나타난 관
직명(官職名)이었을 뿐인데, 신라시대 조상의 기록에 붙인 것은 납
득하기 어려운 일이다.

강씨는 진주(晋州)를 주로 본관으로 하는데, 강민첨(姜民瞻)을 확
실한 시조로 받드는 진주강씨가 있다.

강민첨은 고려 8대 현종(재위 1009~1031) 때 문신(文臣)의 한 사
람이었지만, 군사 방면에도 재능을 발휘하여 여진(女眞)과 거란군
을 격파했던 유명한 장수였다. 그는 처음에 명장(名將) 강감찬(姜邯
贊)의 휘하에 있었다. 강감찬은 같은 성이었지만 그 후손들은 진주

가 아닌 금천(衿川)을 본관으로 하고 있다. 금천은 오늘날 서울의 금천구 지역이다.

남씨(南氏)의 시조는, 중국 당(唐)나라 사람으로서 일본에 사신으로 가던 길에 해상에서 풍랑을 만나 신라에 표류해 왔다가 귀화한 남민(南敏)이라고 그들 문중의 족보에 기록되어 있다.

남민의 본래 성명은 김충(金忠)이었다고 한다. 신라에 귀화한 뒤 신라 35대 경덕왕(재위 742~765)이 남쪽에서 왔다고 하여 남(南)이란 성을 사성했다는 것이다. 당시 신라왕의 성이 김씨였기에 이를 못 쓰게 하고자 다른 성을 내려 주었다는 설도 있다.

남씨 족보의 기록에 따르면, 신라시대의 조상이라고 기록하고 고려시대의 벼슬 이름을 가져다 붙인 기록 같은 것은 보이지 않는다. 실제 확인되는 내용을 바탕으로 조상들의 행적을 기록했다.

류씨(柳氏)도 신라 때부터 있었다고 한다. 신라 때 차씨(車氏) 성이 류씨(柳氏) 성으로 바뀌었다는 기록이 있다. 시조 류차달(柳車達)의 조상이 신라 40대 애장왕(재위 800~809)을 시해한 김언승(金彦昇: 신라 41대 헌덕왕, 재위 809~826)이 왕이 된 것에 반감을 품고, 그를 해칠 계획을 꾸미다가 탄로가 나서 도피하는 가운데 성을 바꾼 데서 유래됐다고 한다.

다만, 이러한 이야기에 대해 문화류씨 문중에서는 부인하고 있으며, 이수건의《한국의 성씨와 족보》에도 이러한 내력을 부정하는 주장이 수록되었음을 밝혀둔다. 류차달의 6세조 차승색(車承穡)이 신라에서 좌상(左相)을 지냈다는 이야기도 있는데, 실제로는 신라에 좌상이란 벼슬이 없었다.

고흥(高興)을 본관으로 한 류씨는 이런 일화 같은 것이 없고, 단

지 신라의 호족(豪族)으로서 신라말 혼란기에 홍양(고흥의 옛 지명)
으로 가 그 지역의 호장(戶長)이 된 류영(柳英)을 시조로 모셨다.

백씨(白氏) 문중도 신라 때 중국에서 건너온 귀화인의 후예라고
한다. 족보에는 시조가 A.D.780년에 신라에 귀화하고 한반도 땅에
서 백씨의 뿌리가 되었다고 기록되어 있다.

그런데 여기서도 시조가 된다는 백우경(白宇經)이 받았다는 벼
슬이 신라의 관직(官職)이 아닌 고려시대에 등장한 벼슬인 좌복야
사공대사도(左僕射司空大司徒)라는 문제가 있다. 중국 당나라에 이
런 관직명이 있었으나, 당시 신라에서는 사용하지 않았다. 좌복야
사공대사도라는 벼슬 이름은 3종류의 관직 이름을 이어붙인 것이
다. 좌복야는 고려 때 상서도성(尙書都省)에 소속된 정2품 벼슬 가
운데 하나이고, 사공은 고려의 최고위직인 정1품의 벼슬이며, 대사
도는 고려시대도 아닌 조선시대의 호조판서(戶曹判書)를 달리 부른
벼슬인 것이다.

당시에 없던 벼슬을 신라 때의 시조에게 붙였다는 사실은 시조
마저도 가공인물로 볼 수 있게 될 빌미를 제공한다. 벼슬 내용을
잘 모르는 후손들이면 '그런가 보다' 하고 넘어가겠지만, 역사학자
들에게는 분명 문제의 소지가 될 수 있다.

백씨 성의 족보에서는 시조 백우경(白宇經)의 아들 정(靖)도 신라
에서 간의대부(諫議大夫) 벼슬을 지냈다고 기록해 놓았다. 어느 왕
때란 말은 없고 오로지 이름과 벼슬 이름만 적어 놓은 것이다. 간
의대부란 벼슬도 신라에는 없었다. 역시 고려시대에 설치된 벼슬
이다.

중국인 족보는 더 그러하지만 한국인의 족보에도 이처럼 시대

가 불분명한 조상의 이름과 벼슬 기록 같은 것이 수두룩하다.

노씨(盧氏)의 족보에도 중국인이 신라로 옮겨와 시조가 되었다고 기록되어 있다. 내용인즉, A.D.755년에 중국 당나라의 안록산(安祿山)의 난(亂)을 피해 온 중국 범양인(范陽人)이 있었는데, 성명은 노수(盧穗)라고 했다. 그는 아들 9형제를 데리고 왔는데 그들이 신라 이곳저곳에 자리를 잡아 노씨 여러 본관의 시조가 되었다는 것이다.

노씨의 족보에는 신라시대의 조상을 기록하면서 신라의 관직명 등은 기록하지 않았다. 그때 동래(東來)해 와서 신라에 정착하였다면 후손들 가운데 어느 한 사람이라도 벼슬을 했을 법하다. 그러나 그때의 자료가 불충분하고 확인될 수가 없었기 때문인지 그런 기록은 하지 않았다. 불분명한 일에 대해 기록을 하지 않았기 때문에 오히려 신뢰를 주는 족보라고 볼 수 있다. 조상을 빛낸다는 의도에서 조상의 벼슬 이름과 공적 같은 것을 허위로 적어 놓은 족보가 많은 것이다.

압해(押海)를 본관으로 하는 정씨(丁氏) 성이 있다. 이 성 역시 신라시대에 연원(淵源)을 두고 있다. 압해는 오늘날 전남 신안군 압해면 지역이다.

시조는 신라로 이주한 당나라 사람이라고 한다. 성명은 정덕성(丁德盛)인데 신라 46대 문성왕 15년(853) 무렵에 왔다고 옛 족보에는 기록해 놓았다. 그런데 요즘에 와서 정씨 문중 관계자들은 시조의 동래(東來)한 행적이 불분명하다는 이유로 실제 한반도에서 1세조가 된 조상을 시조로 명기해 두는 것을 원칙으로 정했다.

오늘 우리 한국인의 족보 내용을 보면 실로 허구성이 느껴지는 내용이 많다. 가공된 조상의 이름, 벼슬, 행적 기록들이 그러하다. 그렇다면 그것은 후손들에게 오히려 왜곡된 과거를 알려 주는 것이고 실제 조상에게는 죄를 저지르는 일이 된다. 이런 허구로 말미암아 족보의 신뢰성이 떨어지지 않으려면 바로 나주정씨 족보와 같이 검증작업을 거쳐야 하는 것이다.

초계(草溪)와 밀양(密陽)을 본관으로 하는 변씨(卞氏)도 역시 그러했다. 중국 주(周)나라 문왕(文王)의 아들로부터 유래하여 8세기에 그 후손이 신라로 옮겨왔다는 설이 있으나, 그 앞뒤의 세계(世系)에 대한 기록이 없기에 이런 내용은 족보에서 배제했다.

족보의 허구성에 대한 좋은 예로 《신라삼성연원보》(新羅三姓淵源譜)를 들 수 있다. 신라계 김씨, 박씨, 석씨 왕과 그 후손들의 계보를 엮었다는 책이다. 그 내용은 실제 우리의 국사책이나 학자들의 문집 등에서 볼 수 있는 것과는 큰 차이가 난다. 어디서 꿰맞추었는지 마치 소설같은 허구적인 기록이 많은 것이다.

엮은이는 1930년대 일제강점기에 살았던 김경대(金景大)란 사람이다. 그의 찬술(撰述) 1권을 보면 신라 마지막 임금 경순왕(敬順王)의 큰아들 김일(金鎰, 마의태자)을 다섯 번째 아들로 기록해 놓았다. 또한 경순왕의 부인 박씨(죽방부인) 소생의 아들이 3명이 있고, 앞서 송희부인(松希夫人) 석씨(昔氏) 소생의 아들이 5명이 있었다고 기록해 놓은 것이다.

《삼국사기》나 《삼국유사》에서는 경순왕 재위 때 오로지 박씨성의 죽방부인만 있었던 것으로 기록하여 《신라삼성연원보》의 내용과는 차이를 보인다. 마의태자 위로 요(瑤), 곤(琨), 영(英), 분(奮) 4명이 형이 있었다고 기록해 두었는데, 역사학자들은 그 자체가 분명한 허구라고 밝힌다.

어떤 학자는 《신라삼성연원보》에서 보는 왕자들의 기록이 사실이라면 왜 4명의 형을 제쳐두고 마의태자가 경순왕 앞에 나서서 '고려국에 나라를 그냥 내주는 것은 불가(不可)하다'는 간언을 했을까 문제를 제기한다.

《신라삼성연원보》는 1934년에 출간되었다. 조선총독부에서 조선인의 족보 발행을 허용했던 시기이다. 이 당시에는 가짜 족보 출판이 성행했다.

1817년(순조17년)에 공주사람 김노정(金魯定)이 《만성보》(萬姓譜)라는 이름으로 여러 성씨의 계보를 단편적(短片的)으로 작성했다. 그런데 이 책은 남의 족보를 곡해한 것이 적지 않아 비난을 많이 받았다. 이것보다 더 문제가 된 책도 있었다. 바로 위작(僞作)으로 알려진 《화해사전》(華海師全)이다. 이런 책을 바탕으로 자신들의 족보를 작성했다면 의당 허구성을 면치 못하는 것이다. 각 성씨의 족보에는 그들 문중의 사람들 사이에 이견(異見)이 있는 내용을 포함하여 작성되는 경우가 있기에 더러 내용이 안 맞는 족보도 나오곤 한다. 그러나 오늘날에는 옛날보다 자료를 찾기가 쉬워져 확인 작업과 진위(眞僞)파악이 잘 되는 편이다.

양씨(梁氏) 성을 보면 모든 본관의 양씨(梁氏)는 옛 탐라국(耽羅國)을 연원지(淵源地)로 삼고 있다.

탐라국은 현재의 제주도 지역에 있었던 작은 부족국가이다. 우리의 사서(史書)에 보면, 해상을 생활기반으로 삼고 떠돌던 여러 부족들이 집단을 이루고 살던 곳이라 하였다. 처음에는 나라의 뜻인 국(國)이란 이름이 붙여지지 않았고 단순히 부족사회의 한 집단으로서 이름만 갖고 있었다고 한다.

그런 집단이 신라에 조공(朝貢)하는 태도를 취하여 신라왕으로부터 탐라국이란 나라 이름을 받게 된 것이다.

탐라는 원래 백제에 조공을 하는 종속(從屬)의 예(禮)를 보냈던 부족사회였다. 조공의 대상을 신라로 바꾸고 나서는 백제와 단교(斷交)하였다. 백제 24대 동성왕(재위 479~501) 때의 일이다.

그러나《삼국사기》의 기록을 보면 탐라는 백제 27대 위덕왕(재위 554~598) 때부터 다시 백제의 속령이 되었고, 백제는 부족의 수장을 최고위 관직인 좌평(佐平)에 임명한 뒤 탐라를 다스리게 하였다는 내용이 나온다.

백제가 망한 뒤 탐라국은 완전히 신라의 영토(領土)가 되었다. 《삼국사기》에 신라 30대 문무왕(재위 661~681) 2년에 탐라국주(耽羅國主) 좌평(佐平) 도동음률(徒冬音律)이 와서 신라에 항복하였다는 기록이 있는 것이다.

탐라의 전설에 등장하는 세 성씨가 있다. 고(高), 양(良), 부(夫)이다. 지금도 전설의 현장이 한라산 북쪽 기슭에 모흥혈(毛興穴)이란 이름으로 남아 있다. 세 성씨가 나타났다고 하여 삼성혈(三姓穴)이라고도 한다.

이 삼성혈의 주인공은 부을나(夫乙那), 양을나(良乙那), 고을나(高乙那) 세 명의 신(神)이다. 이 세 명의 신은 모흥혈에서 뿜는 용출수에서 나왔다는 설화가 있다. 그 설화를 바탕으로 하여 부씨(夫氏) 성이 등장하고 양씨(梁氏) 성이 등장하고 고씨(高氏) 성이 등장하였다는 것이 제주도를 본관으로 한 그들 세 성씨의 연원이다. 양씨는 원래 良(양)을 성으로 삼았는데 신라에 귀속되면서 그 글자를 梁

(양)으로 바뀐 것이라고 양씨 문중의 족보에 기록되어 있으나, 그 사실여부는 사서(史書)에서 찾아 볼 수 없다.

같은 양씨 성 가운데 전남 남원(南原)을 본관으로 하는 양씨가 있는데 그들은 신라 35대 경덕왕(재위 742~765) 때 큰 공을 세웠다는 양우량(梁友諒)을 시조로 받들고 있다.

양씨 성의 족보에는 고구려의 명장 양만춘(梁萬春) 역시 그들의 일족이라는 기록이 있다. 그러나 이는 이해하기 어렵다. 양만춘은 고구려의 마지막 임금 보장왕(재위 642~668) 때 안시성(安市城)에서 당나라 태종(太宗)이 직접 이끌고 온 30만 대군(大軍)에 맞서 혁혁한 공을 세운 인물이다. 어떻게 제주도의 양씨가 머나먼 고구려까지 가서 안시성주(安市城主)라는 중요한 자리에 오를 수 있었을까 하는 의문이 생긴다.

족보의 내용이 사실이라면 제주도의 양씨가 고구려에도 퍼졌거나 그 후손이 고구려에 가서 벼슬살이를 했다는 얘기가 된다.

그런데, 위의 내용이 사실인지를 따져보기 전에 고구려에는 중국에서 귀화한 뒤 관직에 오른 사람들이 많았다는 점을 떠올릴 필요가 있다.

중국인의 양씨 성은 백가성 가운데 인구수로 21위에 들어가는 대성(大姓)이다. 주(周)나라의 모계성(母系姓)인 희(姬)에서 씨(氏)란 부계성(父系姓)을 사용하면서 양씨 성이 나타나게 되었다. 양씨의 선대 조상이 양(梁)이란 봉국(封國)의 제후가 되면서 그 나라의 이름을 따서 성으로 삼게 된 것이다.

중국인 가운데 양씨 성의 인구수가 많고 또 성의 유래도 오래된 것으로 보건대, 그 가운데 고구려로 귀화한 사람이 있어 일반인에게 그 성이 전래되었을 가능성도 있다.

《삼국사기》의 신라본기에는 양부(良夫), 양질(良質), 양수(良首), 양신(良臣)이란 이름을 가진 신하들에 대한 기록이 있다. 양씨 문중에서는 이들 모두를 조상으로 기록해 두었는데 역시 믿을 수 없는 것이다. 이들은 모두 탐라국이 신라에 귀속되기 전의 사람이라는 점을 고려하면 더욱 그러하다.

《삼국사기》에서는 일체 그들의 성에 관한 언급은 없다. 양질은 실라 13대 미추왕(재위 261~284) 때 괴곡성(槐谷城)에 침입한 백제군을 격퇴한 장수이다. 탐라국이 신라에 귀속되기 4백 년 전의 인물이다. 이때 전설이 아닌 실제로 그 같은 성씨가 있었는가 하는 의문이 생긴다. 미추왕 때라면 신라인들조차 실제로 성을 사용했는지에 대해 논란이 있는 시기이다. 탐라국 같은 부족집단의 사회에서 당시 성의 등장은 더욱 생각하기 어렵다. 특히 탐라가 백제에 조공을 하던 때도 아닌 원시적 사회가 유지되고 있을 때임을 고려하면 더욱 그러하다. 미추왕 이전에 석씨 성의 12대 첨해왕(재위 247~261) 때 서불함(舒弗邯)이라는 고위직에 있었던 양부(良夫)도 같은 양씨의 조상으로 기록되어 있는데 이 역시 허구에 가깝다고 보아야 할 것이다.

우리가 현재 구할 수 있는 자료에 등장하는 신라의 성씨에 관한 기록은 6촌에서 등장한 성씨들의 이야기뿐이다. 6촌의 성씨와 함께 양씨 성도 있었다면 반드시 역사서가 아니더라도 어떤 다른 문헌에는 등장해야 할 것이다.

신라는 통일신라가 될 때까지 왕족 이외에 일반 백성들이 성씨를 쓰는 경우는 거의 드물었다. 신라에서 성의 보편화는 문무왕

이후 당나라의 문화가 급격히 전래되면서 상류층을 중심으로 시작된 추세이고, 그 뒤 고려조에 와서 일반 백성들도 성을 갖는 대중성을 띠었던 것이다.

신라에서는 성을 갖지 못한 사람들로 하여금 한자 하나를 취하여 핏줄 표시로 삼도록 하기도 했는데 이는 중국의 고대 국가에서 시행했던 조치와 같았다. 《삼국사기》에는 신라에서 양(良)이라는 글자가 들어간 이름의 인물들이 앞서 언급한 이들 외에도 몇 명 더 등장한다. 양길(良吉), 양도(良圖), 양문(良文), 양원(良圓), 양지(良志) 등이 그들이다.

그 가운데 양길(良吉)은 양길(梁吉)이라고도 한다. 그는 신라인으로서 신라 51대 진성여왕(재위 887~987) 때 북원(北原)에 세거하며 독자적 세력을 형성했다. 신라의 여러 성을 뺏으며 위세를 떨쳤으며, 한때 궁예(弓裔)를 부하로 거느리기도 했다. 북원은 오늘날 강원도 원주지역이다. 그의 이름에서 양(梁)이란 글자를 성이라고 보면 오늘날 양씨와 같은데, 이 인물을 오늘날 양씨 성의 조상이라고 하는 사람은 없다.

한국의 양씨는 제주도 삼성혈의 설화를 바탕으로 토성(土姓)이라고 볼 수 있다. 그러나 토성으로 볼 수 없는 같은 글자의 양씨 성이 있다. 바로 중국 운남(雲南)에서 건너온 원(元)나라 사람의 후예들이다. 그들은 원나라 왕족이었는데, 고려로 망명해 와서 제주도에 살았다. 본관을 대원(大元)으로 하고 스스로를 대원양씨(大元梁氏)라고 불렀다.

운남은 중국 대륙의 남서쪽에 있다. 지금의 라오스, 베트남과 인접한 지역이다. 당시 원나라의 세력이 여기까지 미쳤던 것이다. 원나라는 이 운남을 제후국으로 삼고 운남왕(雲南王)을 두었다. 이 왕은 몽고 이름으로 '파잡랄와이멸'이고 한자 이름으로는 양왕(梁王)이라고 하였다. 양왕은 원이 명(明)나라에 망하자 자살하고 그의 가족만이 망명해 온 곳이 바로 제주였던 것이다.

《조선왕조실록》을 살펴보면 몽골의 황실 사람들이 제주도에 옮겨와 살았다는 기록이 있다. 몽골 황실 사람들 가운데 제주도로 온 이들이 한두 명이 아니었다면, 그들의 후예도 분명 어딘가에 있을 것이다. 하지만 오늘날 한국의 양씨 문중 가운데 스스로를 그들의 후예라고 하는 이들은 없다.

이러한 예를 봐도 족보의 내용만 갖고 우리의 성씨의 유래에 대해 확정적으로 얘기할 수는 없는 것이다.

한국인의 성씨 가운데 인구수로 상위권에 있는 조씨(趙氏) 성이 있다. 그런데 이 성도 시조가 동래인(東來人)이란 설이 있다. 한반도로 옮겨온 시기는 신라 말기라고 전한다.

이 설에 따르면 같은 글자의 조씨라도 유일하게 함안(咸安)을 본관으로 하는 조씨는 시조 조정(趙鼎)이 당(唐)나라 사람으로 두 명의 아우와 함께 신라에 왔다고 기록되어 있다. 그런데 한양(漢陽), 풍양(豊壤), 횡성(橫城), 평양(平壤), 양주(楊洲) 등 본관의 조씨는 신라 때의 동래설(東來說)만 언급하였지, 함안조씨처럼 구체적인 내용은 족보에 기록해 두지 않았다. 그들 문중은 모두 고려시대의 조상들만 표기하였고 신라 때 인물 같은 것은 기록해 두지 않았다. 이 조씨 문중은, 본관이 달라도 같은 글자의 조씨 성 사이에는 혼인을 하지 않는 관습이 있었다.

한국인의 많은 성씨의 족보가 시조의 동래설(東來說)을 언급하고 있다. 중국에서 동쪽에 있는 한반도로 옮겨 왔다는 뜻이다. 한자 성을 쓰기에 이런 이야기가 더욱 많이 등장하게 되었을 것이다. 독자적으로 성씨를 기록할 문자가 없었기에 중국의 문자인 한자를 받아들인 것처럼, 사람 역시 동쪽으로 옮겨 왔을 것이라는 가능성은 충분히 둘 수 있다.

한국인들의 성씨에서 인구수로 8위권에 들어가는 윤씨(尹氏) 성이 있다. 이 윤씨 성 가운데 칠원(漆原)을 본관으로 하는 윤씨는 시조가 신라 때 사람이라고 분명하게 족보에 기록하였다. 단 중국에서 왔다는 동래설은 없었다. 그저 신라의 태종무열왕(재위 654~661) 때 사람이라고만 했다. 그런데 이 기록 역시 문제가 있다. 족보에는 시조의 관직이 태자태사(太子太師)로 기록되어 있는데, 신라에는 이런 벼슬이 없었던 것이다. 태사는 고려에 와서 당나라 관제(官制)를 모방하여 설치된 벼슬이다. 고려시대 삼사(三師) 관직의 하나로서, 정1품의 최고위직이며, 다음 대에 왕위를 승계할 왕자를 가르치고 지도하는 관직이다.

윤씨의 족보에는 그 시조가 신라 태종무열왕조의 사람이라고 했는데, 그때는 당나라 문물제도가 본격적으로 확산되는 통일신라시대도 아니었기 때문에, 그런 관직이 전래되었다고 생각하기는 어렵다.

장씨(張氏)도 한국인에게는 대성(大姓)이다. 성씨의 인구순위로 9위에 들어간다. 그러나 같은 글자라도 뿌리가 확실히 다른 두 장씨가 있다. 장정필(張貞弼)을 원조로 하는 장씨와 장순룡(張舜龍)을 시조로 하는 장씨이다. 장순룡은 덕수장씨(德水張氏)의 시조이다.

장정필은 고려 건국을 도운 공신이다. 다시 말해, 그는 신라말에

활약한 사람인 것이다. 장보고(張保皐)의 사례로 보건대, 신라에는
분명히 장씨 성이 있었다는 것을 알 수 있다. 신빙성 있는 역사기
록의 뒷받침이 있기에, 이런 족보의 내용에 대해서는 신뢰할 수
있다.

《고려사》에 따르면, 신라말기 장유(張儒)란 사람이 중국에 가 중
국어를 배우고 귀국해 고려에서 벼슬을 제수받고 지냈다는 기록이
있다. 홍덕(興德), 옥구(沃溝), 옥천(沃川)의 본관이 바로 장유를 시조
로 하는 장씨 성이다.

장정필은 안동(安東), 인동(仁同)을 본관으로 하는 문중의 시조이
다. 족보의 기록에 따르면, 장정필은 중국 절강성(浙江省)의 소흥부
(蘇興府) 출신이었는데, 신라에 들어와 귀화했다고 한다.

한국인 장씨 성의 뿌리는 덕수장씨를 제외하고서는 대개가 중
국에서 온 장정필을 시조로 삼고 있다. 덕수장씨의 시조는 고려
후기에 아랍에서 온 귀화인이다.

(《인동장씨대동보》에는 장정필이 시조로 기록되어 있으나, 몇
몇 파派에서는 이를 인정하고 있지 않음을 밝혀둔다.)

임씨(林氏) 성도 한국에서 대성(大姓)의 하나이다. 성씨별 총 인구
수에서 10위권에 들어간다.

평택(平澤)을 본관으로 하는 임씨 문중은 동래하여 왔다는 임팔
급(林八及)을 시조로 모시고 있다. 그들의 족보를 보면, 도시조(都始
祖) 임팔급은 당(唐)나라 사람으로 신라 땅에 와 팽성(彭城)에 세거
하였다는 기록이 있다. 그는 이부상서(吏部尙書)를 지냈다고 하는
데, 이 역시 신라에는 없던 벼슬이었기 때문에 그 신빙성을 의심할
수밖에 없다. 이부상서는, 고려에서 실제 국정(國政)을 맡은 육부

(六部)의 하나로 관리 선발과 임명, 공로표창 등을 하는 관청 이부 (吏部)의 수장(首長)이었다. 임팔급이 신라에 온 시기는 당나라가 기 울어 가던 900년 무렵이라고 기록되어 있지만, 신라로 온 뒤에 그 같은 벼슬을 하기가 쉽지 않았으리라 여겨진다. 그때는 신라 역시 망국으로 향하고 있었기 때문이다. 그가 고려조에 와서 벼슬을 하 게 되어 그런 관직명이 기록되었을 지도 모른다. 그의 후손으로는 선산(善山), 은진(恩津), 진천(鎭川), 옥구(沃溝), 예천(醴泉) 등 많은 분 관(分貫)의 임씨가 있다.

안씨(安氏) 성은 본래 이씨(李氏) 성이었다고 한다. 안씨 성의 족 보에서 그 유래를 설명하여 놓고 있다. 그 유래에 따르면 원래 이 씨 성을 가지고 신라에 와 살았는데, 나중에 임금이 사성(賜姓)을 하여 안씨 성이 되었다는 것이다.

그들 족보에 기록된 시조의 귀화 유래에 따르면, 신라 40대 애장 왕(재위 800~809) 7년에 이원(李瑗)이란 당(唐)나라 사람이 귀화해 왔는데 나중에 아들 3형제를 두었고, 48대 경문왕(재위 861~875) 때 왜인(倭人)들이 신라에 침입해 오자 이 3형제가 왜인을 격퇴하 는 공을 세워 안씨 성을 사성(賜姓)받았다는 것이다. 현재 죽산(竹 山), 광주(廣州), 순흥(順興)을 본관으로 하는 안씨 성이 그의 후손이 라고 한다.

그런데 이원의 세 아들 가운데 두 아들이 죽산군(竹山君)이니 광 주군(廣州君)이니 하는 봉호(封號)와 함께 기록된 것을 보는데, 이 또한 신라에서는 볼 수 없는 군호(君號)이다. 신라에는 이런 봉군제 도(封君制度)가 없었고, 고려조에 와서야 당나라의 관제를 모방해 만들어졌던 것이다.

　고려에서 봉군제도가 만들어졌어도 수봉(受封)받은 인물은 많지 않았다. 그런데 많은 성씨 문중에서 시조는 물론 고려조 인물이 받았다는 군호(君號)를 많이 기록한 것을 볼 수 있다.

　그런데 안씨 성 가운데 태원(太原)이 본관인 문중이 있다. 고려시대 공민왕의 비 노국공주(魯國公主)를 호종(扈從)하여 온 원(元)나라 사람 안만세(安萬世)가 시조이다. 태원은 오늘날 중국의 산서성(山西省) 태원(太原)을 말한다.

　오씨(吳氏) 성의 족보에는 신라 22대 지증왕(재위 500~514) 때 중국에서 건너 온 오섬(吳瞻)을 원조로 하고 그 후손들이 내려오면서 각기 여러 본관을 가졌던 것으로 기록하였다.

　그런데, 지증왕은 신라가 삼국을 통일하여 통일신라가 되기 훨씬 전의 왕이라는 점을 고려할 필요가 있다. 지증왕의 뒤를 이어 즉위한 법흥왕이 실제로 김씨였는지에 대한 중국 사서(史書)의 모호한 기록(68쪽 참조)을 고려할 때, 그리고 중국에서 신라 왕이 김씨임을 정식으로 기록한 것은 법흥왕의 뒤를 이은 24대 진흥왕부터였음을 생각할 때, 그 당시에 이미 중국에서 온 오씨 성이 신라에 있었다는 것은 이해하기 어려운 일이다.

　그들 족보의 기록에 따르면 오섬은 한반도로 건너왔지만 나라의 명을 받아 다시 본국인 중국으로 돌아가고, 그의 두 아들 가운데 둘째가 함양(咸陽)에 남아 영주(永住)하고 그로부터 후손이 생겨 오씨 성이 한반도에 등장하게 된 것으로 나와 있다. 다른 성씨 문중보다 복잡한 계보를 담고 있는 것이다. 오섬이 일찍이 신라에 건너왔다고 하지만 그의 후손들이 신라에 입사(入仕)했다는 기록은 하나도 없다. 그 긴 기간 동안 벼슬을 지낸 사람이 한 명도 없다는 것 역시 의아한 일이다.

아들 한 명은 분명히 함양 땅에 남아 살았다고 했다. 그의 후손
도 있었다고 하였다. 그러면 신라에서 벼슬한 후손이 있었다는 기
록이 있었어야 자연스럽다.

한자가 다른 조씨(曺氏) 성이 있다. 이 조씨 성도 신라시대부터
있었다고 그들의 족보에 기록되어 있다. 그러나 시조가 중국에서
왔다는 동래설은 없었다.

중국에도 같은 글자의 조씨가 있는데 백가성에서 상위권에 들
어가고 있다. 이 성이 중국에서 등장한 유래를 보면 상당히 오래되
었다. 최초의 고대국가라고 하는 하(夏)나라(B.C.2200년 무렵 성립)
에서 비롯되었다고 한다. 중국 조씨의 조상이 하(夏)나라의 우(禹)
임금 때 치수사업(治水事業)을 잘한 공이 있어 조(曹)라는 봉국(封國)
을 받았고 여기서 후손들이 봉국 이름을 따서 성으로 삼았다는 것
이다.

이렇듯 중국의 성씨 기원 자료들을 보면 대부분 기원전(B.C.)에
등장한 것으로 기록되어 있다. 황당무계한 기록도 상당히 섞여있
는 듯하다.

하(夏)나라이면 갑골문자가 나왔다는 은(殷)나라 이전의 국가이
다. 이때부터 성의 등장이 있었다는 것은 아무래도 믿기 어렵다.
성으로 사용되는 글자 그 자체가 제대로 만들어졌던 것도 아닌데,
성이란 말이 먼저 나올 수는 없었던 것이다. 이런 기록을 접했을
때는, 문자가 제대로 만들어진 후대에 꾸며낸 이야기라고 보는 편
이 옳을 것이다.

조씨 성의 기원에 대한 다른 내력도 있다. 그 가운데 전국시대

(戰國時代)에 지금의 산동성(山東省) 지역에 주국(邾國)이란 봉국이 있었는데, 이 봉국의 사람들이 성을 쓸 때 조(曹)라는 성을 취했다는 이야기가 있다.

중국의 조씨와는 달리, 한국인의 조씨 성은 완전히 토성적(土姓的) 내력을 갖고 있었다. 그 내력이 비록 설화적이지만 사대성(事大性)을 벗어났다는 점에서는 의미가 있다.

창녕(昌寧)을 본관으로 하는 조씨 성의 유래는 다음과 같다.

시조 계룡(繼龍)은 신라 진평왕(재위 579~632)의 사위이다. 그의 어머니는 창녕 고암촌에서 한림학사 이광옥의 딸로 태어났다. 그녀가 자라서 혼기에 이르렀을 때 우연히 뱃속에 병을 얻어 백약이 무효하자 이광옥 한림학사가 크게 걱정하였다. 어느 신통력 있는 스님에게 치유방법을 묻자 그 스님은 화왕산(火旺山) 용소(龍沼)에 올라가서 목욕하고 기도를 하라고 가르쳐 주었다. 가르쳐 준 대로 하니 깨끗이 병이 없어졌는데 어느 날 꿈에 의관(衣冠)을 갖추고 옥대(玉帶)를 두른 한 남자가 나타나서 웃으며 말하기를 '이 아이의 아버지는 동해용왕의 아들이다. 그러니 잘 길러야 하느니라. 자라서 뒷날 훌륭한 사람이 될 것이다' 하고 사라졌다. 그 뒤 십삭(十朔: 열 달)이 지나서 진평왕 48년(626)에 아들을 얻었는데, 용모가 준수하고 겨드랑이에 조(曹)자 모양의 붉은 글자가 쓰여 있었다. 이것을 본 이광옥 한림학사는 괴이하게 여겨 왕께 아뢰니, 왕도 괴이하다 여기고 그 아이에게 성을 내리셨는데 그 글자 모양의 사성(賜姓)을 하였다. 그 뒤 그 아이는 조씨 성을 갖고 용소에서 기도한 덕에 태어났다고 하여 이름에 용(龍) 자를 넣어 계룡이라고 불렀고, 자라서는 조정에서 벼슬길에 오른 뒤 왕의 사위가 되었다.

창녕조씨는 중국에서 온 동래인의 성씨가 아니었기에 독자적인 성씨의 유래를 갖고 있다.

홍씨(洪氏) 성, 황씨(黃氏) 성도 신라 때부터 있었던 성으로 그들 족보에 기록되어 있다. 그런데 같은 홍씨 성끼리도 당홍(唐洪)이니 토홍(土洪)이니 하는 용어를 사용하여 뿌리가 다르다는 표시를 하였다.

당홍은 당(唐)이라는 글자에서 알 수 있듯 동래인, 곧 중국에서 건너 온 사람이 시조가 되었다는 뜻이다. 이와 달리, 토홍은 토착 호족이 시조가 되었다는 뜻이다. 이런 설명에 대해서 반론을 제기하는 사람들도 있는데, 그들의 이야기에 따르면 당홍은 오늘날 경기도 남양(南陽)의 옛 지명인 당성(唐城)을 본관으로 했기에 당홍이라고 부른 것이고, 당성을 본관으로 취하지 않은 이들은 스스로를 토홍계 남양홍씨로 불렀다고 한다.

당홍계의 족보를 들여다보면 당(唐)나라 여덟 명의 학사(學士) 가운데 한 사람이었던 홍천하(洪天河)가 고구려 27대 영류왕(재위 618~642) 때 귀화하여 신라에서 유학(儒學)을 가르쳤고, 신라 27대 선덕여왕(재위 632~647) 때는 태자태사(太子太師)의 관직에 있었으며 당성백(唐城伯)에 봉(封)해져 시조가 되었다는 내용이 있다. 이 내용에서 무엇보다 의아한 점은, 처음부터 신라에 온 것이라면 고구려 영류왕 시대를 왜 기록해 놓았는지, 만약 고구려에 왔던 것이라면 고구려에서 유학을 가르치고 벼슬도 하지 않았겠느냐는 점이다. 고구려에 왔다가 신라로 다시 옮겨 온 것이면 그 이유도 언급해 두었어야 정상이다. 태자태사 또한 신라에는 없었던 관직인데 왜 붙였는가 하는 의문도 생긴다.

선덕여왕 때라면 신라가 삼국통일을 이루기 이전이다. 물론 그때만 하여도 신라와 당의 내왕이 많았기에 학문과 문화가 발달한 당나라 명사들이 신라에 들어오는 과정에서 성의 전파도 적잖았을 것이다. 그러나 고구려 왕과 벼슬의 표기는 아무래도 이해하기 어렵다.

이와 달리 스스로 토홍계라고 하는 남양홍씨의 족보에 따르면, 남양 땅에 세거한 호족의 후예로서 고려조에 관직에 오른 홍선행이 시조라고 하였다. 또한 그의 윗대는 고증을 할 수 없어 기록하지 않는다고 했다.

사실 한국인들 성씨의 시조 가운데 그 선대를 자세히 알 수 없는 경우가 많다. 믿을 만한 자료가 부족하기에 시조의 내력을 자신있게 설명할 수 없었기 때문이다. 족보에는 실전(失傳)이란 말이 종종 등장한다. 조상의 이름은 기록했어도 자료가 전해지지 않아 자세히 알 수 없다는 것으로 쓰는 용어이다.

그런데 한국인 족보가 언제부터 등장하기 시작했는지를 살펴보면, 설령 여러 성씨들이 그 나름대로 전해 온 자료를 갖고 선대의 계보를 기록했더라도 이러한 기록이 그다지 신뢰할 만하지 않다는 점을 알 수 있다.

중국에는 일찍부터 족보가 있었다. 족보작성에 필수적인 요소라고 할 수 있는 문자가 이미 발달되어 있었고 문자를 잘 활용하는 문화가 성숙되어 있었기에 혈족계보를 기록하는 일에 불편이 없었던 것이다.

통일신라 이후 당나라의 문화가 한반도에 많이 들어왔다. 그러면 신라시대에도 지금의 족보에 가까운, 친족 사이의 혈족계보 같은 것을 만들었으리라 예상할 수도 있지만, 그런 내용은 사서에서 일체 발견이 안 된다. 그러나 한국인의 족보에는 예사로이 그때 활약했던 조상의 이름이 등장한다.

고려조에 와서는 문사(文士)들이 많이 나타났다. 학문과 더불어 기록 문화가 발전하였기에, 그들은 자신들의 윗대 혈족에 대한 기록도 만들 수 있었을 것이다. 그러나 문사들은 족보를 만들지 않았다. 왜일까? 아마도 그들도 자기 성씨의 최고(最古) 조상이 누구인지 알 수 없었기 때문이었을 것이다. 그들의 글을 모은 문집 등에도 가까운 조상들, 이를테면 조부, 증조부 정도만 기록된 경우가 대부분이다.

그런데 조선시대, 그것도 중기 이후에 와서 새삼 조상의 계보를 보여주는 족보가 우후죽순처럼 나타났으니, 어떤 자료를 갖고, 또 어떤 지식을 바탕으로 그 많은 족보를 내놓았는가 하는 의문이 생길 만하다. 오늘날에도 그때의 족보내용을 가지고 선대의 기록이라면서 수정 하나 없이 그대로 베껴 보급하고 있는 것이 현실이다.

황씨(黃氏) 성의 등장에 대해서는, 신라말기에 들어왔다는 많은 성씨와 다르게 신라초기에 들어온 것으로 황씨 문중의 족보에 기록되어 있다. 내용인즉 원조 황락(黃洛)은 중국 후한(後漢) 때 유신(儒臣)으로 A.D.28년, 곧 신라 3대 유리왕(재위 A.D.24~57) 5년에 평해구씨(平海丘氏)의 시조 대림장군(大林將軍)과 함께 교지국(交趾國)에 사신으로 가던 중에 풍랑을 만나 표류되어 평해에 도착했는데 그곳에 자리잡고 살게 된 것이 우리나라 황씨의 시초라는 것이다.
※ 주: 교지국은 현재의 베트남 지역에 있었던 나라.

그런데 성씨의 유래를 기록해 놓고서는 신라 때 황락의 후손들 이름들은 기록하지 않고, 고려시대 사람들의 이름만 기록해 두었다. 황락을 시조로 모시는 여러 본관의 황씨가 있지만, 이들은 황락 이외의 신라시대 조상에 대해서는 언급하지 않았다.

　황씨 문중의 최초 조상이 신라 때, 그것도 신라초기에 등장한 것이라면, 신라가 존재했던 거의 9백 년 동안 이어 내려온 셈이 되는데, 그 긴 세월에 걸쳐 어찌 황씨 성의 인물 가운데 단 한 명도 《삼국사기》나 《삼국유사》 등의 문헌에 등장하지 않는가 하는 의문이 생긴다. 특히 신라 유리왕 때라면 신라 6촌의 성씨가 나타났던 무렵이다. 황씨 성의 사람들이 그때 신라에 살았다면 6촌의 성씨와 마찬가지로 당연히 《삼국사기》에 기록이 있어야 했다. 그러나 실제로는 오로지 황씨의 족보에서만 시조가 언급되는 것이다.

　장수(長水)를 본관으로 하는 황씨의 족보에 따르면, 신라말기 경순왕의 사위 황경(黃瓊)이 자신들의 시조라고 한다. 황락에 대한 이야기보다는 훨씬 신빙성이 있다고 볼 수 있다. 이처럼 신라의 삼국통일 이후라면 중국에서 들어 온 황씨 성이 있었을 법하지만, 초기라면 부족국가의 형태를 벗어나지 못하고 있던 때인데 신라 3대 유리왕 때 황씨 성이 등장했다는 이야기가 과연 사실일까 하는 의문을 갖게 되는 것이다.

　제안(齊安)을 본관으로 하는 황씨는 고려 충혜왕 때 중국에서 들어온 귀화인에게서 비롯된 성씨이고, 창원(昌原)을 본관으로 삼은 황씨는 남양홍씨처럼 당황(唐黃)이니 토황(土黃)이니 하는 분파(分派)가 있다.

　신라시대에 있었다는 많은 성씨들 가운데 몇몇의 내력을 살펴보았는데 오늘날에도 이 문중들의 족보에는 시조를 동래인, 곧 중국에서 온 사람으로 기록되어 있다. 그 수가 실로 적지 않아 '현재 우리 한국인들에게는 중국 한족계(漢族系)의 혈통이 많이 섞여 있구나' 하는 생각이 들 정도이다.

삼국통일 이전에는, 설령 신라에 성이 있었다 하여도, 왕족이나 귀족 사이에서 보편적으로 사용되지는 않았다. 그러나 통일 이후에는 정치제도뿐 아니라 문화적인 관습도 당나라의 방식을 따라가게 되었고, 성씨제도 역시 예외는 아니었던 것이다.

《삼국사기》를 보면 삼국통일 이전의 신라사 기록에서는 이름만을 기재한 경우가 대부분인데, 통일 이후의 기록에서는 성을 붙인 이름들이 많이 보이게 되었다. 특히, 당나라에 유학갔던 신라인에 대해서는 한결같이 성과 이름이 함께 기록되었다.

신라가 망국의 길로 들어설 때 견훤(甄萱)의 후백제, 궁예(弓裔)의 후고구려가 세워졌는데, 이때에 이르면 성을 가지는 사례가 더욱 늘어났다.

후백제를 세운 견훤의 성이 견씨(甄氏)라고 하는 사람이 많은데, 이는 아무래도 앞뒤가 맞지 않는 이야기이다. 이 글자는 '질그릇을 굽는다'는 뜻으로서, 중국에서 옛날 하층민들만이 썼던 성씨였다. 한 나라를 세웠던 견훤이 그런 글자를 성으로 삼았을 리가 없는 것이다.

《삼국사기》에는 견훤은 이름이고 그의 성은 이씨(李氏)라고 기록되어 있다. 그런데 이와 다르게 《삼국유사》에서는 신라 진흥왕의 후예이며 김씨(金氏)라고 하였다. 어떤 학자는 그가 후백제를 세우고 나서 성을 견씨로 바꿨다고 하는데, 앞서 언급한 대로 한 나라의 임금이었던 사람이 질그릇을 굽는다는 뜻을 가진 견(甄)을 성으로 취하지는 않았을 듯하다.

견훤의 출생과 관련하여, 《삼국유사》에는 다음과 같은 이야기가 실려 있다.

광주(光州) 북촌(北村)에 한 부자가 살았는데, 그에게는 아름다운 딸이 있었다. 딸이 아버지에게 아뢰기를 밤마다 자색(紫色) 옷을 입은 남자가 침실에 와서 자고 간다고 하였다. 부자가 딸에게 그 남자의 옷에 실에 꿴 바늘을 꽂아 두라고 이르자, 딸이 그 말대로 했는데 이튿날 아침 실을 따라가 보니, 북쪽 담 밑에서 실 끄트머리가 발견되었는데, 바늘은 큰 지렁이의 허리에 꽂혀 있었다. 얼마 뒤부터 그녀에게 태기가 있어 아들을 낳았는데, 15세가 되자 스스로를 견훤이라 이름하고……

그의 출생지로 알려진 곳은 경상북도 상주 가은(加恩: 현재 문경시 가은읍)이다. 그곳에는 그에 대한 전설이 계속 전해져 오고 있다고 한다.

후고구려의 궁예 역시 앞 글자의 궁(弓)은 성이 아니다. 《삼국사기》에서는 신라 47대 헌안왕(憲安王)의 서자(庶子)라고 하였고 《삼국유사》에서는 48대 경문왕(景文王)의 서자라고 하였다. 어느 쪽이 사실이든, 신라 김씨 왕의 아들이니 분명히 김씨이다.

궁예의 부하 장수로는 명귀(明貴), 홍언(洪彦)이 있었고 견훤의 부하장수로는 관흔(官昕), 상귀(相貴), 능환(能奐)이 있었다. 그들 모두가 성이 없는 것으로 알려졌다.

당시 상주(尙州)에서 성주 노릇을 하던 원종(元宗), 원주(原州)에서 세력을 떨치고 있던 양길(梁吉), 죽주(竹州)에서 성주로 있던 기훤(箕萱)도 성이 없었을 것이다. 성이 있었으면 《삼국사기》에서 성과 함께 그들의 이름을 기록했을 것이기 때문이다. 당시 그들과 함께 활약했던 박술희(朴述熙), 박영규(朴英規), 최응(崔凝), 최승우(崔承祐) 등의 인물은 《삼국사기》에 성과 함께 이름이 기록되어 있다. 역사를 기록할 때 누구는 성과 함께 이름을 적고 누구는 적지

않았을 리는 없으므로, 성이 없기 때문에 이름만 적었다고 봐야
할 것이다.

신라 김(金)씨 성의 유래

신라의 김씨는 김알지로부터 비롯되었다고 하는 이야기를 일연 (一然)의 《삼국유사》에서 볼 수 있는데, 이와는 다른 설명도 있다. 앞서 언급한 대로, 김알지의 윗대가 소호김천(小昊金天)이나 김일 제(金日磾)라는 것이다.

이에 대해 경주 김씨의 옛 족보에는 다음과 같이 기록되어 있다.

김일제(金日磾)는 한(漢)나라에서 큰 공을 세워 표기장군(驃騎將軍)이 되고 투후(秺侯)로 봉해졌다. 아들 상(賞)과 건(建)을 두었으나 상에게 후손이 없었다. 그래서 건의 손자 당(當)을 양손(養孫)으로 삼고 투의 제후로 봉했다. 당의 생모는 신(新)나라 왕망(王莽)의 배다른 어머니 남대행태부인(南大行太夫人)이었다. 일제의 아우 윤(倫)의 증손 흠(欽)이 경거망동한 행동을 저질러 집안이 망했는데, 그 계보를 살펴보면 휴도왕(休屠王)→김일제(金日磾)→상(常)→당(當)→××→××→김알지(金閼智)→성한(星漢)으로 이어진다. 김알지의 아들이라고 하는 성한(星漢)은 《삼국유사》에 열한(熱漢)이라는 이름으로 기록되어 있다. 성한왕(星漢王)은 투후(秺侯) 김일제의 7세손인데 문무대왕(文武大王) 비문에 성한왕을 가리켜 투후제천지연박칠엽(秺侯祭天之淵朴七葉)이라고 하였으니 우리는 그의 후손이 분명하다. 금인(金人)을 만들어서 제천(祭天)하였으므로 한(漢)나라로부터 김씨 성을 받은 것이다.

신(新)나라는 왕망(王莽)이 전한(前漢)을 멸망시키고 세운 나라이다. 이 내용을 따르자면 신라의 김씨 성은 흉노족의 후손이 된다.

투후(秺侯)는 투나라의 제후란 말인데, 투(秺)는 중국 산동성(山東省)의 곡부(曲阜) 인근 지역이다. 산동성은 한국의 서해안 지역과 가장 가까운 거리에 있다. 고대 중국 대륙과 한반도의 해로(海路)를 통한 왕래는 주로 이 지역에서 이루어졌다.

신라 최초의 김씨 성이었던 김알지는 오로지 하늘에서 내려 온 것으로 《삼국사기》나 《삼국유사》에서 기록되어 있지만, 경주김씨 족보에는 다른 내용도 나와 있다.

특히 알(閼)이란 글자를 넣어 알지란 이름을 지었다는데, 한자의 뜻으로 봐서는 이해가 안 가는 부분이 있다. 알(閼)은 성으로 표기할 때는 연(閼)으로 읽는다. 김일제의 아버지 휴도왕의 부인이 바로 연씨(閼氏)이다. 그런데 김알지에게 알(閼)이란 글자를 붙였을 때는 김알지가 알에서 갓 태어난 것을 나타내고자 고유어 '알'[卵]을 한 자로 표기하여 알(閼)로 적었다고 한다.

휴도왕의 부인이 연(閼)씨 성을 가지고 있었다면, 휴도왕에게도 분명히 성이 있었을 것이다. 중국 야사(野史)의 기록에 따르면, 그의 성명이 김류(金留)이고 그의 선대 최초 조상도 소호김천이라고 하였다.

이 이야기가 사실이라면 한무제(漢武帝)가 김일제에게 사성하였다는 말은 거짓이 된다. 어느 쪽이 거짓인지를 떠나서, 경주김씨가 김일제에게 뿌리를 두고 있고 김일제가 흉노족이었음을 생각하면, 경주김씨 역시 흉노족 계통이라 봐야 한다.

김해김씨의 《삼현파대동보》(三賢派大同譜)에는 김수로왕의 아들이 10명이며, 거등(居登)이 큰아들이고 신라의 김씨 시조인 알지

(闕智)를 둘째아들이라고 기록해 놓았다. 거등은 가락국의 2대왕으로서《삼국사기》에서도 기록되어 있다.

《삼국사기》나《삼국유사》에서는 찾아 볼 수 없는 내용이《김해 김씨연계대보》(金海金氏聯系大譜)와 그들의 전각(殿閣)인 숭선전(崇善殿)의 비문에서는 종종 등장한다. 김수로왕의 아버지에 대한 기록은 우리 역사서에 나와 있지 않다. 그러나 비문에는 김융(金融)이라 적어 놓았다.

만약 비문의 내용이 사실이라면 가락국 건국시기로 봐서 A.D.42년인데, 그렇다면 한국의 성씨는 2천 년에 가까운 역사를 가진 셈이다.

이 시기는 중국에서는 후한(後漢)이 세워지고 광무제(光武帝) 재위하던 때이다. 후한에서는 당시 세력을 떨치던 흉노 세력을 분열시키고자 계략을 꾸몄고, 그 결과 흉노족은 몽고 지역의 흉노와 중국 남방의 남흉노, 중국 북방의 북흉노로 갈라져 세력다툼을 심하게 벌였다. 이 과정에서 다른 세력에게 패배한 이들은 다른 나라로 이주해 가서 귀화인이 되었다. 그들 가운데 일부세력은 만주로 옮겨 가기도 하였다.

박거물(朴居勿)이 쓴 김유신비의 비문을 보면 '新羅人自以小昊金天氏之後故姓金氏'(신라인자이소호김천씨지후고성김씨)라는 대목이 있다. '신라 사람은 소호김천씨의 후예이다. 그래서 성을 김씨라고 했다'는 뜻이다.

이 말에 대해서《삼국사기》를 집필한 고려학자 김부식(金富軾)은 '《신라고기》(新羅古紀)에서는 하늘이 금궤를 보냈기 때문에 김씨로 성을 삼았다고 했는데 그 말이 괴이하여 믿을 수 없으나, 내가 역사를 편찬하면서 그런 설이 오래된 것이므로 그냥 넘겨 버릴 수는 없었다' 고 언급했다. 그 역시 설화의 진실성에 대해 의심하는 견해를 취한 것이다.

신라계 김씨가 소호김천의 후예라는 설은 고려 27대 충숙왕 때 최해(崔瀣)의 글에도 등장한다.

그가 지은, 고려 왕족 왕온(王溫)의 부인인 수령옹주(壽寧翁主) 김씨의 묘지명에 다음과 같은 구절이 있다.

'金氏爲貴族蓋起新羅之初俗傳金降之自天取以爲姓又言自以小昊金天之後因氏焉子孫享國久至敬順傅遇'(김씨위귀족개기신라지초속전김강지자천취이위성우언자이소호김천지후인씨언자손향국구지경순부우)이다. '신라의 김씨 성이 하늘에서 내려온 금궤에서 나왔다는 속설이 있었는데, 이 성씨가 한편으로는 경순왕(敬順王) 김부(金傅)에 이르기까지 소호김천의 자손'이라는 것이다. 수령옹주 김씨는 신라계 김씨였다.

박거물이 지은 김유신비의 비문에도 소호김천의 후손이라는 내용이 있다. 또한 이 비문에서는 소호김천이 헌원씨(軒轅氏)의 후예라고 일컬었다.

헌원씨는 중국 한족(漢族)의 국가를 최초로 건설하였다는 황제(黃帝)의 이름이다. 황제(黃帝)란 이름은 황하(黃河) 유역을 통치한 제왕이란 말에서 나온 것이다. 학계에서는 그를 실제적 인물이 아닌 신화적 인물로 본다.

소호김천에 대해서는 이 헌원의 아들이니, 또는 그 후손이니 하는 여러 가지 이야기가 있지만, 그 역시 전설 속의 인물이다.

중국인의 성씨 가운데 많은 수가 황제 헌원씨로부터 비롯된 것으로 기록되어 있다. 주나라 희(姬)의 성도 헌원씨를 시조로 하여 생겼고, 희의 성에서 다시 다른 성이 생겨나는 과정에서 오늘날 여러 종류의 성이 나타나게 되었다고 한다. 3천 수백 년 전에 성이 있었다는 이야기에는 그다지 신빙성이 없다. 그때만 해도 성을 표현할 수 있는 문자(文字)가 정비되지 않았기 때문이다. 그러나 전설적 인물에게도 성이 있다고 언급했을 때는 여러 가지 함축적인 의미가 있다는 점까지 생각해 둘 필요가 있다.

옛 경주김씨 족보에 따르면, 김일제와 휴도왕도 소호김천의 후예라고 하였으니, 오늘날의 경주김씨를 비롯한 신라계 모든 김씨, 곧 김알지로부터 내려왔다는 김씨는 더 거슬러 올라가면 소호김천의 후손이라는 얘기가 된다.

중국에서조차 헌원씨가 그들 한족(漢族)의 조상이라고 일컫고, 한국의 김씨 성은 한국인이 말하는 배달민족 또는 한민족에 속한다고 하여 둘 사이의 직접적인 연관을 인정하지 않고 있다. 그런데 오히려 한국인들이 자신들 성씨의 연원을 중국의 한족계 조상에서 찾는 것은 참으로 이상하다 할 것이다.

전설적 인물인 소호김천으로부터 김씨 성의 뿌리를 찾기보다는, 차라리 한무제(漢武帝) 때의 장군 김일제에게서 기원을 찾는 것이 타당할지도 모르겠다. 얼마 전에 중국의 섬서성(陝西省) 자양현(紫陽縣)에 김일제의 후손이라고 하는 김씨 성의 주민들이 집단으로 거주하고 있는 것을 확인했다는 보도가 있었다. 그런데 의문이 가는 것은 왜 김일제가 통치하던 투후국의 옛 지역이었던 황해 연안의 산동성 쪽이 아니고 내륙 섬서성 쪽인가 하는 점이다. 물론 당시 투후국이 망하자 흉노족 일부가 내륙으로 옮겨 갔다고 볼 수는

있다. 다만 그들 투후국의 흉노족이 내륙으로 이동해 가지 않았다
하더라도, 섬서성 지역은 흉노족 세력이 자주 쳐들어 왔던 곳임을
고려하면 김씨 성을 가진 흉노족의 후손들이 집성촌을 이루고 오
늘날까지 내려 왔다고 추측할 수도 있다.

중국은 한(漢)나라 시대 이전에도 성을 가진 인물들에 대한 기록
이 많이 나오는데, 이때 한반도는 고조선시대 또는 삼한시대였고
우리 한국의 역사서에서는 이 당시에 성씨를 가진 인물의 기록을
찾아볼 수 없었다.

《삼국사기》를 편찬한 김부식(金富軾)은 김유신(金庾信)의 열전에
아래와 같은 기록을 남겼다.

김유신은 경주 사람이었다. 그의 12대조는 수로(首露)인데 어떤 사람인
지 알 수 없다. 후한(後漢) 건무(建武) 18년 임인(壬寅)에 수로가 구지봉이란
산에 올라 가락의 아홉 마을을 바라보고 드디어 그곳으로 가서 나라를 세
우고 국호를 가야라고 하였다가 뒤에 금관국(金官國)으로 개칭(改稱)하였
다. 그 자손이 계승하여 9대손 구해(仇亥) 혹은 구차휴(仇次休)라고 하는
대(代)까지 이르렀는데 유신에게 증조부뻘이 된다. 신라 사람들이 스스로를
소호김천의 후손이라고 부르며 김으로 성을 삼았고 유신의 비문에도 헌원
의 후예요, 소호의 직계라고 하였으니 남가야(南加倻)의 시조 수로는 신라
와 동일한 성이라고 하였다.

김부식이 이런 내용을 《삼국사기》에 담은 것을 보면, 김부식 자
신은 신라의 김씨와 수로왕이 소호김천의 후예라는 점에 대해 별
로 확신이 없었던 듯하다.

당시 중국의 성씨 상황을 보았을 때는 신라의 6촌 성씨가 중국
에서 전래되어 왔을 가능성이 높은데, 여러 문중에서 자기 성씨의

내력을 전설적인 이야기로 포장하였기에 실제 한국의 성씨내력을 탐구하는 데는 어려움이 있는 것이 사실이다.

《중국역대제왕록》(中國歷代帝王錄)이란 책에서 소호김천은 태호(太皞 : 중국 역사에 등장하는 전설적 인물)와 함께 나타났던 고대 동이족의 수령(首領)이라고 하였다. 동이족이라고 하면 옛날 중국인들이 그들 나라의 동쪽에 있는 종족들을 가리키는 말이다. 오늘날의 만주지역에 산재했던 여러 종족들도 여기에 포함된다.

소호김천이 살았던 곳은 지금의 중국 산동성(山東省) 곡부(曲阜) 지역이다. 이 지역에서 세력을 뻗쳐 중국의 안휘성(安徽省)까지 영역을 넓혔다. 그들 종족은 소호족(小昊族)이라 불리기도 했다.

《숙종병인보》(肅宗丙寅譜)라는 가락국계 김씨의 족보책이 있다. 이 족보책은 조선시대 숙종(재위 1674~1720)조에 만든 것이다. 여기에 김수로왕은 묘족(苗族)의 후예라고 했다. 고려 때 사람 김관(金管)이 기록한 내용이다. 이 책에서 김관 자신은 가락국 시조의 11세손이며 묘족의 후예이고 고려 충렬왕 때 금주(金州) 본관에 와 분성군주(盆城郡主)를 지냈다고 했다. 금주와 분성은 김해(金海)의 옛 지명이다.

중국의 묘족은 한때 한족(漢族)보다 인구가 많았으며, 황하유역을 장악하여 산동성은 물론 오늘날 중국의 동쪽 해안 지역을 다스렸던 종족이다. 묘족이 널리 세력을 떨치고 있을 때 한족은 소수종족으로 중국의 내륙지역에서만 활동하였다. 오늘의 묘족은 지금의 중국 남쪽지역인 광동성(廣東省)과 운남성(雲南省)에 소수민족으로 세거(世居)하고 있다.

묘족에 대한 중국의 이야기 가운데 우리 한국인도 잘 아는 치우천왕(蚩尤天王)이 등장한다.

《중국통사》(中國通史)에 헌원이 지남차(指南車)로 치우천왕(蚩尤天王)을 패퇴시켜 치우가 거느리고 있는 구여(九黎)가 분산되었으며, 남으로 내려간 사람들은 묘족과 융합되었고, 그 뒤로 치우를 조상이라 불렀다는 이야기가 있는 것이다.

중국인명사전에는 치우천왕을 삼묘(三苗)의 시조라고 하였다.

삼묘는 오늘날 묘족이다. 묘족의 세 계파를 삼묘(三苗)라고 했다. 중국의 역사학자 왕동령(王桐齡)의 저서 《중국민족사》에는 4천 년 전 현재의 호북(胡北), 호남(胡南) 등지는 이미 묘족이 점령하고 있었는데 중국의 한족이 들어오게 된 뒤에 차츰 이들과 접촉하였고, 이들은 나라 이름을 구려(九麗)라고 하고 치우를 군주로 삼았다 하는 내용이 있다.

구려는 아홉 부족을 거느리고 있었고 아홉 부족에는 81개의 씨족이 있었다고 한다. 치우천왕도 헌원이나 소호김천처럼 전설 속 인물이다.

전설 속 그들의 주 무대는 오늘날의 산동성 지역이었다. 산동성에는 태산(泰山)과 회수(淮水)가 있다. 이 강과 산이 있는 곳을 옛날에는 회대(淮岱)라 불렀다. 그리고 회대지역을 중국 문명의 발상지로 보았다. 태산을 고전에서는 대산(岱山)으로 표기하였다. 대(岱)는 '크다'는 뜻을 가진 한자 태(泰)의 고어(古語)이다.

중국의 고대 전설에 등장하는 인물 가운데 한족 계열은 다 성이 있는 것으로 기록되어 있는데, 이상하게도 다른 종족 계열의 인물에 대해서는 성을 언급한 기록이 없다. 치우천왕도 마찬가지로 성이 없다. 중국인들은 그런 전설 속 인물을 기록할 때도 자신들과 연관이 있다고 보는 경우에만 성씨를 새로이 붙였다고도 볼 수 있는 것이다.

　신라 김씨 성의 정확한 내력과 가락국의 김씨 성 내력을 제대로 알게 되면, 이 당시 한반도의 민족관계를 파악하는 데도 큰 도움이 될 것이다.

고구려와 백제의 성씨

신라에 김씨 성이 많았듯 고구려에는 고씨 성이 많았다. 김씨 성이 신라에서 왕족의 성이었듯 고씨도 고구려에서 왕족의 성이었다고 《삼국사기》에 기록되어 있다.

그런데 오늘날 한국의 고씨 성은 모두 제주도에서 나왔다는 탐라국(耽羅國)의 고씨에다 뿌리를 두고 있다. 문헌을 살펴보면 고씨 성의 본관은 101개가 등장한다. 그 많은 본관 모두가 탐라국에다 기원을 두고 있었던 것이다. 그런데 요즘에 와서 본관을 횡성(橫城)으로 하는 고씨 문중에서, 자신들의 성씨가 고구려의 고씨에 뿌리를 두고 있다고 주장하기 시작했다. 예전에는 횡성고씨 문중도 제주도의 전설에 등장하는 인물 가운데 한 명인 고을나(高乙那)에다 연원(淵源)을 두었다(87쪽 참조). 그런데 최근에 와서 고구려의 마지막 왕이었던 보장왕의 아들이라고 알려진 안승(安勝)을 중시조(中始祖)로 모시게 되었다.

안승은 고구려가 망한 뒤 고구려의 장수인 검모잠(劍牟岑)에 의해 고구려의 왕으로 추대되었다가, 고구려 부흥군이 당나라 군사에 패전하자 검모잠을 살해하고 신라에 항복한 사람이다.

만주지역에 요양고씨(遼陽高氏)가 있는데 이 성의 사람들이 횡성

고씨 문중과 족보를 교류하면서 시조를 새로이 찾게 되었다는 이야기가 있다. 두 문중 모두 고구려 보장왕의 자손이라는 명목으로 교류했다고 하는데 요양고씨 문중에서는 자신들이 고구려 광개토왕의 아들인 장수왕(長壽王)의 후손들이라고 주장하기도 했다. 이에 대해서 한국의 보학계(譜學界)에서는 의아하게 여기고 있다. 여태껏 중국에서는 본관 표시를 해오지 않았기 때문이다. 여태껏 사용하지 않던 한국의 본관제도를 흉내냈다는 것 자체가 이미 그러한 주장의 신뢰성을 떨어뜨린다는 견해도 있다. 게다가 고구려의 광개토대왕까지 선대를 연계시켜서 족보를 만들었다면 더더욱 의구심이 생기게 되는 것이다.

《삼국사기》에서는 안승의 원래 성에 대한 기록이 없다. 신라에 항복한 뒤 문무왕으로부터 김씨 성을 사성받았다는 기록만 있는 것이다. 그렇다면 어째서 안승을 그들의 조상으로 보는지에 대해 의문이 생긴다. 오래 전에 김씨 성을 받았다면 그 후손들은 당연히 김씨 성을 이어왔을 것이기 때문이다.

《삼국사기》의 고구려본기에는 안승이 왕의 서자(庶子)라고 기록되어 있고, 신라본기에는 고구려 재상 연정토(淵淨土)의 아들이라고 적혀 있다. 연정토는 바로 고구려의 권신(權臣) 연개소문의 아우이다.

앞서 검모잠이 신라 왕에게 보낸 글에서는, 안승이 고구려의 귀족임을 주장하고 있다. 그러나 귀족이라고 해서 반드시 왕족이란 법은 없다. 다시 말해 그가 고씨 성임을 밝혀주는 자료는 어디에도 없다. 그런데도 이들 문중에서 자신들이 안승의 후예라고 기록한다면, 실로 씻을 수 없는 왜곡의 뿌리가 될 위험이 있다.

문무왕은 안승으로 하여금 금마저(金馬渚)란 옛 백제의 한 지역을 다스리게 했다. 보덕왕(報德王)이라는 이름을 내리고, 고구려 윗대 왕의 적통이라고 하기도 했다. 이 사실을 바탕으로 안승이 고구려의 왕자임을 믿는 견해도 있었다.

횡성고씨 족보에는 안승의 형제가 있는 것으로 기록해 두었다. 그러나 역사학계에서는 그들의 기록을 받아들이지 않고 있다.

횡성고씨 문중의 주장에 따르면 강원도 원주를 중심으로 하여 7만 명 정도의 횡성고씨가 살고 있다고 하는데, 실제로는 2000년도 통계청 조사에서 훨씬 적은 인구수의 성씨임이 밝혀졌다.

7만 명 정도의 인구수라면 우리나라 본관별 성씨에서 110위권에 들어가는 성씨가 된다. 이렇듯 인구수마저 왜곡한 것을 보면 그 허구성은 분명하다 할 것이다.

중국 조선족들 사이에서는 장수왕(長壽王)을 시조로 하는《고씨가보》(高氏家譜)가 있다고 하지만, 이 역시 우리 보학계에서는 믿지 않는다. 장수왕은 고구려 20대 왕으로 광개토대왕의 아들이며 이름은 고련(高璉)이다. 그들이《고씨가보》를 만들 때 1686년에 회양도부사(淮陽道副使)가 만든 자료를 인용했다고 했다.

1921년에 철령(鐵嶺)경찰서 소장이었던 고제동(高齊棟)이 고씨 성이 많이 사는 요령성(遼寧省)의 세 지역을 답사하고 수집하여 족보를 보완한 내용이 있었다. 현재 횡성고씨의 족보자료는 여기에 바탕을 둔 것이다. 그러나 고려와 조선시대는 물론 오늘날에 이르기까지 한국의 고씨 성이 고구려에 연원을 두고 있다는 기록은 없었다.

중국의 고씨 성 인구는 적지 않다. 중국의 대성(大姓)이라 기록된 백가성(百家姓)에서 15위에 들어갈 정도이며, 인구수로 보아도 수백만 명이 된다. 고구려가 망하자 고씨 성을 가졌던 사람이 대거 중국 요동반도와 만주 등지로 이주해 갔거나 중국 민족으로 동화되었거나 한 등의 이유로 중국의 고씨 성 인구가 늘어난 것 같다. 역사 기록을 보아도 고구려 왕족들이 중국 당나라로 귀화한 사례가 많이 있다.

《삼국사기》에서 기록된 고구려 사람들의 성씨는 다음과 같다.

극(克), 소실(少室), 중실(仲室), 송(松), 대실(大室), 을(乙), 목(穆), 명림(明臨), 우(于), 좌(左), 연(椽), 을지(乙支), 예(禮)……. 이 가운데 대부분은 오늘날 우리 한국인이 사용하지 않는 성이다.

고구려와 백제 사람들이 썼던 성은 오늘날 우리 한국인이 거의 사용하지 않는다. 나라가 망하면서 함께 사라졌기 때문일 것이다. 그러나 고씨는 지금도 한국에서 많이 쓰이는 성으로 남아 있다.

《삼국사기》의 기록이 아니더라도 고구려에 고씨 성이 분명히 있었다는 증거가 최근에 중국에서 나타났다. 중국의 남북조시대에 선비족이 세운 북위(北魏)의 후궁으로 들어갔다가 나중에 황태후가 된 고구려 출신 문소황태후(文昭皇太后)의 묘지명(墓誌銘)이 발견된 것이다.

문소황태후의 이름은 고조용(高照容: 469~519)이다. 13세에 가족을 따라 고구려에서 북위로 이주하였고, 북위의 고조(高祖)인 효문제(孝文帝)의 후궁이 된 뒤에, 자신이 낳은 아들 원각(元恪)이 황제의 자리에 오르자 황태후로 책봉을 받았다. 원각은 북위의 선무제(宣武帝)이다.

중국에서는 고씨 성은 선비족(鮮卑族)의 성이라고도 한다. 선비족은 남만주, 몽고 등지에 살았던 유목민으로, 연(燕)나라를 세웠던 종족이다.

이 연나라는 중국의 5호 16국 시대에 있었던 나라다. A.D.4세기 무렵에 세워졌으며 시대에 따라 전연(前燕), 후연(後燕)으로 구분된다. 그리고 후연은 북연(北燕)이라고도 했다.

북연(北燕)에서는 고구려 사람 고운(高雲)이 귀화해서 황제가 되었는데, 그때 모용이란 성(姓)을 사용하다가 다시 고씨로 바꿨다는 기록이 있다.

고대 중국에서 성의 등장과정을 보면 나라 이름이 대부분 성으로 쓰이게 되었다. 중국문화의 영향을 받아 고구려 역시 나라 이름을 따서 왕의 성을 삼았거나, 아니면 성의 글자를 가지고 나라 이름을 지었다고 볼 수 있다.

고구려가 망했을 때 중국 당나라로 가서 장군이 된 유민이 있었다. 그가 바로 고선지(高仙芝)인데 그에게는 원래 성이 없었다. 그의 아버지는 사계(舍雞)란 이름을 썼다. 《삼국사기》에 인물의 이름이 두 글자로 표기된 경우에는 성이 없이 이름만 기록된 경우가 적지 않다. 고선지의 아버지도 역시 그러했는데, 오늘날 일부 학자들이 두 글자의 이름 가운데 앞 글자를 성으로 보고 사(舍)씨라고 한다면 이는 잘못된 일이다.

고선지도 성이 없었는데 중국에서 성을 하사받았다는 기록이 있다. 그가 장군이 되었을 때 당나라의 황제는 그가 비록 고구려 왕족은 아니지만 고구려에서 왔기 때문에 고(高)의 성을 쓰도록 하였다.

고선지처럼 귀화인이었던 백제의 유민이 있었다. 그의 성명은 흑치상지(黑齒常之)인데 그 역시 나라가 망하자 당나라에 귀화하여 장군이 되었다. 그런데 그는 원래 흑치가 아닌 부여(夫餘)라는 성을 갖고 있었던 것이다.

부여는 백제의 왕족 성씨이다. 백제에서는 중국인들이 흔히 단성(單姓)을 쓰는 것을 본받아 부여를 여(餘)라고 부르기도 했다.

흑치상지에 대해 《삼국사기》에서는 따로 성이 무엇인지 기록하지 않았다. 그래서 지금껏 흑치가 성으로 여겨졌는데, 중국에서 그의 비문이 발견되어 성이 부여임이 알려지게 되었다. 그런데 흑치상지가 고선지처럼 왕족이 아니었음에도 당에서 그를 백제의 왕족으로 대우하여 짐짓 부여씨를 내려주었다는 설도 있다. 그렇다면 그의 본래 성은 흑치였다고도 할 수 있는 것이다.

고구려의 건국공신으로 알려진 재사(再思)와 묵거(默居), 그리고 무골(無骨)이 있었다. 이들은 원래 성이 없었는데 주몽이 그들에게 성을 내렸다는 기록이 있다. 중국 성에는 흔히 쓰이지 않는 특이한 한자로 이뤄진 성이었다.

묵거는 소실씨(少室氏), 무골은 중실씨(仲室氏)라는 성이다. 소실씨는 젊은 집, 중실씨는 가운데 또는 둘째 집이라는 뜻을 갖고 있다. 3대 대무신왕(大武神王) 때 역시 임금이 하사하였다는 재상 발소(勃素)의 성이 있는데 그의 성은 대실씨(大室氏)였다. 큰 집이란 뜻이다. 이런 점에서 보면, 그들의 성은 일본의 성이 주위의 환경이나 위치 등을 바탕으로 만들어진 것과 비슷한 방식(야마다山田, 나카무라中村처럼)으로 생겨났다고 생각해 볼 수도 있다.

이를 뒷받침하는 다른 예가 있다. 역시 대무신왕 때 부정(負鼎)이라는 성을 가진 사람이 있었다. 이 성은 부여국(夫餘國)을 공격할 때 어떤 사람이 솥을 가져와서 군사들의 밥을 지어 먹이자, 그의 공을 치하해 내려준 성이라고 한다.

고구려의 성은 오늘날 한국인이 쓰는 성과는 많이 다르다. 대무신왕이 부여국왕의 종제(從弟)가 항복해 오자 하사했다는 락씨(絡氏) 성이 있는데 이는 중국에서도 흔히 쓰는 성이 아니다.

해씨(解氏)는 백제의 성으로 알려졌다. 그런데 《삼국유사》에는 고구려에도 해씨가 있었던 것으로 기록하였다. 2대 유리왕(琉璃王), 3대 대무신왕(大武神王), 4대 민중왕(閔中王)이 해씨 성이었다는 것이다. 그러면 고구려의 왕실에서는 건국시조 주몽의 고씨 성을 잇지 않았다는 얘기가 된다.

2대 유리왕은 고주몽의 아들이다. 그런데 아버지의 성과 다르다면 이상한 일이다. 오히려 주몽의 아들이 해씨였다면 고구려의 왕실의 성 역시 해씨라야 정상이다.

그런데 주몽의 출자(出自)는 북부여(北夫餘)와 연관이 있다. 북부여를 세운 해모수(解慕漱)에게 해부루(解扶婁)라는 아들이 있었는데 그는 해씨 성이고 주몽과 배가 다른 형제였다. 그러니까 주몽과 해부루는 아버지가 같다. 그러면 주몽도 성이 해씨라고 보는 것이 옳을지도 모르겠다. 해모수, 해부루라고 하면 해씨 성으로 보아야 할 것이기 때문이다.

《삼국유사》에서 민중왕의 뒤를 이은 5대 모본왕(慕本王) 이후의 왕이 썼던 성에 대해서는 언급은 하지 않았다. 모본왕은 민중왕의 형이다. 《삼국사기》는 주몽의 성이 고씨란 것만 기록하고, 그 뒤의 왕에 대해서는 성을 언급하지 않았다.

백제의 건국시조 온조는 주몽의 아들이다. 그런데 그의 성은 고씨가 아니었다. 그 대신 조상이 부여사람이라고 하여 부여(夫餘)를 성으로 삼았다.

고구려와 백제의 성을 보면 어느 대(代)에 가서 성을 다르게 갖거나, 중국의 제후국처럼 나름대로 성을 새로 가지는 일이 있었다. 그러나 신라인들은 왕으로부터 특별한 성을 받은 경우가 아니면 계속 자자손손 성을 잇는 관습을 지켰다.

고구려의 성을 《삼국사기》에서 찾아보면 3대 대무신왕(재위 18~44) 때 성을 가졌던 사람이 많았다. 송(松), 을(乙)의 성도 그때 사용되었던 성이다. 오늘날 우리 한민족은 쓰지 않는 성이다.

《삼국사기》에는 고구려에서 왕족이 아닌 사람이 성을 가진 사례가 다양하게 나온다. 이와 달리, 신라는 거의 김씨 성이고 박씨 성이 간혹 등장하는 정도이다.

고구려에 고씨(高氏) 성이 있었다는 기록은 중국의 몇몇 문헌에도 나온다.

중국의 《북사》(北史)에 '나라 이름을 고구려로 하고 고(高)를 왕의 성으로 삼았다'는 기록이 있다. 고구려를 세운 왕은 나라 이름과 성에 같은 글자를 사용하였다는 사실을 보여주는 내용이다.

중국의 《수서》(隋書)에도 그 같은 내용이 있는 것을 볼 수 있고 《구당서》에도 고구려에 고씨 성이 있었다는 기록이 있다.

고구려왕 고건무(高建武)는 전왕(前王) 고원(高元)의 이복동생이다. 무덕(武德) 2년에 사신이 와서 조공하였고 4년에도 사신이 와서 조공하였다. 고조(高祖)는 수(隋)나라 말년 전장에 나갔던 수나라의 많은 병사들이 고구려 땅에 남아 있다는 것을 슬프게 여겨 5년에 고건무에게 국서(國書)를 보내……

당나라의 고조가 고구려왕에게 포로송환을 요청하자 고구려왕이 1만 명에 이르는 중국 사람들을 보냈다는 기록에 나오는 대목이다.

고건무는 고구려 27대 영류왕(榮留王)이며, 무덕은 당나라 고조의 연호(618~626)이다.

《구당서》에는 또 다음과 같은 기록이 등장한다.

고구려의 북부욕살 고연수(高延壽)와 남부욕살 고혜정(高惠貞)은 고구려와 말갈의 무리 15만 명을 인솔하고 와서 안시성(安市城)을 도왔다.

이 내용에서 고연수와 고혜정이라는 이름을 보자. 그들은 고구려 왕족으로서 한 지역의 책임장수 또는 관리가 되었던 것이다.

고구려 말기 대막리지(大莫離支)였던 연개소문(淵蓋蘇文)은 연씨(淵氏)로 알려져 있다. 그런데 중국의 문헌에서는 연개소문의 성을 연씨가 아니라 천씨(泉氏)라 기록하였다.

연개소문의 성이 천씨라고 보는 견해는 중국 《구당서》에 연개소문의 아들 남생(男生), 남건(男建), 남산(男産)의 성이 천씨라고 기록된 것에 바탕을 두고 있다. 큰아들 남생은 아버지가 죽자 대를 이어 대막리지가 되었으나 동생들과의 불화로 당나라로 쫓겨간 뒤에 당나라 장수가 되어 오히려 고구려를 침공하였다.

연개소문의 성이 원래 연씨(淵氏)인데 당나라에서 일부러 바꿔서 기록하였다는 설도 있다. 당나라 고조(高祖)의 이름이 이연(李淵)이었기에 황제의 이름과 같은 성을 쓰는 것을 피하고자 사관(史官)이 짐짓 연개소문의 성을 고쳐 적었다는 것이다.

천씨 성이었다고 하는 이유는 연개소문이 샘에서 태어났기 때문이다. 천(泉)은 샘이라는 뜻이다. 그런데 연(淵)은 샘보다 큰 연못이라는 뜻의 글자이다.

연개소문이 연씨가 맞다는 주장은 그의 동생 연정토(淵淨土)의 성이 연씨라고 기록된 《삼국사기》의 내용에 바탕을 두고 있다.

연정토는 형 연개소문 밑에서 재상으로 있었는데 연개소문이 죽자 연개소문의 큰아들 남생(男生)이 정권을 잡고 동생들인 남산(男産), 남건(男建)과 심한 권력다툼을 하는 것에 반기를 들고 12개 성(城)과 많은 고구려 백성들을 데리고 신라에 투항했던 사람이다. 그는 신라 조정에서 우대를 받다가 나중에 당나라로 건너가서 그곳에서 영주(永住)하였다.

백제는 왕족의 성을 제외하고도 8족(族)의 성이 있었다고 했다. 이 8족의 성씨를 두고, 일부 학자들은 성이 아니고 그들 부족의 이름이라고도 한다. 이를테면 나라 이름처럼 그들 집단을 칭하는 말을 한자(漢字)로 표기하는 과정에서 약칭(略稱)하게 된 것이라는 주장이다.

8족의 성이라 한 것은 진(眞), 사(沙), 연(燕), 협(劦), 해(解), 국(國), 목(木), 묘(苗)이다. 중국의 역사책 《신당서》(新唐書)에는 묘(苗), 진(眞) 대신에 정(貞), 백(苩)을 넣어서 백제의 8족이라 기록하였다.

백제 8족 성씨들을 보면 3개 정도의 글자를 빼고서는 오늘날 우리가 성으로 쓰지 않는 글자이다. 중국에서도 그런 글자를 성씨로 사용하지 않았다. 과연 성이었나 하는 의문을 불러일으킨다.

백제의 성 가운데 오늘날 한국인의 성으로 사용되는 것은 진(眞), 연(燕), 국(國) 정도이지만, 이들 역시 모두 희귀성이며 인구수도 매우 적다. 2000년도 국세조사에서 국씨는 2,182명이고 연씨는 3,540명이었다. 그 가운데서도 최근 중국에서 귀화한 사람들이 많았다. 진(眞)의 성을 사용하는 인구는 1,579명이었는데, 이들 역시 대부분 귀화인들이었다.

백제의 왕족 성을 《삼국사기》에서는 부여(夫餘)라고만 기록했다. 그러나 중국 역사서에는 부여(夫餘)와 여(餘) 두 개의 성을 언급하면서, 13대 근초고왕(近肖古王) 대에 이르러서야 이런 성을 사용한 것으로 판단하고 있다. 근초고왕은 여(餘)를 성으로 하여 여구(餘句)로 기록했으나, 29대 무왕(武王)에게는 부여(夫餘)라는 성을 붙였다.

백제국을 세운 시조는 온조(溫祚)이다. 온조는 고구려 건국시조 주몽의 아들이다. 그리고 온조에게는 비류(沸流)라는 형이 있었다.

주몽은 온조와 비류 두 아들이 있었는데 이 두 아들을 두기 전에 북부여(北夫餘)에서 낳은 아들이 한명 있었다. 그는 첫째 부인의 아들이었는데, 주몽이 그 아들을 태자로 삼자 온조와 비류는 고구려를 떠나 남하하여 각각 나라를 세웠다.

온조는 한강 중류쪽, 지금의 하남시 지역인 위례성에 도읍을 정하고, 비류는 한강 하류, 지금의 인천시 지역인 미추홀에 도읍을 정하고 나라를 세운 것이다.

온조는 성을 부여(夫餘)로 삼았는데 그런 성을 갖게 된 이유는 조상이 부여인(夫餘人)이라는 데 있었다.

그런데 이런 내용의 유래와는 다르게 《삼국사기》에는 온조와 비류가 주몽의 아들이 아니고 성도 부여씨가 아니었다는 기록이 있다.

그 기록에 따르면 '온조와 비류의 아버지는 우태(優台)인데 그는 북부여왕(北夫餘王) 해부루(解扶婁)의 서손(庶孫)이다. 어머니는 소서노(召西奴)이고 졸본(卒本) 사람이다. 소서노는 남편 우태가 죽은 뒤 홀로 두 아들을 데리고 살았는데, 주몽이 부여에서 망명하여 졸본에 도읍을 정하고 나라를 세울 때 얻은 여자가 바로 과부 소서노였다'는 것이다.

주몽이 부여를 떠나기 전에 아들이 있었으며, 그 아들이 고구려를 찾아와 태자가 되자, 온조와 비류는 고구려를 떠나 남하하여 새로 나라를 세우고, 친아버지의 이름인 우태(優台)의 앞 글자를 따서 성으로 삼았다는 내용도 기록되어 있다.

어느 쪽 기록이 사실인지는 일단 논외로 하고, 백제의 왕계(王系)에는 두 성씨가 있었다는 점만 밝혀 두기로 하자. 이에 대해서는 《삼국사기》에도 기록이 남아 있다.

8대 고이왕(古爾王), 9대 책계왕(責稽王), 10대 분서왕(汾西王), 12대 설왕(契王)이 우씨(優氏)이다. 이 우씨 성을 가진 왕들은 온조왕의 형인 비류의 후손이었다. 비류는 온조와 다른 나라를 세웠지만 오래지 않아 동생의 나라로 귀부(歸附)했다. 그리고 왕통을 두 계통으로 이어가게 하였다.

백제의 왕들이 가진 성을 보면 분명히 두 계통의 성이 있었던 것 같다. 13대 근초고왕은 온조와 같은 성을 취했다. 그리고 근초고왕 이후로는 모두 부여란 성을 갖기 시작했다.

《삼국사기》의 백제본기(百濟本紀)에는 '옛 기록에 따르면 "백제가 나라를 창건한 이래로 문자(文字)로서 일을 기록한 것이 없다가, 근초고왕 때에 와서 박사 고흥(高興)이 비로소 문자로 쓴 기록이 있게 되었다."고 한다'는 내용이 있다.

근초고왕 때라면 A.D.346년에서 375년에 걸친 시기이다. 신라는 17대 내물왕 때가 된다. 성은 문자로 표시된 것이기에 문자가 없었다면 성은 있을 수가 없는 것이다.

중국의 사서(史書)를 보면, 백제왕의 성에 대한 기록은 《주서》(周書)에 처음 나온다. 이 《주서》의 기사연대는 A.D.505년에서 581년 사이인데 신라 법흥왕의 성을 언급한 시기와 비슷하다.

《주서》에 언급한 시기는 백제로 보면 25대 무령왕(武寧王) 때이다. 무령왕의 성도 부여(夫餘)로 알려져 있었다.

백제의 8족 성을 언급하는 자료는 중국의 《북사》에 처음 나온다. 북사의 기사연대는 A.D.386에서 618년 사이이다. 구체적으로 어느 시기의 백제를 언급한 것인지는 알려져 있지 않지만, 그 책을 쓴 사람은 백제에 8개 부족의 성이 있음을 이미 알았다고 보아야 할 것이다.

이 8족 성씨가 언제 등장하였는지에 대해서는 신라 6촌의 성씨와 같은 기록은 없다.

8족 성씨 외에 백제에 있었다는 성은 왕(王), 장(張), 사마(司馬), 수이(首爾), 고이(古爾), 흑치(黑齒), 목협(木劦), 조이(祖邇) 등이다. 그런데 목협(木劦)의 두 글자 성을 두고 중국 《수서》에서는 목(木)과 협(劦)을 분리하여 각각 성이라고 하였다. 이와 달리 《삼국사기》에서는 목(木)과 협(劦)의 글자를 따로 떼어 분류하지 않았다. 오늘날 백제 8족성에 대한 이야기는 주로 중국 《수서》의 기록에 바탕을 둔 것이다.

《삼국사기》에 나오는 인물 가운데, 8족성을 가진 사람들은 거의 글자 한 개의 외자 이름을 취했다.

성은 이름 앞에 붙게 된다. 그래서 인물 이름의 맨 앞 글자는 다 성으로 여겨지기 쉽다. 그런데 신라와 마찬가지로 당시 백제 사람들의 성명 가운데 앞쪽의 글자가 성이 아닌 사례가 있었다.

족보에 자신들 성씨의 뿌리가 백제에 있다고 기록한 문중도 있지만, 그 기록은 믿을 수 없는 경우가 많다. 백제도 고구려와 마찬가지로 나라가 망하면서 그 나라의 성이 사라져 오늘날에는 전하지 않는다는 견해가 지배적이다.

기씨(奇氏) 성이 있다. 시조가 기우성(奇友誠)인데 백제 온조왕(溫祚王) 때 시중(侍中)으로 입사(入仕)하였다고 족보에 기록해 놓았다. 이 내용에서 우선적으로 의문시해야 하는 것은 온조왕 때 시중(侍中)이란 관직이 있었는가 하는 점이다. 시중은 통일신라시대부터 당나라 관직을 본받아 생겼고 고려 때 주로 사용된 관직명이기 때문이다. 그들 문중 기록대로 기씨 성이 백제에 실제로 있었다면, 기씨 성도 백제 건국 때부터 있었다는 뜻이 된다. 하지만 한국인의 성씨 역사를 조금이라도 알고 있다면, 이런 주장에 대해서는 회의적인 시각을 갖게 마련이다.

목천상씨(木川尙氏)가 있는데 시조가 백제의 유민이라고 했다. 고려가 후삼국을 통일할 때 불복하고 항쟁을 계속하자, 고려 태조가 벌을 주는 의미로 코끼리를 뜻하는 象(상)을 성으로 내렸다는 이야기가 있다. 짐승의 성을 내린 것이다.

부여서씨(夫餘徐氏)는《삼국사기》와 중국 문헌에서도 언급한 바가 있는 백제 의자왕의 셋째 아들 여융(餘隆)의 후손이라고 하였다.

여융은 본래 성이 부여(夫餘)였는데, 백제가 망한 뒤 당나라에 가서 餘(여)라는 단성(單姓)으로 개성(改姓)했다는 것이다.

그런데 당나라 고종(高宗)이 徐(서)라고 고쳐 사성을 한 뒤, 여융을 백제의 땅이었던 웅진(熊津)을 다스리는 도독(都督)으로 임명하였다는 기록이 있다.

이 서씨는 한국의 대성(大姓)이라고 하는 이천서씨(利川徐氏)와 달성서씨(達成徐氏)와는 다른 조상에서 유래했다고 알려진 성이다.

현재 한국의 대성인 이씨(李氏) 가운데 유일하게 백제에다 뿌리를 두었다고 주장하는 문중도 있다. 익산이씨(益山李氏)인데 그들의 족보에 따르면 시조 문진(文眞)은 고구려 영양왕 때 대학박사(大學博士)로 백제의 공주를 부인으로 맞아 백제 땅 익산을 식읍(食邑)으로 받았다고 한다.

한국의 이씨 성은 귀화인 성씨를 제외하고서는 대개 신라에다 기원을 두고 있는 것이 대부분이다. 그런데 이 익산이씨만은 다르게 기록한 것이다. 게다가 그들 족보기록에 따르면 고구려에도 이씨 성이 있었다는 얘기가 된다.

하지만 오늘날 익산이씨의 인구수가 아주 적다는 점에서 이런 기록을 완전히 믿기는 어려워 보인다. 오늘날 익산이씨 문중의 인구수는 2천 명을 넘지 않는다. 그들 성의 역사에 견주어 너무 적은 인구수이기에, 과연 족보에 기록된 성씨의 유래가 사실일까 의문을 가지게 된다.

전씨(全氏)는 오늘날 한국의 대성 가운데 하나로 꼽히는데, 이 성씨도 백제에 연원을 두고 있다고 한다. 백제 건국 때 10명의 공신 가운데 한 사람이라는 전섭(全聶)을 원조로 하고 있다는 것이 그들 문중의 주장이다.

그런데《삼국사기》등의 사서에는 그런 인물의 기록이 없다. 또한, 전섭 이후로 백제에서 벼슬을 하였다는 전씨 성의 인물에 대한 기록 역시 하나도 없다. 그와 반대로 신라에서는 높은 벼슬을 한 전씨의 인물이 몇몇 있는 것으로 기록되어 있다. 백제에다 기원을 두었으면 그곳에서 벼슬을 한 인물이 있었을 법한데, 이 점에 의구심을 가지게 된다.

정선전씨(旌善全氏)의 족보에는 신라 내물왕 때 백제로부터 공주를 배종하고 신라에 와 봉익대부부밀직지사사(奉翊大夫副知密直司事) 등을 지낸 인물의 기록이 있다. 역시 신라에 없는 벼슬이름을 써 놓은 것이다.

더욱이 신라 내물왕 때라면 4~5세기 무렵이다. 이때 신라에 성이 있었는가 하는 점도 의문스럽거니와 중국 역사서에서도 신라의 성이 처음 언급된 것은 신라 법흥왕 때인데 내물왕이 재위하던 시기는 법흥왕 때보다 150년이나 앞서 있다.

벼슬 이름과 관련하여 사실에 대한 의문을 두게 되는 것은 당연하다. 그 시대에 있지 않았던 벼슬이름이 조상에게 붙어 있다면, 당시의 관직·제도를 아는 사람은 이를 보고 쓴웃음을 금치 못할 뿐 아니라, 족보를 못 믿을 것으로 여기게 될 것이다.

온조가 고구려를 떠나 남쪽으로 가서 나라를 세울 때 큰 공헌을 남긴 신하 10명이 있었는데,《삼국사기》에는 오간(烏干), 마여(馬黎), 을음(乙音), 해루(解婁), 흘우(屹于)만이 언급되어 있다. 나머지 5명의 이름은 등장하지 않는다.

이 전씨 문중의 기록대로 보면 한국의 성씨 역사가 신라 건국시조 혁거세가 박씨 성을 취하였다는 시기와 비슷하다.

또 전씨 문중에서는 자신들의 성이 중국에서 들어온 귀화인 성씨가 아니라고 하였다. 그렇다면 토착성씨가 된다. 토착성씨 가운데 그토록 오랜 기원을 가진 성은 우리나라 어느 문헌에서도 찾아볼 수 없다.

중국의 전씨(全氏) 성을 보면 백가성(百家姓)에는 들어가지 못한다. 중국 전씨 성의 기원을 보면, 처음에는 주(周)나라 시대 관청의 하나인 천부(泉府)에서 벼슬을 지낸 사람의 후손들이 이 관청의 이름을 따서 泉(천)이라는 성을 갖기 시작했는데 뒷날 全(전)으로 개성(改姓)하였다고 한다. 또 하나의 유래가 있는데 청나라 어느 왕의 후손이 본래 성을 바꿔서 가졌던 성이라고 했다.

중국에서는 이 전씨 성을 유명 인물이나 왕족으로부터 나온 성으로 여기지는 않았다. 그래서 너도나도 취하고자 하는 성은 아니었기에 인구수가 적었던 것이다.

한국의 성씨 문중 가운데 중국의 왕족이나 귀족성씨와 같으면 그 쪽에다 뿌리를 연결시키려는 경우가 있는데, 이것은 분명 사대(事大)하는 습관에서 나왔을 것이다.

백제의 진씨(眞氏) 성은 온조왕을 따라 건국을 도운 권족(權族) 성씨였다고 하는데, 《삼국사기》에 나온 인물로는 2대 다루왕(多婁王) 때 우보(右輔) 벼슬에 있었던 진회(眞會), 5대 초고왕(肖古王) 때의 장수 진과(眞果), 8대 고이왕(古爾王) 때 우보(右輔) 진충(眞忠), 좌장(左將) 진물(眞物), 좌평(佐平) 진가(眞可), 11대 비류왕(沸流王) 때 좌평(佐平) 진의(眞義) 등이 있다.

그들 모두가 한결같이 외자 이름이다. 이 때문에 진(眞)이 과연 성이었는지 의심하는 이들도 있다. 고대 중국에서 성씨제도가 아

직 완전히 확립되지 않았을 때는 이름 가운데 글자 한 자를 같게
하여 자기 일족(一族)임을 나타내는 경우가 있었다. 그러다가 뒷날
그 글자를 성으로 삼기도 했다. 백제도 그런 식의 이름을 가지지
않았나 하는 의구심이 들 만한 것이다.

일본으로 건너가 글을 가르쳤다는 왕인(王仁)도 마찬가지로 두
글자 가운데 앞 글자가 성인지, 또는 이름의 일부인지 알 수 없다.
왕인이 왕씨라면 역시 외자 이름이 된다.

부여풍(夫餘豊), 부여융(夫餘隆)이 있다. 그들은 왕족으로 두 글자
의 성을 가졌고 이름은 한 글자이다. 의자왕의 아들로는 두 글자의
이름을 쓰던 부여충승(夫餘忠勝), 부여충지(夫餘忠志)도 있었다.

흑치상지(黑齒常之)와 사타상여(沙陀相如)는 백제의 장수이다. 흑
치상지는 성이 두 글자 흑치이며 이름이 두 글자이다. 사타상여
역시 성이 두 글자 사타이다. 성과 이름을 합해서 두 글자로 된
인물들도 있으나 이는 특이한 경우이다. 21대 개로왕 때 목협만치
(木劦滿致), 조미걸취(祖彌桀取)라는 인물이 있었다. 이들 역시 모두
두 글자로 된 성에 이름도 두 글자이다. 이런 성명의 형태는 오늘
날 일본에서 많이 보인다.

일본에서는 두 글자 성, 곧 복성(複姓)이 주류를 이룬다. 이런 형
태가 백제의 성씨문화에서 영향을 받았다는 설이 있다.

신라에는 복성이 없었다. 그리고 신라 사람들이 썼던 성은 오늘
날에도 널리 쓰고 있다. 이와 달리 백제에서 사용했던 성이 오늘날
우리에게 생소하듯, 일본에도 한국인에게는 생소한 글자를 사용한
성이 많다. 이 점에서도 알 수 있듯 백제의 성과 일본의 성은 닮은
점이 있는 것이다.

일본 역사를 보면 소아만지(蘇我滿智)라는 인물이 등장한다. 일본에서 영웅으로 받드는 인물이다. 이 인물의 성은 소아(蘇我)이며, 일본어로는 '소가'라고 읽는다. 그는 백제에서 망명한 사람이라고 전해진다.

그가 처음 일본에 정착한 곳은 오늘의 나라현(奈良縣)이었고, 이 현(縣)에 소아(蘇我)라는 곳이 있다. 만지(滿智)가 일본으로 망명하여 일본인의 방식대로 지명을 따서 새로 가졌던 성이 바로 소가였던 것이다.

소아만지의 본명은 목협만치(木劦滿致)로 알려졌다. 협(劦)을 빼고 목만치(木滿致)라 부르기도 했다. 그러니까 목만치는 백제의 8족 성씨에 들어가는 목(木)이라는 성을 가졌던 것이다. 그는 일본에 건너와서 한 손에는 칼, 한 손에는 부처를 들고 일본을 평정한 영웅으로 알려졌다. 그를 시작으로 일본의 무사도(武士道) 정신이 등장했다고 한다.

그의 손자 대에 이르러서는 일본 최초의 사찰 법륭사(法隆寺)를 창건하였다. 이 법륭사는 그들 씨족의 개인사찰이었는데, 나중에 비조사(飛鳥寺)로 이름이 바뀌었다고 한다. 서기 610년 무렵 고구려 승려 담징(曇徵)이 일본에 건너가 이 절에 남긴 법륭사 금당벽화(관음보살상)가 일본 국보 1호로 지정되었으나 뒷날 화재로 사라졌다.

일본 오사카(大阪) 시내에 있는 사천왕사(四天王寺)를 창건한 성덕태자(聖德太子)가 소가(蘇我)의 성씨 사람이라는 주장도 있다.

목씨 성은 원래 목천 땅에서 집성을 이룬 호족세력이었다고 전한다. 목천은 오늘날의 충남 천안시 목천읍을 말한다. 당시 목씨들 가운데 무예(武藝)가 뛰어난 사람이 많았으나, 후백제가 망하고 고

려의 지배 아래 들어갔을 때 귀속을 거부하고 반란을 일으키자 고
려 태조의 미움을 받아, 지역의 사람들 성씨마저 동물이름으로 바
꾸게 하는 탄압을 받았다는 일화도 있었다. 이 때문에 후백제 유민
들이 일본으로 많이 옮겨 갔다고 한다

일본의 고대사에 등장하는 응신천황(應神天皇)의 후손들은 마히
토(眞人)라는 성을 썼다. 한국어 발음으로 '진인'이다.

이 진인이란 말은 진(眞)의 혈통을 가진 족인(族人)이란 뜻으로
일본의《신찬성씨록》(新撰姓氏錄)에 따르면 진(眞)의 성은 모두 응
신(應神)의 후손이라고 하였다.

《일본서기》(日本書紀)에는 천무천황(天武天皇)이 사성한 성이 여
덟 개가 있는데 그 가운데 마히토(眞人)가 있었고, 이 마히토 성을
처음 사용한 것이 응신천황의 후손들이라고 기록되어 있다.

여덟 개 성씨라고 하면, 백제에 있었던 8족 성씨를 떠올릴 수
있다. 이 역시 일본의 성이 백제의 성씨문화에 영향을 받아 나타났
음을 입증하는 근거가 되기도 한다. 일본에서는 이 여덟 개 성씨를
8색성(八色姓)이라 일컬었다. 이 8색성은 지배계급에 속한 귀족에
게 부여되었던 성으로, 마히토(眞人), 아소미(朝臣), 스쿠네(宿禰), 이
미키(忌村), 미치노시(師道), 오미(臣), 무라치(連), 이나키(稻置)이다.

일부 학자들에 따르면 백제의 진씨(眞氏) 성은 비류계(沸流系) 왕
족의 성씨로서, 온조의 형인 비류로부터 비롯되었다고 한다.

백제의 왕인박사가《논어》(論語) 10권과《천자문》(千字文) 1권을
가지고 일본에 건너가 해박한 지식으로 응신천황과 태자를 가르친
일이 있다. 그때 백제의 성씨문화가 전파되었으리라 생각할 수도
있는 것이다.

3 부

왕건의 성과 왕건의 사성(賜姓)

　고려를 건국한 왕건도 원래는 성이 없었다는 주장을 펼친 고려 시대 학자가 있다.

　후삼국시대의 인물들에 대한 자료를 보면, 성을 가진 사람과 성을 갖지 못한 사람이 뒤섞여 있는 것을 알 수 있는데, 왕건도 궁예의 수하장수였을 때는 다른 여러 장수들처럼 성을 갖지 않았다는 기록이 있다. 충렬왕 때 대학자며 재상이었던 이제현은 고려 의종(毅宗) 때 김관의(金寬毅)가 편찬한 《왕대종족기》(王代宗族記)를 다음과 같이 비판했다.

　　태조와 세조(왕건의 아버지)는 궁예(弓裔)를 섬겼는데, 궁예는 원래 의심과 시기가 많았다. 그런데 태조가 아무 이유도 없이 혼자서 왕(王)씨를 성으로 취했겠는가? 그랬다면 스스로 화를 부르는 결과가 되었을 것이다.

　이 글은 임금을 뜻하는 왕(王)이란 글자를 성으로 쓸 수 없었다는 의미이다. 만약 그 글자를 썼다면 궁예가 가만 두지 않았을 것이기 때문이다. 그러니까 고려 태조가 성을 갖기 시작하였다면 고려 건국 이후라는 말이 되는 것이다. 그런데 김관의 《왕대종족기》에는 일찍부터 왕건이 왕씨 성을 가졌던 것으로 기록되어 있다.

《고려사》를 보면, 고승(高僧) 도선(道詵)이 왕건의 아버지 용건(龍建)을 만났을 때 그에게 남긴 예언이 있다. 그것은 아들을 낳으면 왕건(王建)이란 이름을 지어주라 한 것이다. 이 말은 성을 왕씨로, 이름을 건(建)으로 하라는 뜻이 아니었다. 성을 뺀 이름 자체를 왕건으로 부르도록 했던 것이다.

왜 왕건이라는 이름을 썼는지에 대해서는, 왕건의 선조들이 썼던 이름을 살펴보면 이해할 수 있다.

왕건의 할아버지는 작제건(作帝建)이다. 그리고 아버지는 용건(龍建)이다. 왕건까지 3대의 이름을 보면 건(建)이라는 한자가 똑같이 들어 있다. 더욱이 증조부의 이름은 이제건(伊帝建)이었다. 그런데 이제건은 왕건의 친조부는 아니었다. 실제 증조부의 이름은 보육(寶育)이었고, 이제건은 보육의 형이었다. 보육은 형의 딸, 그러니까 조카딸을 부인으로 삼아 왕건의 조부 작제건을 낳았다는 김관의 글이 고려왕실의 역사를 담은 책에 기록되어 있는 것이다. 고대 중국인처럼, 성이 없을 때는 이름 가운데 한 글자를 같게 하여 혈족을 표시하는 예가 이 당시에는 적지 않았다.

왕건의 조상에 대해서는 설화적인 이야기가 많다. 중국 당나라의 임금 숙종(肅宗)의 후예라고도 하고 한편에서는 당나라 임금인 선종(宣宗)의 후예라고 하는 이야기도 있다. 어느 쪽 임금이었든 간에, 그들이 임금이 되기 전 바다 건너 한반도에 와서 낳은 자식이 왕건의 조상이었다는 것이다. 모두 설화이며, 믿을 만한 이야기는 못 된다. 이런 이야기도 《고려사》에는 적혀 있는 것이다.

한편 다른 얘기도 있다. 옛날 성골장군(聖骨將軍)이라 일컬어진 장군이 산신(山神)과 혼인을 하여 자식을 낳았는데 그 후손이 왕건의 조상들이라고 하였다.

이 이야기 역시 설화이긴 하지만, 왕건의 조상에게 성이 없었음을 말해주고 있다는 점에서는 의미가 있다. 그러니까 왕건은 뒷날 자기 이름에서 글자 한 자를 골라 성으로 정했다고 보아야 할 것이다. 다시 말해, 왕건은 고려에서 최초로 왕씨 성의 시조가 된 것이다. 그것도 고려건국 이후의 일이다.

고려 태조 왕건은 나라를 세우고 나서 왕은 물론 일반인도 성을 꼭 가져야 한다고 여겼다. 일찍이 신라가 당나라의 성씨제도를 무엇 때문에 받아들였는지 알고 있었기 때문이었다. 왕건이 공신들에게 성을 많이 하사했다는 기록 역시, 그가 성의 가치를 잘 인식하고 있었음을 보여준다.

당시 성을 갖는다는 것은 벼슬길에 오르는 이상으로 신분상승에 중요한 요소였고, 왕건 자신이 성이 없었다는 이유로 한때 비하(卑下)된 신분이었기에 성의 가치를 더욱 중요하게 인식하였다고 할 수 있다.

왕건이 공신에게 하사하였다고 알려진 대표적 성씨는 개국공신 홍술(弘述)에게 준 홍씨(洪氏), 역시 개국공신이었던 백옥삼(白玉衫)에게 준 배씨(裵氏), 또 다른 개국공신이었던 삼능산(三能山)에게 준 신씨(申氏)가 있다. 이들은 사성과 함께 이름까지 바뀌게 되었다. 각각 홍유(洪儒), 배현경(裵玄慶), 신숭겸(申崇謙)이란 성명을 얻은 것이다. 오늘날 부계홍씨(缶溪洪氏)는 홍유를 시조로 받들고, 평산 신씨(平山申氏)는 신숭겸을 시조로 받들고 있다. 그런데 오늘날에는 배현경은 기존 신라 6촌의 배씨와 뿌리를 같이 히는 경주배씨라고 한다. 배씨 성은 분명히 그전부터 있었는데, 어찌 고려시대에 새로 성을 얻은 배현경이 연결되었는가 하는 의문이 생긴다. 배현경 이전의 배씨 성은 따로 계보를 이루고 있는지 한번 그들의 족보를 들여다 볼 필요가 있다.

경주를 본관으로 하는 배씨가 이미 신라 6촌의 성씨 가운데 하나인 금산가리촌의 촌장이 얻은 배씨 성이란 것은 널리 알려진 사실이다. 성이 없던 백옥삼에게 왕건이 배씨 성을 하사하고 본관마저 경주로 내려주었다 해도 금산가리촌 촌장의 후손이라 할 수는 없는 것이다.

왕건은 강릉지방을 장악하고 있던 호족 김순식(金順式), 발해국의 태자 대광현(大光顯)이 귀부했을 때도 왕씨 성을 하사한 일이 있었다.

《고려사》 열전을 보면 고려태조 왕건의 후비(后妃)들 가운데 류씨(柳氏), 오씨(吳氏), 유씨(劉氏), 황보씨(皇甫氏), 김씨(金氏), 평씨(平氏), 유씨(庾氏), 임씨(林氏), 홍씨(洪氏), 이씨(李氏), 박씨(朴氏), 강씨(康氏), 왕씨(王氏)의 성이 언급되어 있다.

다시 말하면, 후삼국시대에 이런 성씨들이 있었다는 뜻이 되며, 후삼국시대가 길지 않았으므로 그 이전의 통일신라시대에도 있었다고 파악할 수 있는 것이다.

신라의 6촌 성씨들이 아닌 성씨가 통일신라시대에 있었다고 하면, 그 성들은 아마도 당나라에서 유입되어 온 성이었을 것이다. 귀화인이 쓰던 성씨가 아니더라도 중국 당나라에서 흔히 사용되는 성이라면, 신라인들이 모방하여 사용했으리라 추측할 수도 있는 것이다.

왕건의 비에게서 찾아볼 수 있는 성씨가 아니더라도 《고려사》

에 나오는 고려 개국초의 기록을 보면 최씨(崔氏), 요씨(姚氏), 진씨(陳氏), 민씨(閔氏), 순씨(荀氏), 윤씨(尹氏), 한씨(韓氏), 장씨(張氏), 송씨(宋氏), 서씨(徐氏), 정씨(鄭氏), 황씨(黃氏), 백씨(白氏), 양씨(楊氏) 등이 등장한다.

왕건이 나라를 건국한 뒤 개국공신에게 성을 하사한 사례는《고려사》가 아닌 다른 여러 문헌에서도 찾아 볼 수 있다.

왕건이 그토록 성을 많이 하사한 이유는, 앞서 언급했듯 성의 가치를 잘 알아서이기도 했지만, 한 가지 이유를 더 든다면 통일신라시대에는 성이 왕족과 귀족 및 일부 특권층의 전유물이었으며, 고려가 개국할 때까지만 하여도 성을 가진 사람들이 흔하지 않았기 때문에, 이러한 성의 가치를 활용해서 일종의 작위(爵位)를 하사하는 것과 같은 효과를 얻어 공신 또는 지방 호족세력들과 유대를 강화하는 목적도 있었던 것이다.

중국 당나라 태종 이세민(李世民)도 이와 비슷한 조치를 취했다. 그는 당나라를 세운 뒤 사성을 많이 한 것으로 유명했다. 그는 고려의 왕건처럼 성이 없던 신하에게 새로운 성을 내린 것이 아니라, 다른 성씨를 쓰던 신하들에게 자신의 성인 이씨(李氏) 성을 많이 내려주었다. 무려 董(동), 安(안), 郭(곽), 王(왕), 張(장), 杜(두), 徐(서), 羅(라), 胡(호), 鮮于(선우) 등 16개의 기존성씨를 이씨로 고치게 했던 것이다. 오늘날 이씨가 중국에서 가장 많은 인구를 차지하는 성이 된 것이 이 때문일지도 모른다. 10년 전 조사에 따르면 9천만 명에 이른다는 말이 있었다.

태조 왕건은 성을 내려주어 충성스러운 신하를 끌어들이는 한편으로, 혼맥(婚脈)으로 측근세력을 넓히기도 하였다. 고려 초기에는 각 지방 호족의 세력이 아직 강하여 중앙집권화가 어려웠기에, 그들의 이반(離反)을 막고자 혼맥으로 유대를 갖는 방법을 취했다.

태조 왕건뿐 아니라, 그 뒤를 이은 다른 왕도 신하들에게 성을 많이 내려주었다. 이를테면 고려왕조는 왕의 사성이 관행처럼 되었던 것이다.

6대 성종이 사성한 신하가 있다. 왕가도(王可道)라는 문신(文臣)인데 그의 본래 성은 이씨(李氏)였다. 무신(武臣)이 정권을 전횡하는 것을 막은 공로로 왕씨 성을 하사받은 것이었다. 그는 뒤에 9대 덕종의 장인이 되기도 했다.

고려 후기에는 거유(巨儒)로 알려졌던 권부(權溥)가 있었다. 그의 작은 아들 권재(權載)가 26대 충선왕의 양자로 들어가면서 왕씨로 사성을 받았다. 충선왕과 같은 왕씨 성을 하사받은 것인데, 사성과 함께 이름도 바뀌어 왕후(王煦)라고 하였다.

고려시대는 원나라와 교린관계가 많았기에, 고려로 내왕하다가 귀화한 원나라 사람이 많았다. 그들에게 왕이 사성한 성도 있었다.

원나라는 몽고인이 세운 나라다. 그러나 원나라가 중국을 통일한 뒤에는 몽고인이 아닌 한족도 원나라의 백성이 되었다.

따라서 중국의 한족계 가운데 원나라 조정에서 벼슬을 하는 사람들이 많았다. 그들이 고려로 귀화해 오는 경우가 있었는데, 귀화한 한족계는 문화가 찬란했던 남송(南宋)의 후예들이었기에, 그들의 귀화가 많아짐에 따라 고려의 문화 발전에도 영향을 주었고 성씨문화도 전례 없이 꽃피기 시작했던 것이다.

고려 4대 광종 때 후주(後周) 사람 쌍기(雙冀)가 귀화해 와서 과거제도를 실시케 한 일이 있었다. 후주는 당나라가 망한 뒤 세워진 나라인데 고대 주나라의 전통을 잇는다는 취지에서 후주라는 나라 이름을 쓴 것이다. 후주 다음에는 송(宋)나라가 건국되었고, 송나라가 여진족이 세운 금(金)나라와 벌인 전쟁에서 패배하여 장강 남쪽으로 쫓겨간 뒤로는 남송(南宋)이 되었다. 모두 중국 한족(漢族)이 중심이 되어 세워진 나라다.

한족이 문화민족으로 돋보이게 된 것은 유학(儒學) 때문이다. 이 유학이 신라에 전래되어서 신라인으로 하여금 적잖게 문맹(文盲)의 틀에서 벗어나게 하였다. 신라를 흡수한 고려가 또 그 유교문화를 받아들여 글자를 아는 지도층이 많이 나타나게 되었다.

성도 역시 글자를 아는 사람들 사이에서 활용되었다. 성이 보편화하기 시작한 때는 고려 중엽인데, 여러 성씨의 족보 기록을 보면 한국 성씨들의 본관 시조들 가운데 고려 중엽 때 사람들이 많다. 고려에서는 일반 백성들 사이에서도 성이 사용되기 시작하면서 더 많은 본관이 나타나고 그 시조들이 등장하였다.

고려의 왕씨 성은 현재 개성(開城)을 본관으로 하면서 태조 왕건의 후손이라고 말한다. 그런데 왕씨 성을 가지고 있으면서도 고려 왕씨 성의 후예가 아닌 문중도 있다. 제남(濟南)을 본관으로 하여 조선시대에 등장한 왕씨 문중이 그들이다.

조선 17대 효종(孝宗)이 왕자의 신분이었던 봉림대군(鳳林大君)으로 청(淸)나라에서 볼모생활을 하는 가운데 알게 된 왕씨 성의 명(明)나라 사람이 있었다. 그 사람은 봉림대군이 고국으로 귀환할 때 따라와 조선인으로 귀화했다.

조선에서는 성을 가지면 반드시 본관도 갖게 되어 있기 때문에, 그는 자신의 출생지인 중국 산동성 제남을 본관으로 삼았다. 이 귀화인의 후손이 오늘날 제남왕씨가 되었다.

고려에서는 태조 왕건이 최초로 왕씨 성을 가진 뒤로 왕건에게는 부인도 많았고 왕자도 많이 태어났기에, 그의 후손이 지금에 와서는 그 수가 대단히 많으리라고 생각할 수가 있다.

그러나 오늘날 왕씨 성의 인구는 많지가 않다. 고려 중기에 등장한 다른 성씨들보다 인구수가 매우 적다. 2000년도 통계청 조사에서 전국적으로 2만 명밖에 되지 않았다.

그들 종인(宗人)들의 말에 따르면, 개성왕씨의 인구수가 적은 것은 조선이 개국할 때 고려 왕씨 성의 사람들을 한데 모아 어느 한 곳의 섬으로 보내면서 수장(水葬)시키거나 한 등의 이유가 있었다는 것이다. 또 왕씨 성을 멸(滅)한다는 소문 때문에 성을 바꾸는 일도 많이 나타났기 때문에, 결국 왕씨 성을 쓰는 사람은 점점 줄어들어 희성(稀姓)처럼 된 것이라고 한다.

왕씨에서 성을 바꾸어 오늘날의 옥씨(玉氏), 금씨(琴氏), 전씨(田氏), 전씨(全氏), 마씨(馬氏) 등의 성이 되기도 했고, 더러는 대성(大姓)인 김씨(金氏) 성으로 변성(變姓)하여 살아간 왕씨들도 있었다고 한다.

조선이 개국되고 고려의 왕씨 성 사람들이 만약에 모반이라도 할까 단속을 한 사실이 기록으로 남아있다. 결국은 그들을 모아 유배지로 보낸 사례도 있다.

생육신의 한 사람인 남효온(南孝溫)이 지은 《추강냉화》(秋江冷話), 선조 때 학자 이정형(李廷馨)의 저서 《동각잡기》(東閣雜記), 조선 태종의 능비인 헌릉비(獻陵碑)에서 고려 왕족을 언급한 내용이 있는 것이다. 이 내용에서 태종의 명령을 기록한 것이 있다. 그 내

용을 보면 조선 개국 뒤에 왕씨에게 어떤 일이 일어났는지 짐작할
수 있다.

　태조가 개국하던 처음에 왕씨가 보존되지 못한 것은 태조의 본의가 아니
다. 한두 명의 대신이 책략으로 그들을 죽인 것이다. 그러나 예로부터 역성
혁명(易姓革命)으로 새로운 나라가 세워지면 기존 왕족들 가운데 현명한
사람에게는 벼슬을 주었지, 후예들을 멸한 일은 없었다. 후환이 두려워서
그들 왕씨를 없앤다는 것은 우리 이씨왕조의 도리가 아니다. 반역하려던
왕씨의 후예가 자수하거나 혹간 딴 사람에게 고발되더라도 다 편하게 거주
하게 할 것이며 생업에 안정토록 할 것이다.

태종은 짐짓 전교(典敎)를 내린 적도 있었다.

　예부터 왕이 큰 일을 하는 데 앞서, 왕조의 자손들에게 후환이 두려워
그들을 제거하는 일은 옳지 않다고 생각한다. 하늘이 나에게 명하여 이
나라를 다스리게 하였다. 그러니 이 땅에 사는 모든 사람들은 나의 백성이
다. 이미 공양왕(고려의 마지막 왕)을 편하게 살게 해 주었다. 그런데 그
족속들은 섬으로 들어가 숨어 살게 되었으니 고통스러울 것이다. 내 이들
을 불쌍히 여겨 육지로 나오게 하였다. 거제도에 가 있는 왕씨들을 완산(完
山), 상주(尙州), 영주(寧州)에 나눠 살도록 하라.

　고려 왕실의 후예들을 몰살하였다는 구전과는 다른 내용이다.
　고려의 왕실에서는 한동안 근친혼이 관습화되어 있었다. 근친혼
이 자손의 번성에 좋지 않다는 것은 고대 중국의 주(周)나라 때부
터 입증되어 온 사실이다. 고려의 왕실에서는 한동안 신라의 성골
이 취한 근친혼의 풍습을 유지했다. 혈족 사이에 부부의 연을 맺어
순수혈통을 유지한다는 이유였다.

왕건에게는 부인이 29명 있었다고 알려졌는데, 부인들이 낳은 왕자들은 25명, 공주는 9명에 지나지 않았다

그런데 이들이 이복남매 사이에서 혼인하는 일이 많았다. 부모 가운데 같은 핏줄임을 생각하면, 마찬가지로 근친혼이 된 것이다. 예를 들면, 왕건의 여섯째 비 류씨(柳氏) 소생의 원장태자(元莊太子)는 왕건의 셋째 비 유씨(劉氏) 소생의 흥방공주(興芳公主)와 결혼을 하였다.

4대 광종(光宗)은 왕건의 아들이다. 광종은 왕건의 셋째 비 유씨(劉氏)가 낳았다. 광종은 왕건의 넷째 비 황보씨(皇甫氏)가 낳은 딸과 결혼하였다. 바로 광종의 정비(正妃) 대목왕후(大穆王后)이다.

왕건의 열한 번째 비 임씨(林氏)가 있는데 그 비가 낳은 효성태자(孝成太子)는 3대 정종(定宗)의 후비 박씨(朴氏)가 낳은 딸과 결혼을 하였다. 삼촌과 조카딸의 결혼인 것이다.

고려 왕실에는 비단 이복남매 사이의 결혼뿐 아니라 종족(宗族) 사이의 결혼이 예사롭게 있었다.

12대 순종(順宗)은 삼촌이 되는 왕기(王基)의 딸과 결혼하고 16대 예종(睿宗)은 13대 선종(宣宗)의 딸과 결혼을 하였다. 왕위에 오르지 않은 왕자들의 근친혼도 많았다.

이런 가운데 고려 왕실에서는 근친혼에서 태어난 딸은 왕비가 되면 어머니의 성을 따랐다. 왕비가 아니더라도 왕족과 결혼을 하면 역시 어머니의 성을 취하였다.

그 예를 들자면, 광종의 비가 대목왕후인데 본래 성은 왕씨였다. 그런데 결혼한 뒤에는 황보씨로 바꾸었다. 대목왕후는 왕건의 넷째 비 신성왕후(神聖王后) 황보씨가 낳은 딸이다. 대목왕후가 왕건

이 낳은 딸이라면 의당 왕씨 성이라야 할 것이다.

이런 현상에 대하여《고려사》열전 후비(后妃)편에 편찬자는 이렇게 언급했다.

태조 왕건은 옛날의 법을 본받아 풍속을 바꿀 것을 생각하고 있었으나, 지방의 풍습에 따라 자신의 아들을 자신의 딸에게 장가들이면 다른 성을 숨기고 그 자손들로 하여금 이런 풍습을 가법(家法)이라 생각하며 내버려 뒀다. 괴이한 일이라 할 것이며 유감스럽다 아니 할 수 없다.

《고려사》를 편찬한 학자들은 조선시대 사람 유학자(儒學者)들이었다. 그들은 근친혼을 반인륜적인 행태로 보았기에, 이러한 비판은 당연한 것이었다.

이런 면에서 보자면, 오늘날 왕씨 성의 인구가 적은 것은 고려시대에 근친혼을 많이 한 탓이라고 볼 수도 있겠다.

본관을 갖게 된 고려의 성씨

한국의 성씨에는 본관이 중요시되는데, 이것은 성을 혈족표시와 구분의 목적으로 사용할 때 성만으로는 그 구분이 확실히 안 된다고 여겼기 때문이다. 학자들 사이에는 이 본관제도가 고려에서 시작되었다는 설이 지배적이다.

태조 왕건이 사성을 많이 하였지만 사성받은 사람이 본관도 같이 받았다는 말은 없다. 다만 사성한 공신에게 어느 한 지역을 사패지(賜牌地) 형태로 하사하여 생활의 근거지로 삼게 했다는 기록은 있다.

한 예로, 공신 삼능산(三能山)에게 성을 신씨(申氏)로 하사하고 황해도 평주(平州) 지역을 사패지로 준 것을 들 수 있다. 평주는 오늘날 황해도 평산(平山)이다.

태조 왕건이 사패지를 하사할 때 그곳을 성의 본관으로 삼게 했던 것은 아니다. 뒷날에 와서 후손들이 그 지역을 본관으로 삼았던 것이다.

이렇듯 각 성씨의 시조가 출생한 곳이나, 그가 정착해서 세거지(世居地)를 이룬 곳을 본관으로 삼는 경우가 많았다. 이런 본관은 일반적으로 후손들이 정했다.

나라에 큰 공을 세워 작위(爵位) 등을 받을 때 본관을 같이 하사 받기도 했다. 이를 사관(賜貫)이라고 하는데, 이 경우에는 시조가 되는 사람의 출생지와 관계없이 어떤 한 지역을 정해주었다. 이 사관은 귀화인에게 주로 행해졌다. 귀화인들은 성을 갖고 있어도 본관이 없기 때문에 동성(同姓) 동본관(同本貫)의 다른 사람과 혼동될 수가 있어서 특별히 본관을 내려주었던 것이다.

고려시대 왕이 본관을 하사하는 경우에는 대부분 군호(君號)를 받을 정도의 위계(位階)가 있는 신하에게 내렸다. 군호는 김해군(金海君)이니 월성부원군(月城府院君)이니 하는 작위이다. 종1품과 정1품에 해당하는 중신에게 주로 제수하였다.

실제로 본관제도가 본격적으로 타나난 것은 고려 충렬왕 이후라는 이야기가 있다. 고려의 과거급제자 명단을 보면 본관이 기록되어 있는데, 충렬왕 이전의 급제자 가운데는 본관이 기록되지 않은 사람이 많았고, 충렬왕 이후부터는 본관이 기록된 급제자가 많았던 것이다.

본관제도를 누가 확립했는지 확실히 말할 수는 없다. 나라에서 제도화하지 않아도 성을 가진 씨족들 사이에서 자연발생적으로 나타났고, 그 관습으로 말미암아 나라에서도 이를 받아들였다는 견해가 일반적이다.

고려 때 당(唐)나라, 후주(後周), 송(宋)나라 등의 외국 사람들이 많이 귀화해 왔는데, 귀화해 온 그들에게 성은 있었지만 본관이란 것은 없었다. 그들에게는 단지 성 자체와 관계없는 출신지만 표기하고 있었다. 중국 소흥부(紹興府) 사람이니, 소주(蘇州) 사람이니 하는 식으로 자기가 태어난 곳이거나 살았던 곳을 주로 언급했던 것이다.

중국인의 성에는 본관이 없다. 성의 글자가 같으면 같은 씨족이
라고 말해 왔다. 그들의 실제 직계 시조가 누구인지는 모른다. 아
득한 옛날 고대에 있었다는 전설적 인물에서 찾거나, 고대의 주(周)
나라에서 자신의 성이 유래했다고 하면서 그때의 인물을 시조라고
하였다. 그 때문에 그들 성의 기원에 대한 신빙성에는 의문을 가지
게 된다.

한국에서는 같은 성이라도 본관이 같지 않으면 절대로 일족이
라고 하지 않는다. 같은 혈족이 아니라고 여기는 것이다.

중국인의 왕씨 성이 현재 8천만 명이 넘는다고 하는데, 그들 모
두가 한 조상에서 내려온 혈족들이라고 하면 이는 믿기 어렵다.
성이 긴 역사를 가졌고 자손이 번창하였다고 하여도 그렇게 많은
종친이 나올 수 있을까 하는 의문을 품게 된다.

충렬왕으로부터 공민왕에 이르는 기간은 길지 않은데, 공민왕
때 과거급제자 명단에는 모두 본관 표기가 있음을 알 수 있다. 당
시 이존오(李存吾)가 남긴 문집에 나오는 내용이다.

이존오는 시문(詩文)에 능했던 인물로 공민왕 9년 과거에 급제하
고 관직에 몸담았다. 그는 당시 자신과 함께 급제했던 인물의 명단
을 기록해 두었다.(152쪽 사진 참조)

그가 작성한 명단을 보면 급제자 모두에게 본관 표시가 있음을
알 수 있다. 내용 가운데 한 부분을 풀이해 보면 다음과 같다.

본연일(本延日)이라고 쓰여 있는 것이 본관 표기이다. 國子進士鄭
夢周二十四, 本延日(국자진사정몽주24 본연일)이라는 내용을 보면,
'국자진사 정몽주는 나이가 24세이고 본(본관)은 연일이다' 라는

내용이다. 정몽주는 세인이 잘 아는 고려말의 충신 포은(圃隱) 정몽
주를 말한다.

이 명단을 보면 목화씨의 전래자로 잘 알려진 문익점(文翼漸)도
보인다. 그의 기록에는 本江城(본강성)이라고 표기되어 있다. 본관
이 강성(江城)이란 말이다. 강성은 당시 진주목(晉州牧)에 속했던 한
현(縣)이었다.

榜目(방목)은 과거급제자의 명단을 적어 놓은 것을 말한다. 元順
帝(원순제)는 원(元)나라의 순제(順帝) 임금을 말한다. 至正(지정)은
순제의 연호(年號)이며, 지정 20년은 고려 공민왕 9년(1360)이다. 新
京東堂及第(신경동당급제)는 새 수도에서 문과(文科)시험에 급제였
다는 것이다. 새 수도란 당시의 임시수도 강화도를 말한다. 홍건적
의 내침(來侵) 등으로 말미암아 수도를 개성에서 강화도로 옮겼을
때 과거시험을 치른 것이다.

국자진사(國子進士)는 나라에서 벼슬아치의 자식들을 교육하고
자 세운 학교인 국자학(國子學)에서 공부하고 국자감(國子監) 관아
에서 치르는 진사(進士)시험에 합격한 사람을 가리키는 말이다.

이 명단을 보면 아버지가 누구며 어떤 벼슬을 지냈는지, 그리고
조부, 증조부, 외조부의 이름과 벼슬이름까지 기재되어 있다.

父成均服膺齋生云瓘(부성균복응재생운관)이란 대목은 아버지가
성균관의 복응재 출신이고 이름은 운관이라는 뜻이다. 복응재는
유교경전의 하나인 대례(大禮)를 전공하던 곳이다. 祖直長同正裕(조
직장동정유)는 할아버지가 직장(종7품 벼슬)과 동정(정6품 벼슬)를
지낸 유(裕)라는 내용이다.

曾祖檢器監仁壽(증조검기감인수)는 증조부는 검기감을 지낸 인

石灘集　下

掄目

元順帝至正二十年庚子恭愍王九年
十月二十五日新京東堂及第

○國子進士鄭夢周年二十四　本延日
乙科三人
父成均服膺齋生云瓘
祖直長同正裕
曾祖檢器署監仁壽
外祖膳官署丞李約本永州

○國子進士林樸年三十四　本吉安
父追封御史大夫成贊
祖保封即將茂
曾祖追封版圖判書世
外祖追封別將李英俌本平澤

○國子白君瑛年二十七　本平山
父內國署丞珠
祖追封版圖判書珥
曾祖保勝別將秀章
外祖祗候解官金濕本鎮岑
丙科七人

一四圖

二八六

服膺齋生申仁甫年三十七　本鵝州
父令同正弘
祖令同正守
曾祖令同正留安
外祖戶長林衫本蔚州

○國進修職即樞密院堂後官金轅年二
十二本樂安
父前奉翊大夫密直提學同知春秋館
事科

祖中顯大夫典客令南正
外祖正順大夫判通禮院事右文館提
學知制教方千蕃本溫泉
曾祖朝散大夫司宰卿光卿　本慶州

○太學進士金質年三十
父前承奉即通門祗候仁載
祖安逸戶長正朝甫
曾祖戶長正朝純甫
外祖戶長正朝李休本同州

○經德齋生文益漸年三十　本江城
父及第叔宣

一五圖

이존오(李存吾)가 기록한 공민왕 9년(1360) 과거급제자의 명단. 급제자 모두에게 본관이
있었음을 알 수 있다.

수라는 내용이다.

外祖膳官署丞李約本永州(외조선관서승이약본영주)라는 대목은 외조부가 선관서승을 지낸 이약이고 본관은 영주라는 내용이다.

고려 공민왕 9년의 과거시험에서 33명이 진사(進士)로 급제했다. 이 가운데 1위로 급제한 인물이 바로 정몽주였던 것이다. 당시 과거시험을 관장한 수장은 상산(商山)을 본관으로 하였던 김득배(金得培)였다. 그는 조선시대 대제학(大提學)과 같은 관직인 정당문학(政堂文學)의 자리에 있었다. 학문에 뛰어난 사람이 주로 이 관직을 맡았다. 벼슬의 등급으로는 호조판서(戶曹判書)나 이조판서(吏曹判書) 등 판서보다 한 단계 낮았지만 여느 벼슬자리보다 대우를 받는 곳이어서 당시 공직자가 선망하는 자리였다.

공민왕 9년 과거급제자들의 본관을 이름과 함께 적어 보면 다음과 같다(다만, 이존오의 기록에서 뒤 순위의 급제자 5명은 본관이 명기明記되어 있지 않다).

○ 정몽주(鄭夢周) : 연일(延日)
○ 임박(林樸) : 길안(吉安)
○ 백군영(白君瑛) : 평산(平山)
○ 신인보(申仁甫) : 아주(鵝州)
○ 김주(金輳) : 낙안(樂安)
○ 김질(金質) : 경주(慶州)
○ 문익점(文益漸) : 강성(江城)
○ 박계양(朴啓陽) : 밀양(密陽)
○ 이준(李竴) : 경주(慶州)
○ 김군정(金君鼎) : 선주(善州)
○ 송윤경(宋允卿) : 연안(延安)
○ 이인민(李仁敏) : 경산(京山)
○ 이자용(李子庸) : 영주(永州)
○ 김린(金潾) : 청도(淸道)
○ 정천린(鄭天驎) : 서산(瑞山)
○ 허진(許璡) : 양천(陽川)
○ 김희(金禧) : 청도(淸道)
○ 이존오(李存吾) : 경주(慶州)
○ 서균형(徐均衡) : 대구(大丘)
○ 유원(柳源) : 진주(晋州)
○ 이인범(李仁範) : 덕수(德水)
○ 곽추(郭樞) : 청주(淸州)
○ 윤덕린(尹德獜) : 함안(咸安)
○ 김승원(金承遠) : 정주(定州)

○ 이사위(李思渭) : 용구(龍駒)　　○ 김경생(金慶生) : 상주(尙州)
○ 김석해(金石諧) : 함창(咸昌)　　○ 황원철(黃元哲) : 다인(多仁)

　고려는 공민왕(재위 1351~1374) 때부터 본관제도가 확립되었다고 할 만큼 관리를 채용하거나 조정 신하들에 대한 기록을 남길 때 본관을 표기하는 일이 많았다. 과거시험 응시자들뿐 아니라 많은 벼슬아치들이 자신에 대해 언급할 때 관습처럼 성의 본관을 말하곤 하였다. 조정 신하들뿐만 아니라 일반 백성들 사이에서도 성을 가지는 일이 보편화되었기에 성만으로는 자기 혈족의 구분이나 신분차별이 되지 않자, 특정지역을 표시하는 방법으로 다른 혈족을 구별하는 것이 편리함을 알았기 때문이다. 본관은 바로 자기혈족에 관한 정확한 표기였던 것이다.

　조선시대에 와서는 반상(班常)의 구별이 철저해져 본관 표시도 아주 중요하게 되었다.

고려시대 귀화인의 성씨

　고려는 왕족 뿐만 아니라 일반 백성들도 적잖게 몽고족과 혼맥을 가졌다. 또 몽고 귀화인들도 많이 나타났기 때문에, 고려국의 사람들은 몽고인과 피가 섞이는 일이 많았다.

　한편, 몽고인들의 경우 당시 통치하는 지배계급과 조정 신하들은 물론 일반 백성들도 중국 한족의 성씨문화를 본받았다. 한편 성을 갖지 않은 몽고인도 있었는데 그들이 고려에 귀화하면 고려에서 성을 하사받았다.

　《동국여지승람》(東國輿地勝覽)의 제주도 편에 지역의 성을 기록한 항목이 있다. 이 기록에 따르면 제주도의 토성(土姓)으로는 고(高), 양(梁), 부(夫) 3성이 있고, 내륙에서 건너온 성으로는 정(鄭), 김(金), 이(李), 문(文), 안(安), 현(玄), 함(咸), 양(楊)이 있었다고 한다. 모두 다섯 단계로 나눠 기록한 부분 가운데 네 번째 항목에 원나라에서 들어온 성이라는 설명이 있다. 그리고 다섯 번째 항목에서는 양(梁), 안(安), 강(姜), 대(對)의 성은 원나라가 망한 다음에 들어 왔다고 설명하였다.

　그러면 원나라에서 온 양씨(梁氏)와 안씨(安氏)는, 내륙에서 건너 간 성씨와 혼동되는 문제가 있었을 것이다. 이를 방지하고자 그들도 분명 자신들의 본관을 가졌을 것이고, 오늘날 한국인들 가운데에도 그들의 후손들도 적지 않을 것이다. 그런데 한국인들의 족보를 보면 그들의 후손이라고 기록한 내용은 하나도 볼 수 없다.

1992년에 발행한 《제주도지》(濟州道誌)에는 다음과 같은 내용이 있다.

제주도는 원(元)과 명(明)나라 대(代)에 걸쳐서 제주의 성씨 중 조(趙), 이(李), 석(石), 초(肖), 강(姜), 정(鄭), 장(張), 송(宋), 주(周), 진(秦)으로 10성(姓)이 원나라를 본관으로 삼고 있으며 양(梁), 안(安), 강(姜), 대(對)의 4성은 운남(雲南)을 본관으로 삼고 있다.

원나라를 본관으로 하고 있다면 그것은 원나라 사람이 한반도로 귀화했다는 뜻이 된다. 그런데 그 성씨들을 보면 중국에서도 그러하듯 비록 원나라 사람이지만 종족은 한족(漢族)이었음을 알게 된다. 그것은 몽고족이 사용할 수 없었던 성이기 때문이다.

몽고족의 이름을 하나의 한자로 표기하기는 어려운 점이 있었다. 그래서 단성(單姓)을 취하기가 어려웠다. 그렇지만 한족의 문화에 동화되었으면 같은 글자의 성을 취할 수는 있었다.

단성을 쓰는 중국 한족(漢族)이 그때 원나라의 지배 아래 원나라 백성이 되었는데, 그들 한족이 어떤 이유 때문인지 제주도에 와 정착해 살면서 조(趙), 이(李) 같은 성을 쓴 것이다.

어쨌든 제주도에는 고려 때 원나라 사람이 많이 들어왔기 때문에 그들이 계속 거주했다면 오늘날까지 그 후손들이 남아있을 것이다.

원나라의 계속되는 침략에 고려가 항복한 뒤에도, 삼별초(三別

抄)는 제주도로 건너가 계속 몽고에 항거했다. 그때 몽고군사들이 고려의 관군(官軍)과 함께 토벌작전을 펼쳤는데, 그들 가운데 제주도에 잔류한 사람도 있었다고 알려졌다. 제주도에 당시 원나라 사람의 여러 성씨가 있었던 것은 사실이다.

제주시의 제주자연사(濟州自然史) 박물관에는 호구단자(戶口單子)라는 자료가 있다. 이 자료는 조선시대 각 가정에서 만들어 관아(官衙)에 제출한 일종의 주민신고서 같은 것인데 여기에 조씨(趙氏) 성을 가진 사람이 특이한 본관을 표기한 사례가 있다. 본관을 대원(大元)이라 한 것이다. 현재 조씨 성 가운데 본관을 대원으로 하는 대원조씨(大元趙氏)는 없다. 아마도 본래 대원조씨였던 사람들이 다른 조씨의 본관에 끼어들었을 것이다.

제주대학교 부설연구소인 탐라문화연구소에서 발간한 1996년도 자료집에도, 강봉주(姜奉朱)라는 사람이 역시 본관을 대원(大元)이라 적은 기록이 있다.

강봉주에 대한 내용은 1807년 조선 순조(純祖) 때의 기록인데, 그의 후손들은 오늘날 찾아볼 수가 없다. 대원강씨란 문중이 없어진 것이다. 이미 오래전부터 있었던 토착성씨인 진주강씨로 본관을 짐짓 바꾸었기 때문이 아닌가 한다.

과거 제주도에서 쓰는 심한 욕설 가운데 '몽근놈'이니 '몽근년'이니 하는 말이 있다. 이 말은 몽고놈, 몽고년이란 뜻이다. 이 욕설은 제주도가 한때 몽고의 지배를 받았을 때 입은 피해에서 쌓인 한(恨) 때문에 생겨난 것이다.

제주도 토착민들이 이렇듯 몽고인에 대해 좋지 않은 감정을 가지고 있었음을 생각하면, 몽고인의 후예들이 원나라 출신임을 그대로 밝히면 소외당할 것을 우려하여 본관을 짐짓 없애버렸거나 다른 본관을 취했으리라 볼 수도 있는 것이다.

《고려사》에는 '명나라 사신이 고려에 와서, 북원(北元)을 점령하였을 때 귀순한 달달친왕(達達親王) 등 80여 호를 모두 탐라에 살게 하고자 하니……' 하는 기록이 있다. 그 말은 고려왕이 그들을 제주도에 가서 살게 해주라는 명나라 황제의 명에 따른 것이었다.

달달은 몽고말 '타타르'를 한자로 표기한 것이다. 친왕(親王)은 왕족의 혈통이란 뜻이다.

《조선왕조실록》에도 몽고의 황실인척들이 제주도로 옮겨와 살았다는 기록이 있다.

한국의 많은 성을 보면 그들의 시조를 귀화인이라고 언급할 때 대개가 중국 당나라와 송나라 사람이라고 하였다. 몽고족이 통치하는 원나라 사람을 시조로 모신 경우는 거의 없었다. 이것은 한족(漢族)과 그들의 문화를 숭상하는 모화사상(慕華思想) 때문이었다.

한국인의 성씨 족보에서 귀화인이 시조로 표기되어 있는 성씨들을 열거해 보면 다음과 같다.

　　○ 수안계씨(遂安桂氏): 시조 계석손(桂碩遜), 고려말 귀화인
　　○ 현풍곽씨(玄風郭氏): 시조 곽경(郭鏡), 고려 인종 때 귀화인
　　○ 해평·선산길씨(海平·善山吉氏): 시조 길당(吉塘), 고려 문종 때 귀화인
　　○ 밀양당씨(密陽唐氏): 시조 당성(唐誠), 고려말 귀화인
　　○ 남원독고씨(南原獨孤): 시조 독고공순(獨孤公舜), 고려 중엽 귀화인
　　○ 두릉두씨(杜陵杜氏): 시조 두경령(杜慶寧), 고려 목종 때 귀화인
　　○ 서촉명씨(西蜀明氏): 시조 명옥진(明玉珍), 고려 공민왕 때 귀화인
　　○ 여흥민씨(驪興閔氏): 시조 민칭도(閔稱道), 고려 중엽 귀화인
　　○ 금성범씨(錦城范氏): 시조 범승조(范承祖), 고려 공민왕 때 귀화인

○ 황주변씨(黃州邊氏): 시조 변려(邊呂), 고려 중엽 귀화인
○ 청주사씨(淸州史氏): 시조 사요(史繇), 고려 공민왕 때 귀화인
○ 보성선씨(寶城宣氏): 시조 선윤지(宣允祉), 고려 우왕 때 귀화인
○ 경주설씨(慶州偰氏): 시조 설손(偰遜), 고려 공민왕 때 귀화인
○ 거창신씨(居昌愼氏): 시조 신수(愼修), 고려 문종 때 귀화인
○ 태원안씨(太原安氏): 시조 안만세(安萬世), 고려 공민왕 때 귀화인
○ 청주양씨(淸州楊氏): 시조 양기(楊起), 고려 공민왕 때 귀화인
○ 함종어씨(咸從魚氏): 시조 어화인(魚化仁), 고려 명종 때 귀화인
○ 의령여씨(宜寧余氏): 시조 여선재(余善才), 고려 중엽 귀화인
○ 곡산연씨(谷山延氏): 시조 연계령(延繼苓), 고려말 귀화인

고려시대 귀화한 아랍 사람 가운데 민씨(閔氏) 성을 가진 사람이
있다. 그는 민보(閔甫)라는 사람으로, 《고려사》의 기록에 따르면 26
대 충선왕 2년에 평양부윤(平壤府尹) 겸 존무사(存撫使)로 재직했다
고 한다.

평양부윤은 당시 평양지역의 행정수장(行政首長)이다. 오늘날로
치면 시장(市長)에 해당하는 벼슬자리로서 종2품 당상관(堂上官)이
다. 존무사는 군영(軍營)을 관장하면서 지역방어의 책임을 지는 우
두머리를 말한다.

이 아랍계 민씨의 후손이 오늘날에도 남아 있을 것이다. 그러나
그를 시조로 기록한 민씨 성은 없다. 민씨 성은 25개의 본관이 있
었다. 그러나 오늘날에는 대개 여주(麗州), 곧 여흥을 본관으로 삼
고 있다.

《고려사》에서 많은 성씨를 본다

《삼국사기》에는 성과 함께 기록된 이름이 많지 않지만, 《고려사》에서는 다양한 성이 붙은 이름을 볼 수 있다.

신라가 망하고 고려가 건국되는 혼란기는 몇십 년 정도였다. 그런데 고려에서는 초기부터 많은 종류의 성이 역사서에 등장한다. 그 성씨들이 실제로 존재했다면 최소한 후삼국시대, 통일신라말기에도 그런 종류의 성이 있었다는 뜻이 된다.

《고려사》에서 보는 고려초기 인물들의 성을 정리하면 아래와 같다. 이 성들은 후삼국시대나 통일신라시대에도 분명히 존재했을 것이다.

김(金), 박(朴), 한(韓), 황보(皇甫), 강(康), 왕(王), 이(李), 권(權), 송(宋), 배(裵), 신(申), 최(崔), 류(柳), 유(劉), 임(林), 임(任), 진(陳), 손(孫), 설(薛), 홍(洪), 백(白), 허(許), 유(庾), 장(張), 황(黃), 정(鄭), 서(徐), 전(全), 조(趙), 위(魏), 윤(尹), 주(朱), 진(秦), 강(姜), 양(楊), 곽(郭), 노(盧), 오(吳), 평(平), 정(丁), 민(閔), 채(蔡), 이(異), 하(河), 조(曹), 국(國), 대(大), 석(石), 공(公), 현(玄), 원(元), 지(智), 안(安), 전(田), 고(高), 소(蘇), 노(魯), 문(文), 전(錢), 척(拓), 방(房), 위(韋), 두(杜), 기(奇), 경(慶), 간(簡), 시(柴), 소(邵), 동(董), 우(禹), 장(蔣), 나(羅), 신(愼), 육(陸), 장(章), 맹(孟), 심(沈), 은(殷), 유(俞), 지(池)

이 가운데 인구수가 얼마 안 되는 희성(稀姓)도 있다. 평(平), 간(簡), 국(國), 척(拓), 위(韋), 소(邵), 장(章), 지(智), 시(柴)가 희성이다.

고려의 성씨제도 확립은 과거제도로부터 비롯되었다는 말이 있다. 그런데 주목할 것은 고구려나 백제에서 사용되었다는 성은 고려시대의 기록에 거의 나오지 않는다는 점이다. 신라에서 등장하였다는 성이 대부분이고 또 주류를 이루었다.

왕건은 나라 이름을 고려라고 하였다. 고려로 국호를 정할 때는 고구려의 맥을 잇는다 하는 취지가 있었다고 한다. 그런데 정치와 사회제도는 통일신라와 비슷했고, 여러 이름도 신라의 것을 따랐지 고구려와 비슷한 것은 없었다. 성씨를 살펴보아도 고구려의 흔적은 없었다.

삼국을 통일한 신라는 급격하게 중국 당나라의 문물을 받아들였고 정치, 사회의 제도 면에서도 당나라의 영향을 많이 받았다. 성의 종류도 당나라와 비슷했다. 신라를 흡수한 고려는 자연히 통일신라의 여러 제도를 답습했다. 당시 고려의 성씨와 당나라 사람들이 썼던 성은 거의 같았다.

고려가 건국할 때 각 지역에 호족세력이 많았다. 호족은 그 지역에 세력을 가진 종족집단이고 그 집단에 수장(首長)이 되는 호장(戶長)이 있었다.

고려의 시대가 열리자, 이 호장들은 각자의 성을 갖기 시작하였다. 전에는 성을 갖지 않은 사람이 많았던 것이다. 그들이 취한 성의 종류 역시 다양하였다. 어떤 종류의 성을 택하는지에는 그들 나름대로의 이유가 있었다.

본관은 시간이 지나면서 분화되었지만, 현존하는 한국인의 성의 글자 그 자체는 거의 고려시대에서 나타났다. 조선시대에 와서 어느 귀화인이 다른 성을 갖고 들어 온 것도 있었지만 대개 고려에서 사용된 성이 조선까지 이어진 것이다.

조선시대에 와서는 성을 갖더라도 본관을 분명히 표시해야만 했기 때문에 함부로 성을 취하기가 쉽지 않았다. 누가 성의 시조이고, 그 시조는 상인(常人)이 아니었는가 등을 따져 보는 데에는 본관이 중요한 구실을 했다. 이 때문에, 설령 새롭게 성을 가지게 되더라도 그것을 쉽게 내세울 수가 없었다. 반상의 구별을 엄격히 하는 나라의 규율도 있었기 때문에 조선에서는 성을 갖는 것도 쉽지 않았던 것이다.

고려는 반상(班常)의 차별이 조선시대만큼 심하지 않았다. 상인(常人)이라도 권세의 자리에 오를 수도 있었다. 대표적으로 신돈(辛旽)을 들 수 있다. 그는 비천한 신분으로 한동안 승려생활을 하였다가 국정(國政)을 전횡하는 권신(權臣)의 자리에 오른 인물이다. 조선시대라면 상상도 못하는 출세를 한 것이다.

조선 초기에 편찬된 《세종실록》(世宗實錄) 지리지(地理志)에 그동안 등장했던 성(姓)의 기록이 있다. 바로 고려시대에 있었던 것으로 보이는 성의 종류가 수록(收錄)되어 있는 것이다.

여기 수록된 성을 보면 2백 개가 넘는다.

조선 9대 성종(재위 1469~1494) 때 발간된 《동국여지승람》(東國輿地勝覽)에 따르면 당시에 모두 277개의 성이 있는 것으로 기록되어 있다. 그런데 277개 성 모두가 조선시대에 들어와서 등장하였다고는 볼 수 없다.

그 가운데 고려시대의 성으로 볼 만한 성을 열거해 보면 다음과 같다.

간(簡), 갈(葛), 감(甘), 강(姜), 강(康), 견(堅), 견(甄), 경(敬), 경(慶), 경(景), 계(桂), 고(高), 공(孔), 공(公), 곽(郭), 구(具), 구(丘), 구(仇), 국(國), 궁(弓), 권(權), 금(琴), 기(奇), 길(吉), 김(金), 나(羅), 남(南), 남궁(南宮), 노(盧), 노(魯), 대(大), 도(都), 도(陶), 독고(獨孤), 두(杜), 노(路), 마(馬), 맹(孟), 명(明), 모(牟), 모(毛), 목(睦), 문(文), 문(門), 민(閔), 박(朴), 반(潘), 방(方), 방(龐), 방(房), 배(裵), 백(白), 범(范), 범(凡), 변(卞), 복(卜), 봉(奉), 부(夫), 빈(賓), 사(史), 사공(司空), 상(尙), 서(徐), 서문(西門), 석(石), 석(昔), 선(宣), 선우(鮮于), 설(薛), 성(成), 소(蘇), 소(邵), 손(孫), 송(宋), 승(承), 승(昇), 시(柴), 신(申), 신(辛), 신(愼), 심(沈), 안(安), 애(艾), 양(梁), 양(楊), 어(魚), 엄(嚴), 여(呂), 여(余), 연(延), 연(燕), 염(廉), 예(芮), 오(吳), 오(伍), 옥(玉), 온(溫), 용(龍), 왕(王), 우(禹), 우(于), 원(元), 위(韋), 위(魏), 유(柳), 유(兪), 유(劉), 육(陸), 윤(尹), 은(殷), 음(陰), 이(李), 이(異), 인(印), 임(林), 임(任), 장(張), 장(蔣), 장(章), 전(全), 전(田), 전(錢), 정(鄭), 정(丁), 정(程), 제갈(諸葛), 조(趙), 조(曹), 주(朱), 주(周), 지(智), 진(陳), 진(秦), 진(晉), 차(車), 채(蔡), 천(千), 최(崔), 초(肖), 추(秋), 탁(卓), 태(太), 표(表), 풍(馮), 피(皮), 필(畢), 하(河), 하(夏), 한(韓), 함(咸), 허(許), 현(玄), 형(邢), 호(扈), 홍(洪), 환(桓), 황(黃), 황보(皇甫)

경(敬), 구(仇), 애(艾), 오(伍), 초(肖), 풍(馮), 필(畢), 환(桓)은 오늘날 우리에게는 생소한 성이며, 그 가운데 경(敬), 구(仇), 오(伍), 필(畢)은 현존하지 않는 성이다. 나머지 성은 현재 존재하지만 그 인구수를 보면 애(艾)는 123명, 초(肖)는 70명, 풍(馮)은 586명, 환(桓)은 157명에 지나지 않는다. 그렇다면 이런 성이 고려시대에 과연 있었는가 하는 의문을 가져볼 수도 있는데, 《고려사》의 기록에 그 같은 성의 인물이 등장하는 것은 사실이다. 당시만 하여도 희귀성을 쓰는 사람들은 대부분 거란, 말갈에 넘어온 귀화인들이었다.

고려 말기에는 본관제도가 시작되었지만, 아직 본관이 다시 갈라지는 분관(分貫) 같은 것은 없었다.

분관은 원래 같은 시조였어도 대(代)가 내려가면서 조상 가운데 누군가가 본관을 하사받았거나 그 유명인의 직계손들이 다른 지역을 새로 본관으로 정하는 등의 이유로 나타난 것이다.

같은 성씨 가운데 유명인이 있을 때, 그 사람의 본관에 붙는 일도 있었다. 다시 말해, 가짜 본관을 가진 성씨가 있었다는 것이다. 이런 예는 본관제도가 확립되던 조선시대에 많이 나타났다.

한 예를 들면 신씨(申氏)가 있는데, 이 성의 유래는 고려의 개국공신 신숭겸(申崇謙)이 태조 왕건으로부터 최초로 신씨 성을 하사받은 것으로 알려져 있다.

신숭겸은 고려가 개국될 때까지 성이 없이 삼능산(三能山)이란 이름만 가졌던 사람이다. 전라도 곡성(谷城) 출신으로 한때 태봉국 궁예의 수하 장군이었다. 성이 없던 그가 고려 태조 왕건으로부터 어떻게 그 많은 성씨 가운데 신(申)의 글자를 성으로 하사받았는지 궁금하게 여길 법도 한데, 신씨 문중의 족보에서는 이에 대한 설명을 볼 수 없다.

한편 통일신라 때부터 있었다고 전해지는 다른 본관의 신씨 성이 있다. 고령(高靈)을 본관으로 하는 신씨 성이다.

중국의 신씨 성은 옛날 신(申)이라는 봉국(封國)의 나라 이름에서 성이 되었다는 유래를 두고 있다.

한국 신씨 성의 시조는 외국에서 건너온 귀화인이 아니라고 한다. 평산, 고령, 아주(鵝州)를 본관으로 삼은 신씨 문중이 모두 그러하였다.

《고려사》의 기록에는 오늘날 볼 수 없는 성씨들도 있었다.

공씨(貢氏)라는 성이 그것이다. 고려 고종 때 좌군병마사(左軍兵馬使)의 관직에 있었던 공천원(貢天源)이란 인물이 있었다.

다(多)라는 성도 있었다. 역시 고려 고종 때 낭장(郞將)이란 무관(武官) 벼슬을 지낸 사람의 성이었다.

환(桓)이란 성도 있었다. 환공숙(桓公叔)이란 사람이 가졌던 성이다. 그 역시 고려 고종 때의 사람인데 관직은 미상(未詳)이다.

이 환씨 성에 대해서 우리 한민족의 성조(聖祖)라고 하는 단군(檀君)의 성인 환씨에서 나왔다고 주장하는 사람이 있었다. 환웅(桓雄)이란 이름에서 앞 글자가 성의 글자인 것으로 여겨 나온 말인데, 사실은 성이 아니다. 중국 고대의 사람들이 혈족끼리 이름에 같은 글자를 하나씩 붙여서 쓰듯, 桓(환) 자를 썼던 것이다.

성씨를 통해 살펴본 고려 호혼법(戶婚法)

　고려시대에는 호혼법(戶婚法)이 있었다. 호혼법은 호적법과 혼인법을 말한다. 여기에 다음과 같은 규정이 있었다.

　성씨가 다른 남자 아이를 기르는 경우에 그 아이를 준 자에게는 매를 60대 치고, 기르는 자에게는 도형(徒刑) 1년에 처한다.
　※ 도형은 복역 1년에서 3년까지를 말하는데 여기에 5등급이 있다. 1등급을 장 10대와 복역 반년(半年)으로 하였다.

　자식(아들)을 남에게 주는 것과 남의 자식을 함부로 기르는 것을 금지한 법이었다. 자기의 혈육을 혈족이 아닌 사람에게, 다시 말해 성씨가 다른 사람에게 주어 키우도록 하는 행위를 위법으로 규정한 것이다. 하지만 같은 성씨의 사람, 곧 친족에게 키우도록 하는 것을 허용한 양자(養子)의 제도는 있었다.

　이 법의 취지는 동성동본의 금혼을 지키도록 하는 것이었다. 아울러 각 성씨의 뿌리개념을 심어주는 법이기도 하였다.

　한편 호혼법에는, '여자아이를 기르는 자는 죄가 되지 않으며, 세 살이 못 되어 버려진 아이는 성씨가 다른 사람이 데려다 키우는 것은 허용한다'하는 규정도 있었다.

여자는 혈통계승의 주인공이 아니므로, 성씨가 다른 사람이 길러도 상관없다는 뜻이었을 것이다. 한편 세 살 이하의 남자아이를 성씨가 다른 사람이 데려다 키우는 것은 허용한다 했는데, 젖먹이 때부터 키운 아이는 커서도 스스로를 양부모의 친자식으로 믿게 된다고 여겼기 때문이었다. 이는 부모가 없는 고아를 구제하기 위한 법이기도 하였다.

고려 중기 문종(文宗) 때에는, 아들을 낳지 못하고 또한 형제들에게도 아들이 없어 양자를 데려올 수 없는 평민의 경우에 3살이 안 되어 버려진 아이를 데려다 키워서 아들로 삼되 자기 성을 따르게 하였다. 성이 다른 아이를 함부로 데려다 키우는 것은 큰 범죄행위로 다루었는데, 이는 철저한 부계혈통주의가 법규와 사회관습으로 정착되었기 때문이다.

한 집안의 친족이 호적을 달리하는 경우에는 도형 1년에 처했다. 조부모와 부모가 있는데 아들과 손자가 호적과 재산을 달리해서 봉양을 하지 않을 때는 도형 2년에 처한다는 법규도 있었다. 모두 고려 호적법의 한 내용으로 오늘날보다 엄한 규정이었던 것이다.

고려의 왕실에서는 근친혼이 성행했다. 부모 가운데 한 사람이 다르면 남매 사이라도 결혼을 하였다. 다시 말해 이복남매는 부부가 될 수 있었다. 삼촌과 조카 사이에 부부가 되는 일도 예사였다.

왕실뿐 아니라 백성들 사이에도 비록 한 배에서 태어난 남매간은 피했지만 가까운 친족 사이에는 혼인을 맺곤 하였다.

이러한 풍조에 제동을 건 임금이 바로 고려 제26대 충선왕(忠宣

王)이었다.

그는 왕위에 오른 뒤 간신이 발호하며 사회의 질서와 규율이 무너지고 백성들이 도탄에 빠지는 상태를 보고, 칙령을 내려 나라를 안정시키고자 했다. 그 칙령 가운데 다음과 같은 내용이 있어 주목할 만하다.

'동성(同姓) 사이에 혼인하지 않는 것은 천하에 공통된 윤리이다. 그러한데 하물며 그대(고려)의 나라는 글을 알고 공자의 도덕을 실천하고 있는 나라로서 의당 성이 같으면 금혼을 시켜야 옳은 것이다' 라는 성지(聖旨)를 원(元)나라에서 보내왔다. 우리 고려는 미처 이 성지를 받들어 동성금혼(同姓禁婚)을 시행하지 못하였다. 이제부터는 개혁을 할 것이다. 만일 종친 사이에 혼인하는 일이 있으면 이것은 황제의 성지를 위반하는 것으로 알고 죄를 물을 것이다. 이제부터는 여러 대를 거쳐 재상을 지낸 집안의 자손들은 왕실과 결혼하는 것을 허락한다.

다만 충선왕은 동성금혼에 예외를 두어, 외가의 사촌과 결혼하는 것은 허용했다.

그러나 조선시대에 와서는 동성금혼 규정이 더욱 엄해져 외사촌과 결혼하는 것도 금했다. 처족(妻族)도 일족의 개념에 포함시키게 된 데 따른 변화였다.

충선왕은 문무 양반의 가문에서 동성금혼을 특히 강조하였다. 이를 뒤집어 생각해보면 그전까지는 동성 사이의 혼인이 양반사회에서 빈번하게 있었음을 알 수 있다. 아무튼 동성금혼제도는 이때부터 시작되었다고 볼 수 있다. 동성금혼은 같은 본관의 성씨를 가진 사람들끼리의 결혼을 말한다. 충선왕 이전에 각 성씨마다 본관을 두고 있었기 때문에, 왕이 언급한 동성은 바로 동성동본(同姓

同本)을 말한 것이다.

고려에서 이와 같은 동성동본의 금혼법이 사회풍습법의 하나로 존재하고 있었다. 같은 성을 쓰고, 성의 고향인 본관이 같으면 한 조상에서 핏줄로 나눠온 혈족이기 때문에 혼인을 할 수 없다는 법을 정한 것이다.

성이 일찍 제도화된 중국은 단지 동성불혼(同姓不婚)이란 관습법만 두고 있었다. 성이 같은 성씨의 남녀는 혼인을 하지 못한다는 뜻이다. 그런데 중국인들은 금혼(禁婚)이 아니라 불혼(不婚)이란 말을 사용했다. 이 불혼이란 말은 국가에서 성문법(成文法)의 조문으로 혼인을 하지 못하게 한다는 것이 아니라, 풍속에 따라 저마다 혼인을 하지 않는 것으로 이를테면 자발적인 혼인거부였다. 나라에서 이래라저래라 하지 않아도 스스로가 알아서 같은 성씨끼리 혼인을 하지 않는 습속이 중국에서는 오래 전부터 있어 왔다. 그들의 자료에 보면 고대 주(周)나라 때부터 이미 동성불혼의 기록이 있었다고 하였다. 동성불혼(同姓不婚)의 이유는 간단했다. 자손을 번창시키지 못한다고 알려졌기 때문이다. 오늘날의 눈으로 볼 때에도, 근친혼을 할 경우 정상적인 자식, 다시 말해 정신적으로나 육체적으로 건전하고 건강한 자녀를 생산할 확률이 낮아진다는 연구결과가 있기도 하다.

주나라는 B.C.1100년대의 국가였다. 지금으로부터 3천1백여 년 전의 국가인 것이다. 그때 과연 그런 과학적 판단을 했을까 의문을 가질 수도 있다.

그러나 아무리 문명이 덜 발달한 시대에 글자가 없었다 하더라도, 경험적 사례의 수집을 통해 정상적인 아이를 생산했는지 어떤 지는 알 수 있다. 오늘날에도 우리는 인간이 아닌 동물들이 어미와 그 어미가 낳은 새끼 사이에 교접을 피하는 것을 본다.

성씨 등장이 핏줄의 표시에 그 목적을 두었기 때문에 동성불혼 또는 동성동본금혼이란 말이 생겼다. 성씨가 처음 등장할 때는 그것만으로 혈족표시를 할 수 있었다. 아무나 성을 가질 수가 없었고 오직 왕족과 귀족계통만 갖는 제한적 특권이라는 이유에서 혈족표시의 기능을 잘 수행할 수 있었기 때문이다. 이와 달리, 성이 대중화되고, 다양한 성이 생겨난 이후로 그 목적은 한낱 형식에 지나지 않게 되었다. 성을 누구나 가질 수 있게 되었기에 실제 혈족의 표시로는 사용할 수 없었기 때문이다.

이런 현상은 일찍이 중국에서 나타났다. 현재 중국의 이씨 성 인구는 9천만 명이 넘는다고 한다. 그 이씨 성이 모두 아득한 옛날부터 지금껏 내려왔다 하더라도, 그들 모두를 같은 혈족으로 볼 수 있겠는가 하는 문제가 있다.

그러나 한국인들은 최초로 성씨를 가졌던 시조 때부터 어느 특정지역을 성씨의 발상지로 삼고, 후손들이 계속 그 지역을 기록하여 자기의 성씨를 다른 이들과 구별하고자 했다. 한국인의 성씨에는 세계적으로 유일한 본관제도가 있었기에, 혈족표시의 기능을 계속 유지할 수 있었던 것이다.

고려시대에 본관제도가 창안되었고 조선시대에 확산·정착되어 오늘날 한국인이 본관을 갖게 되었다.

본관제도가 창안되었기에, 중국의 동성불혼보다 더 확실한 친족 사이의 금혼 또는 불혼의 방법이라 할 수 있는 동성동본의 금혼제도도 나타나게 된 것이고, 바로 앞서 설명한 호적과 혼인관계법

역시 본관제도에 뿌리를 두고 있다. 이 법이 조선에 와서는 여느
나라에서도 따르지 못하는 강화된 금혼법이 되었고, 그 형벌이 폭
넓게 적용되는 규범까지 나타나기도 한 것이다.

조선시대에 본관이 많이 나타났다

조선시대의 성씨제도는 고려시대의 것을 거의 그대로 이어갔다. 다만, 고려시대와 다르게 본관이 많이 확산되었다. 조선시대에는 성의 사용이 일반화하면서 성씨만으로는 혈족을 구분·표시하기가 어려워졌기에, 여러 본관이 나타났던 것이다.

입향조(入鄕祖)라는 말이 있다. 자기 성의 본관지역이 아닌 곳에서 최초로 자리를 잡고 후손들을 두게 된 사람을 그 후손들이 부르는 용어로, 이 입향조부터 기존 본관에서 갈라져 나온 새로운 본관이 생기는 것이다.

새로 정하는 본관의 최초 조상은 대개 나라에서 큰 벼슬을 하였거나 공신이었던 사람이다. 조선시대에는 이런 경우가 적지 않았다. 새로운 본관의 사람들끼리는 혈족관계를 확실히 따질 수 있다.

조선시대에 하나의 성씨에서 얼마나 많은 본관이 등장하였는지를 알 수 있는 자료는 여러 문헌에서 찾아볼 수 있다. 그런데 오늘날에 와서는 그 많았던 본관 가운데 절반이 넘는 수가 사라졌다. 자연히 사라졌거나 다른 본관에 합쳐진 것이다.

그 동안 문헌에서 볼 수 있었던 몇몇 성씨들의 본관수를 적어보면 다음과 같다.

조선말기까지 성씨별로 나타난 본관의 수

○김씨(金氏): 500개 ○박씨(朴氏): 314개 ○이씨(李氏): 470개

○최씨(崔氏): 326개 ○조씨(趙氏): 210개 ○강씨(姜氏): 104개

○윤씨(尹氏): 149개 ○장씨(張氏): 246개 ○한씨(韓氏): 131개

○임씨(林氏): 216개 ○오씨(吳氏): 164개 ○신씨(申氏): 155개

○서씨(徐氏): 153개 ○권씨(權氏): 56개 ○황씨(黃氏): 163개

○손씨(孫氏): 173개 ○안씨(安氏): 109개 ○류씨(柳氏): 101개

○전씨(全氏): 178개 ○고씨(高氏): 101개 ○문씨(文氏): 131개

○양씨(楊氏): 79개 ○백씨(白氏): 122개 ○조씨(曹氏): 128개

○허씨(許氏): 59개 ○남씨(南氏): 57개 ○심씨(沈氏): 63개

○노씨(盧氏): 137개 ○하씨(河氏): 70개 ○정씨(丁氏): 68개

○성씨(成氏): 54개 ○차씨(車氏): 111개 ○구씨(具氏): 32개

○곽씨(郭氏): 52개 ○우씨(禹氏): 38개 ○주씨(朱氏): 93개

○임씨(任氏): 120개 ○전씨(田氏): 142개 ○신씨(辛氏): 51개 ·

○민씨(閔氏): 25개 ○나씨(羅氏): 46개 ○방씨(方氏): 117개

○유씨(兪氏): 97개 ○현씨(玄氏): 106개 ○강씨(康氏): 56개

○석씨(石氏): 73개 ○천씨(千氏): 97개

이런 자료를 접하게 되면 '어떤 이유로 이토록 많은 본관이 새로 생겨났는가?'에 대한 의문이 생겨날 법도 하다.

문헌에 따르면, 중국의 성은 1만 개가 넘는다. 그들에게는 본관 표시가 없었기에 혈족마다 각각 다른 성을 썼다. 이 때문에 새로운 성이 많이 등장하게 된 것이다.

한국인의 성을 대변하는 족보는 거의 다 조선시대에서 편찬되었다. 이 족보들을 가지고 성을 연구하다 보면, 한국인과 중국의

한족(漢族)은 여러 모로 혈통이 섞여있다는 생각을 하게 된다. 한국인들 가운데 중국에서 온 동래인(東來人)을 시조로 하는 성을 쓰는 사람이 많기 때문이다. 물론 모화사상(慕華思想)에 기울어진 나머지 문중에서 짐짓 말을 꾸며낸 경우도 있다.

모화사상이란 화족(華族)을 받드는 사상이다. 화족은 한족(漢族)을 높여서 부르는 말이다. 중국인들이 스스로 영명(英明)하고 고상하고 문화가 뛰어나다는 자긍심을 갖고 부르는 용어이다. 다시 말해, 모화사상은 중국, 그 가운데서도 특히 한족의 문화와 왕조를 숭상하고, 거의 절대적인 판단의 기준으로 삼다시피 하는 사상이었다.

조선시대의 성은 이런 모화(慕華)의 특성이 강했다. 중국 명(明)나라를 대국(大國)으로 섬겼기 때문에 자연히 그런 풍조가 나타났던 것이다. 조선후기에 족보가 본격적으로 편찬되는 과정에서도 모화사상(慕華思想)을 가진 사람들이 개입하는 일이 적지 않았기에, 시조를 동래인으로 표기한 사례가 많았을 것이다.

중국에서 들어와 귀화하였다는 성씨 가운데, 시조가 신라와 고려시대에 귀화하여 온 것으로 기록된 경우가 많다. 그들은 대개 중국, 그 가운데서도 한족이 세운 당(唐)나라와 송(宋)나라 사람들이다.

피가 다른 종족 사이에도, 고대국가 시대부터 수백, 수천 년을 내려오는 과정에서 혈통이 섞이는 것은 자연스러운 일이다. 그러나 중요한 것은 혈통의 주인이 달라질 수 있다는 점이다. 그 주인이 화족계(華族系)였다면 우리는 한민족(韓民族)이 아닌 중국인의 후손이라고 할 수도 있는 것이다.

성씨를 처음 사용하는 과정에서 앞서 등장한 중국의 성씨문화를 수입하고 중국의 방식을 받아들였을 뿐인데, 최초로 성을 갖게 된 조상을 중국 사람으로 기록했다는 것은 바로 비뚤어진 모화사상(慕華思想)의 발로였던 것이다.

《세종실록》지리지(地理志)를 보면 성의 등장에 대하여 지역별로 언급한 내용이 있다. 거기에 토성(土姓)이니 내성(來姓)이니 하는 용어가 나온다.

토성은 토착세력의 성으로서 지역의 호장(戶長)이 취한 성이었다는 뜻이다. 호장은 그 지역을 대표하는 호족세력의 우두머리를 일컫는다. 내성은 외지(外地)에서 어떤 지역으로 들어온 사람들의 성을 가리키는 용어이다.

《세종실록》지리지에는 망성(亡姓), 속성(續姓), 가속성(加續姓)이란 표현도 등장한다. 망성은 전에 있었던 성인데 현재는 보이지 않는 성을 가리키는 표현이다. 어느 한 지역의 성을 기록할 때 과거에는 그 지역에 있었지만 현재는 없어진 성을 가리키는 용어가 바로 망성이다. 속성은 그 지역에서 계속 생활하던 문중의 성을 가리키는 용어이다. 가속성은 속성에 해당하는 문중이 토착성씨, 곧 토성처럼 지역에서 영향력을 행사한 경우에 사용한 용어이다. 망성, 속성, 가속성 등의 용어는, 그만큼 전국 방방곡곡에 여러 성이 있었음을 보여준다.

세종조에 이같은 기록을 할 수 있었다는 것은, 고려시대에 이미 성씨가 널리 퍼져있었다는 증거이다. 고려는 군현제(郡縣制)가 정착된 국가였다. 여기서 군과 현에서 토성이라는 성이 많이 등장하여 성(姓)의 수 자체가 늘어났고, 그 성의 사람들이 조선시대에 세

분화되는 과정에서 비록 윗대의 조상은 같았더라도 본관을 새로이
하는 경우가 많이 나타났던 것이다.

조선시대 귀화인의 성씨

　조선시대부터 있었다고 전해오는 본관별 성은 3,300개가 넘는
다. 그런데 이 3,300개라는 숫자는 본관은 그 동안 발행된 문헌을
바탕으로 파악된 것이고, 실제로 현재까지도 쓰고 있는 본관은
1,000개가 채 되지 않는다. 이 가운데 극히 소수의 인구수를 가진
본관을 제외하면 800개 정도가 된다.

　이 800개 정도의 본관별 성씨에 대해, 최초의 본관 시조가 토착
민으로 성을 가졌던 것인지, 또는 중국 등지에서 들어온 귀화인의
본래 성을 그대로 사용한 후손들인지 문중 족보의 기록을 가지고
조사해 보면, 다음의 성씨들은 시조가 귀화인이었던 귀화인계 성
으로 분류할 수 있다.

　소주가씨(蘇州賈氏), 남양갈씨(南陽葛氏), 회산감씨(檜山甘氏), 신
천강씨(信川康氏), 해주·태인경씨(海州·泰仁景氏), 수안계씨(遂安
桂氏), 곡부공씨(曲阜孔氏), 김포공씨(金浦公氏), 문천공씨(文川公氏),
현풍곽씨(玄風郭氏), 능성구씨(稜城具氏), 창원구씨(昌原具氏), 평해
구씨(平海丘氏), 담양국씨(潭陽鞠氏), 토산궁씨(兎山弓氏), 봉화금씨
(奉化琴氏), 행주기씨(幸州奇氏), 해평·선산길씨(海平·善山吉氏), 우
록계(友鹿系)의 김해김씨(金海金氏), 등주김씨(登州金氏), 영양김씨

(英陽金氏), 태원김씨(太原金氏), 금성나씨(錦城羅氏), 나주나씨(羅州羅氏), 고성남씨(固城南氏), 영양남씨(英陽南氏), 의령남씨(宜寧南氏), 함열남궁씨(咸悅南宮氏), 노씨(盧氏: 모든 본관이 중국 귀화인의 후예라고 함), 밀양노씨(密陽魯氏), 강화노씨(江華魯氏), 함평노씨(咸平魯氏), 개성노씨(開城路氏), 강음단씨(江陰段氏), 밀양당씨(密陽唐氏), 성주도씨(星州都氏), 남원독고씨(南原獨孤氏), 광천동씨(廣川董氏), 진주동방씨(晋州東方氏), 두릉두씨(杜陵杜氏), 신창맹씨(新昌孟氏), 함평모씨(咸平牟氏), 광주모씨(廣州毛氏), 공주모씨(公州毛氏), 광녕묵씨(廣寧墨氏), 여흥민씨(驪興閔氏), 거제반씨(巨濟潘氏), 온양방씨(溫陽方氏), 남양방씨(南陽房氏), 개성·태원방씨(開城·太原龐氏), 광주방씨(廣州邦氏), 수원백씨(水原白氏), 금성범씨(錦城范氏), 원주변씨(原州邊氏), 황주변씨(黃州邊氏), 경주빙씨(慶州冰氏), 청주사씨(靑州史氏), 효령·거평사공씨(孝靈·居平司空氏), 남양서씨(南陽徐氏), 절강서씨(浙江徐氏), 안음서문씨(安陰西門氏), 충주·해주석씨(忠州·海州石氏), 보성선씨(寶城宣氏), 태원선우씨(太原鮮于氏), 경주설씨(慶州偰氏: 위구르계), 창녕성씨(昌寧成氏), 진주소씨(晋州蘇氏), 송씨(宋氏: 진천송씨를 제외하고는 중국 귀화인의 후예라고 함), 절강시씨(浙江施氏), 영산·영월신씨(靈山·寧越辛氏), 거창신씨(居昌愼氏), 풍산심씨(豊山沈氏), 안씨(安氏: 모든 본관이 중국 귀화인의 후예라고 함), 양씨(楊氏: 모든 본관이 중국 귀화인의 후예라고 함), 함종어씨(咸從魚氏), 영월엄씨(寧越嚴氏), 성주·함양여씨(星州·咸陽呂氏), 의령여씨(宜寧余氏), 곡산연씨(谷山延氏), 파주염씨(坡州廉氏), 오씨(吳氏: 모든 본관이 중국 귀화인의 후예라고 함), 의령옥씨(宜寧玉氏), 봉성온씨(鳳城溫氏), 개성왕씨(開城王氏), 제남왕씨(濟南王氏), 단양우씨(丹

陽禹氏), 원주원씨(原州元氏), 강화위씨(江華韋氏), 장흥위씨(長興魏氏), 거창·강릉유씨(居昌·江陵劉氏), 무송유씨(茂松庾氏), 옥천육씨(沃川陸氏), 무송윤씨(茂松尹氏), 행주은씨(幸州殷氏), 죽산음씨(竹山陰氏), 고성이씨(固城李氏), 안성이씨(安城李氏), 연안이씨(延安李氏), 임천이씨(林川李氏: 위구르계), 청해이씨(靑海李氏), 태안이씨(泰安李氏), 태원이씨(太原李氏), 평산이씨(平山李氏), 화산이씨(花山李氏: 베트남계), 밀양이씨(密陽李氏), 교동인씨(喬桐印氏), 장흥·풍천임씨(長興·豊川任氏), 평택임씨(平澤林氏), 장흥임씨(長興林氏), 밀양임씨(密陽林氏), 장씨(張氏: 덕수장씨를 제외한 모든 장씨는 중국 귀화인의 후예라고 함), 덕수장씨(德水張氏: 아랍계), 거창장씨(居昌張氏), 아산장씨(牙山蔣氏), 남양전씨(南陽田氏), 문경전씨(聞慶錢氏), 낭야정씨(瑯琊鄭氏), 서산정씨(瑞山鄭氏), 하남정씨(河南程氏), 칠원제씨(漆原諸氏), 남양제갈씨(南陽諸葛氏), 김제조씨(金堤趙氏), 배천조씨(白川趙氏), 옥천조씨(玉川趙氏), 임천조씨(林川趙氏), 태원조씨(太原趙氏), 평양조씨(平壤趙氏), 한양조씨(漢陽趙氏), 함안조씨(咸安趙氏), 횡성조씨(橫城趙氏), 제주좌씨(濟州左氏), 주씨(周氏: 모든 본관이 중국 귀화인의 후예라고 함), 신안주씨(新安朱氏), 충주지씨(忠州池氏), 진주진씨(晋州秦氏), 풍기진씨(豊基秦氏), 여양진씨(驪陽陳氏), 영양천씨(潁陽千氏), 파릉초씨(巴陵楚氏), 제주초씨(濟州肖氏), 충주최씨(忠州崔氏), 전주·추계추씨(全州·秋溪秋氏), 용강팽씨(龍岡彭氏), 절강팽씨(浙江彭氏), 절강편씨(浙江片氏), 충주평씨(忠州平氏), 신창표씨(新昌表氏), 임구풍씨(臨朐馮氏), 홍천피씨(洪川皮氏), 달성하씨(達城夏氏), 한씨(韓氏: 모든 본관이 중국 귀화인의 후예라고 함), 진주형씨(晋州邢氏), 전주호씨(全州扈氏), 파릉호씨(巴陵胡氏), 남양홍씨(南陽洪氏: 당홍계

唐洪系), 제안황씨(齊安黃氏), 창원황씨(昌原黃氏: 당황계唐黃系), 평해 황씨(平海黃氏), 항주황씨(杭州黃氏) 등이다.

여기에 기록하지 않은 성씨까지 합치면 200개가 넘는다. 이런 성씨의 계보를 보건대 오늘날 한민족(韓民族)에게도 이민족(異民族) 의 혈통이 실로 적지 않게 섞여들었다고 볼 수 있다.

당시 문화교류, 정치적 망명, 항해중 표류(漂流), 전란(戰亂) 등으 로 말미암아 귀화인계 성씨가 많이 생겼다. 귀화종족은 중국 한족 계(漢族系)가 가장 많고, 그 밖에도 여진(女眞), 몽고(蒙古), 걸안[契 丹], 월남, 일본, 위구르, 아랍 등 그 출신이 다양하였다.

우리가 스스로를 '단일민족'이라고 부르지만 성씨로 따져볼 때 는 이민족(異民族)과 섞인 부분이 많아 실제로 단일(單一)이라는 말 을 쓰기는 곤란하다. 그리고 일반적인 생각과는 달리, 민족이란 말 을 '같은 혈통'의 개념으로 정의할 수는 없는 것이다.

한자 어원(語源)을 따져 보면, 민족(民族)이란 말에는 백 개 성씨 (百個姓氏)의 핏줄집단이라는 뜻을 갖고 있다. 이 어원에 대해서는 앞에서 구체적으로 설명한 바 있다(이 책의 1부 〈'민족'이라는 말 도 성씨에서 나왔다〉 참조).

귀화야인들은 주로 김(金)씨 성을 썼다

야인(野人)은 여진족(女眞族)을 가리키는 말이다. 그들은 만주지역의 송화강, 목단강, 흑룡강 유역과 동부 해안지방에 주로 살았기에 한때 대조영(大祚榮)이 세운 발해국의 다스림을 받기도 했다. 10세기 초에 거란족이 요(遼)나라를 세웠을 때는 그들을 말갈족(靺鞨族)이라 불렀다. 요나라가 건국된 뒤 여진족은 주로 지금의 함경남·북도 북방지역인 두만강 유역에 옮겨가 살았다. 이들은 요나라와 고려에 조공을 하며 살아갔다.

여진족은 생여진(生女眞)과 동여진(東女眞)으로 갈라져 있었는데, 그 가운데 생여진에서는 고려 16대 예종 10년(1115)에 아골타(阿骨打)가 금(金)나라를 세웠다.

《고려사》에 따르면, 아골타의 조상은 과거에 신라인이었는데 만주에 건너가 여진족 여인과 결혼하여 살았고, 그 후손이 바로 아골타라고 하였다.

금나라는 한때 강성하여 옛 고구려 땅을 거의 다 차지하다시피 했을 뿐만 아니라, 요나라를 멸망시키고 송(宋)나라를 남쪽으로 몰아내어 중국의 북부를 차지하기도 했다. 아골타는 고려를 조상의 나라라고 부르며 적극적으로 교린을 맺고자 했다. 그러나 고려왕조에서는 금나라와 돈독한 교린을 원치 않았다.

아골타의 조상이 실제로 신라계 사람이었다면 고려 왕조에서는 더더욱 탐탁하게 여기지 않았을지도 모른다. 신라 유민들 가운데 압록강 너머 만주 땅으로 이주해 간 사람도 많았기 때문에, 금나라와 너무 가까이 지내면 도리어 신라를 복원하려는 역성혁명이 일어날 수도 있다는 우려 때문이었을 것이다.

고려가 건국된 초기에는 신라 재건의 시도가 적지 않았다. 고려 태조 왕건이 국호를 정할 때 고구려의 후예임을 내세웠던 이유도 이와 무관하지 않을 것이다. 아골타가 세운 금나라의 세력이 강성했기에, 아골타가 만약 자신의 뿌리를 내세웠다면 신라 김씨 왕조의 재건은 고려왕조에게 우려할 만한 일이었을 것이다.

조선 초기에는 두만강 유역의 여진족 가운데 한 부족이 자주 국경을 넘어 침범해 왔는데, 태종은 그들의 침입을 막고자 함경도 경원(慶源), 경성(鏡城)에다 무역소(貿易所)를 설치하고 물물거래로 회유를 하였다. 그들에게 생활물자를 상거래할 수 있는 길을 열어 주었던 것이다.

그러나 그들은 여전히 변방에 들어와서 자기 땅인 양 거주하고 백성을 괴롭히는 일이 많았다. 이 때문에 세종 때 10여 년 동안에 걸쳐 그들의 침입을 막는 육진(六鎭)과 사군(四郡)을 설치했다.

이 과정에서 포로가 되는 여진족이 많았다. 그런데 포로들 가운데는 조선에서 여진 땅으로 송환을 시키려 해도 돌아가지 않으려는 이들이 많았다. 송환을 바라지 않는 여진족들에게 세종대왕은 국내거주를 허용하였다. 그리고 그들로 하여금 일정 지역에서 집단으로 거주하도록 배려하였다. 뿐만 아니라 그들 가운데 글을 아는 식자(識者)가 있으면 비록 낮은 벼슬자리이지만 관직도 주었다.

여진족들이 집단으로 모여 살자 간혹 역모나 반란이 일어날까 염려하는 대신(大臣)들이 있었다. 그들은 여진족을 한양과 떨어진 먼 곳에 거주시키도록 하자고 건의하였다. 군(軍)을 담당하는 병조(兵曹)에서도 같은 건의를 하자, 세종은 그들을 멀리 제주도로 이주시키도록 명하였다. 《조선왕조실록》에는 170여 명이 제주도로 옮겨졌다고 기록되어 있다.

세종대왕은 단순히 거주에 대한 허용만 하였던 게 아니라 다음과 같은 지시도 하였는데, 그 내용을 보면 알 수 있듯 실로 어진 임금의 모습을 보였다.

어린 것과 부녀자들은 모두 도적질하는 사람이 아니다. 그러니 마땅히 구원해 줘야 할 것이다. 야인들은 북방에서 살았기에 습성이 더위를 두려워한다. 제주도에 보내진 그들에게 기온을 알맞게 하여 살게 하면 병에 걸리지 않을 것이다. 굶주리지 않게 해야 할 것이며 남녀가 섞여서 살게 하지 말 것이며 우리와 같은 풍습을 지키도록 할 것이다.

남녀가 섞여 살게 하지 말라는 것은 남녀유별(男女有別)의 조선 풍속과 관련이 있다. 당시 여진족은 남녀가 서로 섞여 잠을 자는 경우가 많았으며, 특히 이 과정에서 부녀자들이 겁탈당하는 일도 비일비재했던 것이다. 이를 막고자 세종은 이런 어명을 내리기도 했다.

그들 가운데 포악한 자들이 있을 테니 그런 나쁜 짓을 아니 한다고 할 수 없다. 부녀자들을 보호하는 것은 동방예의지국의 근본이므로 우리는 그 것을 지켜야 하느니라.

충청도와 경기도에도 야인들을 집단거주시키는 곳이 있었는데, 세종이 두 지역의 관찰사에게 내린 어명이 있었다.

> 그들은 우리말을 못 한다. 말이 안 통하면 우리 관습을 벗어난 행동을 보일 수도 있다. 그러므로 통역자를 두어 잘 이해시키고 보호를 게을리 하지 말라. 포악자가 있으면 지체 없이 다스리고 그들도 우리 백성이 되게 배려하라.

조선시대에는 귀화인들이 유난히 많았다. 이웃나라와 교류가 많았고 여기에 내왕하는 외국인이 적지 않았는데, 조정이 그들을 대하는 데 인색하지 않았던 한편으로 기후풍토가 살기에 알맞아 외국인들 스스로가 귀화를 자청하는 일이 많았던 것이다. 조선은 그들을 받아주는 과정에서 조선의 풍속에 맞게 성이 없는 그들에게 조선식으로 성을 내려 주기도 했다.

《조선왕조실록》 세종조 편을 보면 귀화 여진족이 거의 김씨 성으로 기록되었음을 알 수 있다. 그런데 세종대왕이 그들에게 꼭 김씨 성을 갖도록 하였다는 설명은 없다. 그러나 금나라의 건국시조 아골타의 조상은 신라계 김씨로 알려져 있었다. 세종대왕이 이를 짐짓 배려하여 금나라 사람들의 성이었던 김씨를 붙이도록 한 것이 아닌가 생각할 수도 있다.

금나라는 건국 뒤 110여 년 만에 몽고족에게 망했고, 그 뒤 여진족은 여러 부족으로 나눠 흩어져 살아갔다. 여진족 가운데 오랑캐[兀良哈], 오도리[斡都里] 두 부족이 자주 조선을 침범해 왔다. 3대 태종은 그들을 회유하는 정책을 쓰면서 귀화인들을 많이 받아주었고, 7대 세조 때 와서는 귀화인의 수가 급격히 늘어났다. 그 결과

적잖은 수의 여진인이 조선의 백성이 되었던 것이다.

조선 15대 광해군 때에 이르면 귀화인들이 조선의 어디든 살지 않는 곳이 없을 정도로 많아졌다는 기록이 있다.

고려시대는 여진족의 귀화를 허용하지 않았다. 그들이 나라 안으로 들어와서 거주하는 것을 감시하였다. 그러나 조선조에 와서는 그들을 회유하는 정책으로 귀화인이 되는 것을 꺼리지 않았다. 세조 때 귀화한 여진족의 이름을 예시(例示)해 보면 다음과 같이 거의 김씨 성을 가졌다.

김공소(金公疎), 김마신개(金馬申介), 김무리개(金無里介), 김사은토(金斜隱土), 김소을중개(金所乙衆介), 김지하리(金之下里), 김일(金逸), 김인을개(金引乙介), 김입성(金入成), 김지칭가(金只稱哥), 김자라노(金者羅老), 김아도을치(金阿都乙赤), 김역류(金亦留), 김우허내(金右墟乃), 김유리가(金留里加), 김걸도혁(金乞都革), 김다롱함(金多弄哈), 김아랑함(金阿郎哈) 등……

한국에 김씨 성이 많다. 그러나 많은 김씨 성 가운데 당시 오랑캐라고 여기던 종족의 사람을 조상으로 모시는 김씨 성은 없다. 사대사상·모화사상이 팽배했던 조선시대의 사회 분위기를 고려할 때, 조상을 여진족이라고 하면 미개종족이라며 창피스럽게 여기는 자괴심(自愧心) 때문에 그 사실을 숨기고 다른 김씨 성 족보에다 계보를 끼워 놓는 사례가 많았을 것이라고 추정할 수 있다.

김씨 성을 갖지 않았던 여진족도 있었다. 세종 때는 오도리 부족에서 넘어온 마변자(馬邊者), 동간고(童干古)란 이름의 귀화인이, 성종 때는 낭삼파(浪三波), 동청주(童淸周), 대호시내(大好時乃)라는 이름의 귀화인이 있었다. 그들은 모두 활솜씨가 뛰어났고 무과(武科)

에 급제하여 무관(武官)의 벼슬을 지냈다.

당시 귀화인들도 성을 가지면서 새로운 본관도 가졌을 법 하지만, 여진족의 귀화로 말미암아 새로이 만들어진 본관을 오늘날에는 찾아볼 수 없다.

다국적 귀화인들에게 성씨를 내리다

조선시대에는 다양한 국적의 귀화인이 있었다. 초기에 장사도 (張思道) 외 20여 명이나 되는 태국인(泰國人)이 귀화해 온 일이 있었는데 그들은 대개 궁궐을 경비하는 일을 맡았고, 장사도는 외국 사신을 접대하는 예빈경(禮賓卿)에 임명되기도 하였다.

태국사신 임득장(林得章)이 조선으로 오는 길에 전라도 나주(羅州) 앞 바다에서 왜구(일본인)에게 붙잡혀 일본에서 억류생활을 하다가 조선으로 도망해 와 귀화한 일도 있었다. 태종 때 자바(Java)인들이 공물을 싣고 조선에 오다가 역시 왜구에게 강탈당하고 사상자가 발생한 일이 있었는데, 그들 가운데 40명 가량은 조선에 들어와 살았다. 그들의 책임자였던 사신은 뒤에 조선 조정에서 벼슬을 지내기도 했다.

세종 때는 남만인(南蠻人) 우신(禹信)이 귀화해 와서 조선의 여인을 얻어 살기도 했다. 남만인이라고 하면 동남아 지역의 사람들을 총체적으로 가리켜 남쪽 오랑캐란 뜻으로 사용된 말이었다. 실록에 표기된 귀화인들의 성과 이름은 귀화한 뒤에 조선식으로 붙여진 것이었다.

《태종실록》과 《세종실록》을 살펴보면 태국인, 자바인뿐만 아니라 타타르사람, 아랍사람도 귀화해 온 사례가 있음을 알 수 있다. 《태종실록》을 보면 회회인(回回人) 도로(都老)가 처자를 데리고 귀화해서 금강산, 순흥, 김해 등지에서 수정을 채굴하는 허가를 받고 물건을 만들었다 하는 내용이 있다.

회회인은 당시에 아랍 사람을 부르던 말인데, 《세종실록》에서는 이 회회인에 대한 기록이 자주 나온다.

문무백관이 경복궁 뜰에 늘어섰는데 임금이 근정전에 나오니 여러 신하들은 절을 올렸고 성균관 유생들과 회회인 노인들, 회회인 승려들도 참석해 있었다.

임금이 금교역에 사냥을 할 때 회회인들이 인사하러 왔다.

세종 8년(1426) 정월 초하룻날 회회인들이 왜인들, 야인들과 함께 신년하례를 하였다.

귀화해 온 그들은 조선의 풍습을 따라 생활을 한 것을 엿볼 수 있는 다음과 같은 기록도 있다.

'회회인들은 의관이 보통 우리와 달라 혼인을 하자고 하면 우리 여인들이 부끄러워합니다. 이미 우리 조선의 사람이 된 바에야 우리 조선식 의관을 입게 한다면 우리 조선사람처럼 쉽게 어울릴 수 있을 것입니다. 따라서 조회를 할 때도 그들로 하여금 회회교도식 기도를 하지 않도록 하는 것이 옳습니다'라고 대신들이 주청하였던 바, 임금이 그대로 시행케 하고 그들도 따랐다.

조선 초기에서 중기에 이르기까지 실록에는 귀화인 이야기가 자주 나타난다. 그만큼 귀화해 오는 사람이 많았기 때문일 것이다.

오끼나와에서 온 오보야고(吾甫也古)라는 귀화인이 있었다. 그는 배 만드는 기술자였다. 그런데 그가 조선의 여인에게 장가들려고 하자 조정에서는 쉽게 허락을 하지 않았다.

그가 결혼한 뒤 조선에서 살지 않고 자기 나라로 돌아가지 않을까, 하는 의심을 받았기 때문이다. 계속 정착을 하는 경우 장가드는 것을 허락하는 조정의 관례가 있었는데, 오보야고는 계속 조선에서 산다는 조건으로 결국 조선의 여인과 결혼했다.

당시 홀로 된 귀화인들로 하여금 조선의 여자에게 장가들게 하여 가정을 꾸리게 하고, 세금과 부역을 면제해주는 정책이 있었다. 그리고 글을 잘 알면 벼슬도 주었다.

그런데 이런 배려에도 불구하고 가정을 꾸린 뒤 도망가는 자가 없지는 않았다. 《실록》에는 세종 때 일어났던 다음과 같은 사건들이 기록되어 있다.

이도을치(李都乙赤)가 귀화해 와서 벼슬이 4품에 이르렀는데도 임금의 은혜는 생각지 않고 본토로 도망했으니 이런 불충한 일이 어디에 있겠습니까. 흉악한 놈이므로 그의 처자를 모두 천인(賤人)으로 만들어 뒷사람들로 하여금 경각심을 갖게 하소서.

귀화 왜인 변좌(邊左)와 그의 아들 변효충(邊孝忠), 변효생(邊孝生)을 의금부(義禁府)에 명하여 국문했다. 변좌 등이 자신들의 직위가 낮고 녹봉이 박하다는 이유로 본토로 돌아가려 했기 때문이다.

이런 경우의 사건이 귀화인들, 특히 지리적으로 가까운 왜인들에게는 자주 있었다.

그러나 조선 땅에 끝까지 발붙이고 산 귀화 왜인들 역시 적지 않았다. 마삼보로(馬三甫老)라는 귀화 왜인은 경기도 광주호장(廣州戶長) 이간(李間)의 양자가 되어 성을 이씨로 하고 양주땅 호장 한원(韓原)의 딸에게 장가들어 나중에 이근(李根)이란 아이를 낳았고 끝끝내 조선인으로 산 것이다.

중국에서 온 귀화인들은 대개 이미 한자 성을 가지고 있었고 그 성이 조선 백성들이 쓰던 성씨와 같아 그대로 사용하는 경우가 많았다.

일본 구주(九州)지방의 실력자 의홍(義弘)이란 사람이 있었다. 그는 귀화인이 아닌데도 조선의 성을 갖기를 원하여 조선 조정에 다음과 같은 주청을 올렸다.

저는 백제의 후손인데 조선인과 같은 성을 갖기를 원하는 바입니다. 부디 성을 내려 주시기 바랍니다.

그러자 조선의 조정에서는 백제의 시조 온조가 고씨인데, 그의 후손이니 같은 성을 갖게 하는 것이 당연하다고 여겨 고씨 성을 내려주었다. 조선 정조 1년에 있었던 일이다.

조선 초기의 위구르인 설장수(偰長壽)는 오늘날에도 잘 알려진 사람이다. 그의 아버지 설손(偰遜)은 학문이 뛰어났으며, 원(元)나라에 귀화해 살았다. 그러다가 고려 공민왕 때 홍건적의 난을 피해 고려로 귀화해 왔다. 설손의 아들이 바로 설장수로, 뒷날 이성계가 조선을 개국하자 공신이 되어 태조 이성계로부터 경주(慶州)를 본관으로 하는 사관(賜貫)을 받았다.

오늘날 한국인은 해주오씨(海州吳氏)라고 하면 고려 고종 때부터 있었던 해주오씨를 생각한다. 그런데 조선 태종 때의 기록을 보면, 중국 한족(漢族) 출신으로 조선에 귀화해 온 오진(吳眞)을 시조로 하는 해주오씨도 있었음을 알 수 있다. 그의 후손도 오늘날까지 내려왔을 텐데, 오늘날의 족보를 보면 오진을 시조로 하는 해주오씨가 있다는 기록은 없다. 언제인지는 모르겠지만 고려시대부터 내려온 해주오씨에 합쳐졌다고 생각할 수 있는 것이다.

조선에 귀화한 다국적 귀화인들 가운데에는 여진족계로서 김씨성을 가진 사람이 많았고 그 다음에 이씨 성을 가진 귀화인이 많았다. 이씨 성은 귀화 왜인에게 많이 보인다. 임진왜란 때(선조 28년) 귀화 왜인 사고소우(沙古所于) 등 15명에게 단체로 이씨 성을 하사한 일이 있었다. 그들 귀화 왜인들은 화약제조, 포 쏘는 솜씨가 익숙하였다. 앞서 세종 때 귀화한 왜인 동구랑은 병선(兵船)을 만드는 기술이 있었다.

박씨 성을 가졌던 왜인도 있었다. 그의 이름은 박산동개(朴山同介)인데 조선 중종 때 왜적이 거제에 침입하였을 때 앞장서서 공격하여 격퇴시켰다. 그는 귀화해 거제도에 살았다.

귀화인들이 많아짐에 따라 범죄를 저지르는 이들도 없지 않았으며, 심지어 범죄단체까지 결성되는 현상이 나타나곤 했다. 그 예로 광해군 때 용인에 귀화인 박길상(朴吉相)이란 자가 수하 16명~18명을 거느리고 밤에 활, 장검, 몽둥이를 들고 무리지어 약탈하며 관내 밭을 이유 없이 뺏고 경작된 벼를 베어가며 말과 소를 멋대로 놓아기른 일이 있었다. 이 사건을 보고받자 조정에서는 그들을 잡아다가 멀리 외딴섬으로 보내는 한편, 경기도 지역에 사는 귀화인들을 모두 다른 곳으로 옮기게 했다.

조선시대에 각 성씨의 족보가 등장했다

　조선시대 성씨관계 자료를 조사할 때는, 앞서 언급한《세종실록》지리지를 바탕으로 삼고 9대 성종 때 출간된《동국여지승람》과 21대 영조 때의 이의현(李宜顯)이 편찬한《도곡총설》(陶谷叢說), 26대 고종 때 발간한《증보문헌비고》(增補文獻備考)를 주로 보게 된다.

　성의 수에 대한 내용을 살펴보면,《동국여지승람》에는 277개,《도곡총설》에는 298개,《증보문헌비고》에는 496개로 기록되어 있다. 이 숫자는 본관 표시가 제외된 성(姓)만을 조사한 것이다.

　족보는 어떤 성씨 문중의 혈족계보(血族系譜)를 기록하고자 등장한 것인데, 각 성씨의 족보 작성은 대체로 조선시대 후기에 진행되었다.

　족보의 내용을 들여다보면, 시조로부터 수백 년 걸쳐서 내려온 조상의 이름과 행적 등이 간략하고도 일목요연하게 기록이 되어 있다. 족보에 따르면 대단한 벼슬을 한 조상의 기록도 많은데,《삼국사기》나《고려사》등 역사서에서 찾아볼 수 없는 인물도 있기에 그 가공(架空)여부를 알 수 없는 경우가 적지 않다.

　물론 각 성씨 문중에서 그 나름대로 단편적으로 기록을 하여 온 내용을 바탕으로 그런 인물을 족보에다 올렸겠지만 관직명(官職名)이나 벼슬의 품계(品階) 그리고 작위(爵位) 같은 것이 그 시대의 것이 아닌 사례가 적지 않다. 이를테면 신라시대의 조상으로 기록해 놓고 신라시대가 아닌 고려나 조선에서 사용하던 관직명을 적어 놓는 식이다.

족보는 일찍이 중국 한(漢)나라 때부터 있었던 것으로 전해진다. 중국 남북조시대(南北朝時代) 남제(南齊) 사람 가희경(賈希鏡)이 족보를 전문적으로 연구하였는데, 그의 저서 가운데 중국의 사족(士族)들 족보를 조사하여 기록해 놓은 백 질(百帙) 7백 권(七百卷)의 족보가 있었다. 사족은 과거부터 문벌이 있던 집안 사람들과 현재 벼슬자리에 있는 문신(文臣)과 무신(武臣)의 집안 사람들을 뜻한다.

남북조시대라면 A.D.420년에서 589년에 걸친 시기를 말한다. 중국에 남제와 송(宋)나라, 북위(北魏)가 있던 때다. 한반도에서는 고구려가 전성기를 이루고 평양으로 천도를 하고 백제는 웅진(熊津)으로 수도를 옮길 무렵이었다.

한반도에서 족보가 등장한 것은 중국과 견주어 상대적으로 늦은 고려시대, 그것도 고려왕실에서만 보는 족보가 최초였다. 고려 18대 의종(재위 1146~1170)때 김관의(金寬毅)가 편찬한 고려 왕실의 《왕대종록》(王代宗錄)이 최초의 족보로 평가받고 있다.

왕실이 아닌 일반 사족 가문의 족보 가운데 고려시대에 편찬된 것은 찾아볼 수가 없다. 족보가 없는 대신에 가까운 조상계보를 적어 놓거나 하는 가첩(家牒) 형태의 혈족기록만 있었던 것이다.

오늘날과 같은 유사한 족보형태를 갖췄다고 볼 수 있는 안동권씨(安東權氏)의 《성화보》(成化譜)가 왕실이 아닌 사족 가문 최초의 족보라고 할 수 있다.

안동권씨의 《성화보》는 조선 9대 성종 때인 1476년에 만들어졌다(성화는 중국 명나라의 연호年號이다). 그런데 오늘날 많은 성씨의 족보를 보면, 최초의 족보라고 하는 《성화보》보다 발간시기가 앞선 것처럼 기록하고 있다.

《성화보》 첫머리에 수록된 서거정(徐居正)의 서문(序文)을 보면 다음과 같은 내용이 있다.

> 우리나라는 종법(宗法)과 보첩(譜諜)이 없었고 거가대족(巨家大族)이 있어도 가승(家乘)은 없었다.

가승은 자신의 직계조상을 기록해 놓은 계보를 말한다. 서거정의 서문은 안동권씨 족보 이전에 편찬되었다는 족보나 보첩기록은 믿을 수 없다는 뜻에서 인용한 것이다.

족보에 언급된 조상에 대해 어느 시대의 사람인가 하는 시대 표기가 없는 경우에는 그 진위(眞僞)가 의심받게 마련이다. 사실이라면 어느 왕조에서 벼슬을 했으며, 언제 사망했는지 기록이 있어야 한다. 묘(墓)가 실전(失傳)되었거나 하여 묘갈명(墓碣銘)이 없더라도 문중 조상들의 문헌에서 관련 기록은 찾아볼 수 있다.

부인의 경우 출생과 사망 연도를 몰라서 기록을 하지 않았다 하더라도, 성이 무엇이며 누구의 딸인지에 대한 내용 정도는 기록이 되어야 그 내용이 사실이라고 믿을 수 있다. 하지만 부인이 누구인지에 대한 기록도 없는 경우가 많다.

족보 기록을 보면 1세(世), 2세(世) 하는 세수(世數)가 표기되어 있다. 세수는 시조로부터 후손들에게 내려가는 대수(代數) 표기이다. 족보상 세수(世數) 간격은 25년에서 30년 정도로 잡는다. 평균적으로 보았을 때, 자기로부터 10대조가 되면 그 조상은 대략 270년 전 사람이 되는 것이다.

지금으로부터 270년 전이라면 18세기 무렵이 된다. 조선 숙종~영조 때이다. 이때에 각 성씨의 족보가 우후죽순(雨後竹筍)처럼 많이 나왔는데, 믿기 어려운 내용의 족보 역시 많이 출간되었다. 신라·고려·조선초까지 그들 조상의 이름과 행적 등을 자세하게 그리고 빠짐없이 가첩형태로라도 제대로 기록을 한 족보는 흔치 않았다.

16세기 이전에 있던 족보는 대개 깨끗하다는 의미로 청보(淸譜)라고 한다. 청보가 나올 당시까지는 족보를 만든 성씨가 많지 않았다. 16세기라고 해봐야 《성화보》가 나온 지 1세기밖에 지나지 않은 때이다.

우리나라 족보에 기록된 선대 계보의 정확성에 대해서는 여러 가지 의문이 있다. 고려시대에 시조를 두었다고 하는 성씨에 대해서는 그때부터 어떤 방법으로 계보를 기록하고 보존해왔나 하는 궁금증이 생기는 것이다.

물론 각 성씨의 문중에서 단편적으로 조상 계보를 만들어 가지고 있었을 것이다. 그러나 대개는 처음부터 문중 자체에서 기록해 놓은 내용이 아니라 묘갈명이나 비문, 또는 다른 문헌에 기록되어 있는 흔적을 찾아 고증해서 작성한 것이었다.

많은 성씨들이 그렇게 하여 선대 계보를 작성했다면 정확하지 못한 계보작성이 있게 마련이었을 것이다. 비문과 문헌을 바탕으

로 계보작성을 하게 되면 그런 자료에서 찾아볼 수 없는 조상은
누락될 것이기 때문이다.

선대 조상의 행적에 대해서는, 대개 《고려사》와 《고려사절요》,
《동국통감》, 혹은 《조선왕조실록》에서 볼 수 있는 내용만을 족보
에 올려놓은 것이 많았다. 문중 자체의 기록이라면 정사(正史)에
나타난 것 이외의 내용도 있을 법한데 그런 기록들은 찾아보기 어
려웠다.

조선시대의 양반이란 보통 벼슬길에 나갈 수 있는 계층을 일컫
는다. 이미 문신(文臣)이나 무신(武臣)으로 벼슬길에 나가 있었던 사
람들의 가족은 모두 양반계급이다. 그들의 후손은 관노(官奴)나 천
민(賤民)으로 전락하지 않는 한 계속 양반 신분으로 남는다. 양반
신분을 보존하는 데 필수적인 요소가 자신의 성씨와 본관, 그리고
족보였다.

과거의 족보는 오늘과 같은 혈족 전체가 등재되는 대동보(大同
譜) 형태가 아니더라도 가보(家譜)나 파보(派譜) 형태로 만들어 보관
하여 양반임을 증명하기도 했다.

그 밖의 신분확인용 문서로는 나라에서 만든 호적부(戶籍簿)가
있다. 고려 11대 문종(재위 1046~1083) 때도 성씨를 가진 사람의
세계(世系)가 기록된 호적부가 있었다. 이것은 과거시험에 응시하
는 사람들이 제출한 것이었다. 성을 갖지 못한 사람은 과거시험에
응시할 수 없었기 때문에 그런 호적부가 있었던 것이다.

중국에서는 B.C.2세기 무렵인 전한(前漢)시대에 이미 성씨 사용
이 활성화되고 있었다. 이때는 고구려·신라·백제가 세워지기 이
전이다. 이 당시 중국에서는 성을 가진 사람만이 벼슬자리에 오를

수 있었다.

우리민족이 삼국시대에 일부 지배계층에서 성씨를 사용하기 시작한 것이 삼국(三國)의 건국 전후였다고 하는데, 전한(前漢)시대와는 약 200년의 차이가 난다. 실제로 성씨제도가 활성화된 때를 두고 비교하여 보면 더욱 오랜 세월의 차이가 날 것이다.

조선시대 후기에서 일제강점기에 이르는 동안 많은 가짜 족보가 나왔다. 조선후기에는 족보가 있는 양반의 경우에 군역과 다른 여러 잡역(雜役)들이 면제되었기 때문에, 신분이 낮은 상민들도 그런 혜택을 받고자 가짜족보를 만들고 양반 행세를 했다. 한편, 한일합방 이후, 일제는 천민이고 상인(常人)이고 할 것 없이 모두 성씨를 갖도록 했는데, 성을 갖게 된 이들은 족보 만드는 일도 병행을 하였기에, 이 과정에서 가짜족보가 더욱 많이 만들어졌다.

신분제도가 공식적으로 사라진 대한제국 시대에는 '붙인 집', '곁다리 양반'이라는 말이 나왔다. 이것은 가짜 족보를 만들어 양반행세를 한 것을 비꼬는 은어(隱語)였다.

'붙인 집'이란 조상이 분명치 않은 사람이 양반의 족보를 사서 자기 식구들을 올려놓은 것을 말한다. 이런 사람들은 대개가 상업활동을 통해 부유층이 된 사람들이었다.

'곁다리 양반'은 본래 양반층이었다가 몰락한 집안의 후예들이 그 동안의 과정을 숨기고 족보를 새로 꾸며 양반 행세를 하는 경우를 말하였다.

《조선왕조실록》에는 영조 때 일어난 족보 위조 사건이 기록되어 있다. 역관(譯官) 김경희라는 자가 다른 사람의 족보를 수집하여 사사로이 주조한 활자로 위조 족보를 인쇄해서, 시골에 있는 군역

(軍役) 대상자들에게 판 사건이다.

영조 때에는 족보가 많이 만들어졌다. 이때 문중에서 족보편찬에 관여하는 사람들의 권한은 막강했다. 그들은 족보작성 과정에서 집안사람들에게 뇌물을 받고 서자(庶子)를 적자(嫡子)로 올려 주고, 직계 조상에게 없던 벼슬을 기록해 주기도 하고, 자신이 싫어하는 사람은 족보에서 누락시켜 버리기도 했다.

그런가 하면 간신(奸臣)이나 폐신(嬖臣)이 있을 경우에는 족보에서 짐짓 누락시켰다. 고려 의종 때 쿠데타를 일으켜 무인정치(武人政治)시대를 연 정중부(鄭仲夫)는 본관이 해주(海州)이다. 《고려사》에도 그의 본관이 명기되어 있다. 그런데 현재 해주정씨의 족보에서는 그의 이름은 찾아 볼 수 없다. 해주정씨는 고려 신종(神宗) 때 사람 정숙(鄭肅)을 시조로 받들고 있다. 신종은 의종보다 2대 뒤의 왕이다. 문중의 기록에 따르면, 정숙의 윗대는 문헌이 실전(失傳)되어 밝힐 수 없다고 한다. 그리고 시조로부터 4~5대까지의 조상은 누군지도 모른다고 기록되어 있다.

사서(史書)에 나타난 유명인사인 데도 족보에서 누락되는 경우도 많다. 고려 공민왕 때 재상이었던 안진(安震)이라는 인물이 있다. 본관이 '순흥'인 그는 진주 촉석루를 재건한 인물이다. 안산군(安山君)이라는 봉호(封號)를 받을 정도로 당대에는 유명한 인사였다. 그는 정중부(鄭仲夫)의 경우처럼 역신(逆臣)도 아니었는데 웬일인지 그의 이름을 순흥안씨 족보에서는 볼 수 없다.

조선 선조(宣祖) 때 조종운(趙從耘)이 저술한 《씨족원류》(氏族源流)라는 책이 있다. 540여 본관 성씨 문중의 계보를 수집해 편찬한 것이다. 이 책이 편찬된 것은 왜곡과 조작이 많은 탁보(濁譜)가 많이 나오기 이전인 16세기 무렵이다. 이 책과 17세기 이후 찬술(撰述)된 족보들을 견주어 보면 뚜렷한 차이가 있다.

족보에 기재되는 문중 사람들의 수가 크게 늘어나는 것은 일제강점기부터였다. 이때에는 모두 성씨를 가지고 본관도 표기해야 했다. 그 전에는 성이 없었던 천민이라도 윗대 조상이 누구인가에 상관없이 성을 붙였다. 인구가 많은 성씨를 자신의 성씨로 삼는 경우도 많았다. 상전의 본관을 따르기도 했고, 자기 마음대로 본관을 만들기도 했다. 이때는 반상(班常)의 제도가 무너진 터라 이를 단속할 수도 없었다.

중국 당(唐)나라 때의 유지기(劉知幾)라는 학자는 족보에 대해 이렇게 말했다.

선조들의 사적(事蹟)에 대해서는 사체(史體)보다 매우 현요(眩耀)하다.

이 말은 족보에서 자기 조상의 행적에 대해 지나치게 과장해서 기록하는 것을 비판한 말이다. 과장이 심하면 족보의 신뢰성이 떨어지는 것은 물론이며, 오히려 조상의 행적에 먹칠을 하게 될 수도 있다.

이수건(李樹建)의 저서《한국의 성씨와 족보》를 보면 다음과 같은 내용이 있다.

17세기 중엽 이전에 발간했거나 초고(草稿) 또는 초안해 놓았던 가문들은 조상세계(祖上世系)와 족계(族系)에 대해 일단 중간적인 정리단계를 거쳤기 때문에 후기에도 내용이 충실한 족보를 속간할 수 있었다. 이에 반해 중간의 정리단계를 거치지 않은 채 조선후기 내지 한말(韓末)과 일제시대

> 에 와서 비로소 족보를 창간하려고 했던 각 성 족보의 경우는 당대인의 수록에는 큰 문제가 없었으나 그들의 조상세계(祖上世系)와 족파(族派)의 연접관계(連接關係)를 추적하여 계보화하기에는 관계자료가 없었던 것이다. 중간의 정리단계를 거치지 못하면서 또 관계자료까지 이어받지 못한 신흥세력들에 의해 작성된 족보는 자의적(恣意的)인 조작(造作)과 위작(僞作)이 가해졌던 것이다.
>
> 그 결과 18세기 이후에 창간된 족보들은 대체로 다음과 같은 특징을 띠고 있다. 즉 시조 또는 선조가 신라 내지 고려조 왕실·부마·공신이거나 또는 고관·요직을 역임했거나 명문 출신이었고 또 가문의 유래가 오래되었다는 사실을 강조한 데서 선대의 세계가 지나치게 소급되었는가 하면 족보상에 기재된 선조들의 관직도 지나치게 과장되어 있다……

이수건의 글에는 16세기 중엽 차식(車軾)의 《차원부설원기》(車原頫雪冤記)와 신현(申賢)의 《화해사전》(華海師全), 범세동(范世東)의 저서인 《화동인물총기》(話東人物叢記)가 위작임을 말해 주는 내용을 많이 담고 있다.

사실 여러 성씨 문중의 족보를 들여다보면 이수건이 지적한 차식, 신현 등의 저서와 닮았다는 생각을 하게 된다.

마한(馬韓), 기자조선(箕子朝鮮), 심지어 단군조선까지 조상의 계대(系代)가 올라간 성씨도 있기에 족보가 전적인 신뢰를 받지 못하는 것이다.

외국의 보학자(譜學者)들은 한국인의 족보에 대해 그 내용면에서 어느 나라도 흉내내지 못하는 특성을 갖고 있다고 말한다. 몇 줄 안 되는 기록으로 조상의 행적을 소상하게 알 수 있는 내용을 담고 있기 때문이다.

족보는 세대, 출생, 사망, 묘소, 부인 관계의 표기를 원칙으로 하고 관직이 있었으면 관직표기, 봉호(封號)가 있었으면 봉호표기, 시

호(謚號)가 있었으면 시호표기를 했다. 그 밖에 어떤 특별한 기록사
항이 있으면 표기해 두었다.

그 예가 되는 것이 바로 아래의 사진이다.

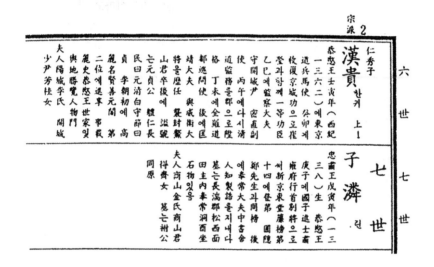

어느 문중 족보의 일부분이다. 옛날에 순한문으로 적은 것을 한글을 섞어 풀어 적은 오늘날
의 족보이다.

종파(宗派)는 종손계에 속한다는 용어이고 仁秀子(인수자)는 앞
서 표기된 仁秀(인수)라는 사람의 아들(子)이란 표기이다. 전문(全
文)을 풀이하면 다음과 같다.

공민왕(恭愍王) 임인년(壬寅年)에 동경도병마사(東京道兵馬使: 경주지역
군사령관), 계묘년(癸卯年)에 경성(京城: 수도 개성)을 수복(收復)한 공(功)으
로 최영(崔瑩)과 함께 일등공신(一等功臣)이 되고 을사년(乙巳年)에 감찰대
부(監察大夫)와 수개성윤(守開城尹: 수도 개성시장) 그리고 밀직부사(密直
副使: 군사관계 고위관직의 하나)를 지냈고 병오년(丙午年)에 다시 청도감

무(淸道監務)를 군(郡)으로 승격(陞格)시키다. 정미년(丁未年)에 전라도도순문사(全羅道都巡問使: 전라도지역 군 최고사령관)에 재직하고 후에 광정대부(匡靖大夫: 대부大夫 품계의 하나) 흥위위대장(興威衛大將: 군軍 한 부서의 대장군)을 역임하였다. 오산군(鰲山君)으로 습봉(襲封: 봉호를 이어받는 것)받았고, 돌아가신 뒤의 시호(諡號)는 원정공(元貞公)이라고 했다. 시호는 체인장민왈원청백수절왈정(體仁長民曰元淸白守節曰貞), 곧 '몸소 백성들에게 인(仁)을 보였으니 원(元)이라고 하고 청백의 도리를 지켰으니 정(貞)이라고 한다'는 뜻이다. 이조초(李朝初)에 고려 명현 선원각(高麗 名賢 善元閣)에 제2위(第二位)로 진향(進享)되었다. 사재여사공민왕세가(事載麗史恭愍王世家)와 여지승람인물문(輿地勝覽人物門)《고려사》공민왕 세가편과 《동국여지승람》인물편)에 그의 기록이 실려 있다. 부인(夫人)은 양성이씨(陽城李氏)로 개성소윤(開城少尹: 개성 부시장) 이방계(李芳桂)의 여식(女息)이다.

한귀(漢貴)라는 인물에 대한 설명이다. 그 밑에는 그의 아들 潾(인)에 대한 내용이 있다. 역시 고려에서 벼슬을 하였다는 관직이 표기되어 있고 부인에 대한 성씨 기록도 있다. 그런데 한귀에게는 출생연도 표기와 묘소 표기가 없다. 후손들이 조상에 관한 출생연도나 묘소의 소재에 대한 자세한 기록 같은 것을 갖고 있지 못하였기 때문일 것이다.

어느 성씨 족보나 '이러한 결함들은 있었다. 묘소 장소를 모르면 실전(失傳)이란 말을 적어 놓았다. 고려시대에 활약했던 조상들 행적에 대해서 어느 문중이든 100퍼센트 자세한 기록은 해두지 못하였다. 선조들에 대한 계보와 행적 등을 일일이 기록을 해 둔 적이 없었기 때문에, 뒤늦게 만들어지는 족보 또한 완전무결할 수는 없었던 것이다.

부인의 성씨를 존중한 조선시대

　조선시대의 사회상을 보면 가부장(家父長)이 강한 때라고 말한다. 가부장이란, 아버지가 가족에 대한 통솔권을 전적으로 갖고 있음을 뜻한다. 이는 또한 가족을 전적으로 책임진다는 뜻이기도 하다. 이 때문에 여필종부(女必從夫)란 말도 생겨난 것이다. '부인은 반드시 남편의 뜻에 따른다', 또는 좀 더 직설적으로 말하면 '남편에게 종속된다'는 의미이다. 이는 조선시대뿐만 아니라 과거 중국 등 부계사회 국가에서는 보편적인 현상이었다.

　그런데 조선시대에서는 여느 국가와 다르게 부인의 존재를 뚜렷하게 드러내는 제도가 있었다. 그것은 부인의 성과 부인의 친정 부모를 명기(明記)해 놓는 일이었다. 부인 자신의 이름은 기록하지 않더라도, 그 부인이 원래 가졌던 성만은 분명하게 기록한 것이다. 이런 예는 부인들에게만 있었던 것이 아니라 남편에게도 있었다. 이름 그 자체보다 성씨를 기록하는 것이 우선이었다. 성씨가 갖는 의미와 가치가 어떠했는지를 보여주는 증거라고 할 수 있다.

　고려조 후기부터 조선시대에 이르기까지 만들어진 유명인들의 묘소 지석(誌石)을 보면 외조모의 친정집 성과 본관까지 기록되어 있다. 또 딸이 시집가서 낳은 외손자가 장가가서 맺은 사돈 가문의 성과 본관 표기를 해 둔 것까지도 볼 수 있다.

굳이 지석만이 아니라 다른 여러 글에서도 먼 친척(親戚)의 사람 뿐만 아니라 먼 인척(姻戚)의 사람이 어느 본관의 성씨인지를 언급한 사례를 자주 볼 수 있다.

조선시대는 일찍부터 본관 중심의 성씨제도가 정착되어 갔기 때문에 모든 인물의 기록에서 본관 표기를 하는 관습이 있었는데, 이에 따라 본인이 아닌 남의 성씨도 존중하게 되어 시집온 부인의 성도 본래 그대로 갖도록 하였고 여러 기록에서 누락시키지 않았다. 서양의 나라들은 부인의 성에 대해서 다른 양상을 취한다. 부인의 본래 성을 묻어버리고 남편의 성만 쓰도록 하는 경우가 대부분이었다.

예컨대 영국의 전 총리 마거릿 힐다 대처 여사의 이름을 보면, 성은 대처이다. 대처는 남편의 성에서 온 것이다.

영국의 부인들은 남편의 성을 이름에다 붙여 쓰면서 자기의 본래 성을 이름과 성의 가운데에다 붙이기도 했지만, 다른 사람이 자신을 부르는 호칭에는 그것이 사용되지 않았다. 또한, 설령 부인의 성을 함께 표기하더라도 자녀들에게는 부인의 성을 붙여 주지 않았다. 역시 부계성을 잇게 한 것이다.

정경부인(貞敬夫人)이라고 하면 조선시대 벼슬의 최고품계인 정1품과 종1품의 문신(文臣)과 무신(武臣)의 처에게 주는 나라의 벼슬이다. 즉 부인의 작위(爵位)이다. 서양의 여러 나라에서는 이런 작위가 없었다.

정경부인 다음의 아래 작위는 정부인(貞夫人)이다. 정부인은 정2품과 종2품의 문무(文武) 신하들의 부인에게 주는 벼슬이다. 오늘날의 장관급이다.

조선시대 부인을 언급한 기록을 보면, 이름은 말[言]로 불리거나 글[文]로 기록되지 않았으나, 자기가 태어날 때 가지는 친정의 성은 호칭·기록되었다. 서양처럼 자기의 본래 성을 없애고 시집의 성, 곧 남편의 성을 따르는 일 같은 건 없었던 것이다.

부인이 작위를 받았을 때는 정경부인 전주이씨니, 정부인 경주김씨니 하는 호칭으로 비석에 기록되곤 하였다.

남편의 벼슬에 따라 부인에게 내려지는 작위가 아닌 것도 있었다. 조선 7대 세조 임금의 실록을 보면 정녕택주(貞寧宅主)라는 부인의 작호(爵號)를 언급한 기록이 있다. 아들 다섯 명을 잘 길러내어 모두 무과(武科)에 급제하고 당상관(堂上官) 벼슬까지 오르게 한 정부인 청도김씨(貞夫人淸道金氏)가 있었는데, 요즘으로 말하면 장한 어머니에게 표창을 한 것으로서 이 작호와 함께 매년 세미(나라에서 내리는 곡식)를 내렸다고 한다.

그 부인의 남편은 정2품의 판서(判書) 벼슬을 지낸 청주한씨(淸州韓氏) 한서룡(韓瑞龍)으로서, 영의정을 두 번이나 지낸 한명회(韓明澮)의 7촌 숙(叔)이었다.

택주라는 칭호는 왕가(王家)나 종친이 아닌 일반 백성의 부인에게 내리는 관작과 같은 호칭으로, 백성들끼리 흔히 서울댁, 전주댁하는 식으로 부르던 택호(宅號)와 같았다. 그러나 임금이 특별히 하사하는 칭호였기 때문에 작위와 같은 대우를 받았다.

왕가의 부인들은 공주(公主), 옹주(翁主), 부부인(府夫人), 군주(郡主) 등의 칭호를 사용하였다. 역시 작위와 같은 자격을 가지고 있었다. 벼슬아치의 품계에 따라 정해진 부인의 작위 이름은 정경부인,

다음은 정부인이고 그 밑으로 내려가면서 숙부인(淑夫人), 숙인(淑人), 영인(令人), 공인(恭人), 의인(宜人)이 있다. 의인이라는 작위는 정6품 관리의 부인에게 내려진 것이다. 정6품이면 지방관직인 현감(縣監)직에 있는 벼슬로서 오늘날 공무원으로 치자면 주사(主事) 정도의 중하위직이다. 이 정도 등급의 벼슬을 하는 관리의 부인에게도 관작이 내려졌다는 점에서 미루어 보건대, 조선시대가 가부장적인 시대라고 하지만 부인에게도 그 나름대로 대우를 하는 제도가 있었던 것이다.

혈족이 아닌 동성동본의 성씨

동성동본이란 성의 글자와 본관이 같다는 말인데, 그러면 조상도 같다는 의미로 생각하기 쉽다. 그런데 조선시대에 와서, 성과 본관이 같아도 혈족이 아닌 집단이 구분되었다. 이런 현상은 족보가 등장하면서 선대 조상의 계보가 다르다는 사실을 확인하는 과정에서 나타났다.

동성동본끼리라도 조상이 다른 경우에는 혈족이 아니라고 인식했던 것이다. 하지만 이 점을 모르고 오늘날도 혈족인양 오해하는 사람들이 있는데, 이런 성씨의 예를 들면 다음과 같다.

※ 안동김씨(安東金氏)

안동김씨에는 시조가 다른 두 파가 있다. 신라의 마지막 임금 경순왕의 후예인 김숙승(金叔承)을 시조로 받드는 파와, 신라말 고창성주(古昌城主)로 있던 김선평(金宣平)을 시조로 받드는 파가 그것이다. 고창은 안동의 옛 지명이다. 두 김씨는 선조가 분명히 다르기에 같은 혈족일 수가 없다. 그 때문에 두 문중에서는 서로를 구별하고자 각각 신(新), 구(舊)란 말을 붙여, 김숙승을 시조로 하는

안동김씨는 (구)안동김씨, 김선평을 시조로 하는 안동김씨는 (신)
안동김씨라고 한다.

※ 김해김씨(金海金氏)

가락국 김수로왕의 후손인 김해김씨와 신라 경순왕의 후손인
김해김씨는 동성동본이면서도 조상이 다르다. 이들 문중 사이에는
혼돈을 피하고자 선김(先金), 후김(後金)으로 구분하여 부르기도 하
였다. 김수로왕의 후손인 김해김씨는 먼저 김해를 본관으로 삼았
다고 하여 스스로를 선김이라고 부르고, 경순왕의 후손으로 일컫
는 김해김씨는 스스로를 후김이라고 불렀다. 후김의 시조는 김렴
(金濂)이다.

이 두 김해김씨 말고도 김해김씨라는 성씨가 있다. 조선 선조
때 귀화한 일본인 장군이 임금으로부터 사성(賜姓)받은 김해김씨
이다. 이 김해김씨는 혼돈을 막고자 우록김씨(友鹿金氏)라 구분해
부르고 있다.

※ 선산김씨(善山金氏)

김선궁(金宣弓)을 시조로 받드는 선산김씨와 김추(金錘)를 시조
로 받드는 선산김씨가 있다. 두 성씨는 같은 혈족이 아니다. 문중
의 기록에 따르면, 김추는 신라 경순왕의 여덟 번째 아들이다. 김
선궁은 고려 건국에 공헌한 공신인데 신라의 김씨계 왕족출신이
다. 이 두 성씨는 혈통이 다른 것을 구별하고자 일선계(一善系)와

비일선계(非一善系)라는 말로 구별해서 부르기도 한다. 일선은 선산의 별칭이다. 곧, 일선계는 김선궁의 선산김씨이고, 비일선계는 김추의 선산김씨이다.

※ 남양홍씨(南陽洪氏)

남양홍씨는 당홍계(唐洪系)와 토홍계(土洪系)의 구별이 있다. 당홍이란 말은 중국 당나라에서 귀화한 시조의 후손이라는 뜻이고, 토홍은 토착민으로서 홍씨 성을 가진 이들이라는 의미이다. 그들 각 문중의 기록에 따르면, 당홍계의 시조는 홍천하(洪天河)이고, 토홍계의 시조는 홍선행(洪先幸)이다.

그런데 당홍계에서는 토홍계가 토착 호족이었다는 주장에 이론(異論)을 달고 있다. 당홍계쪽 문중의 주장에 따르면, 시조 홍천하의 셋째 아들 홍순명(洪舜命)이 고구려 유민과 함께 신라에 반기를 들었는데 실패하자, 도피한 뒤 신분을 감추고 토착민 행세를 하였는데 그 후손이 토홍계라는 것이다.

※ 진주김씨(晋州金氏)

가락국계 진주김씨와 신라국계 진주김씨가 있다. 가락국계 김씨의 시조는 신라 김유신 장군의 아들 원술(元述)을 시조로 받들고 있다. 한편, 신라계 진주김씨 문중은 위에서 언급한 선산김씨(비일선계)와 같이 경순왕의 여덟 번째 아들 김추(金錘)를 시조로 받들고 있다.

※ 청주김씨(淸州金氏)

청주김씨에는 혈통이 다른 3개의 계보가 있다. 이들 세 계보가 각기 다른 시조를 두고 있는데 모두 신라계 김씨 성이라고 하였다. 김정(金鋌)을 시조로 받드는 청주김씨, 김하통(金夏通)을 시조로 받드는 청주김씨, 김사지(金四知)를 시조로 받드는 청주김씨이다.

※ 창원황씨(昌原黃氏)

토황(土黃)과 당황(唐黃)으로 구분되고 있다. 토황의 시조는 황충준(黃忠俊), 당황의 시조는 황석기(黃石奇)이다. 남양홍씨의 당홍계와 토홍계와 같다. 당황은 당나라에서 온 귀화인계이고, 토황은 토착민으로서 황씨 성을 취했다는 뜻이다.

시조의 성이 원래는 달랐던 성씨들

시조는 원래 다른 성이었는데 어떤 연유로 성이 바뀌어 현재 성씨의 시조가 된 사람이 있다. 임금으로부터 새로운 성을 받거나 하는 등의 이유로 이런 변화가 일어나기도 했다.

※ 안동권씨(安東權氏)

시조는 권행(權幸)이다. 그의 원래 성은 김씨로서, 고려 태조가 나라를 세울 때 공신이 된 인물이다. 태조 왕건이 사성(賜姓)을 하여 권씨 성이 된 것이다. 권(權)이라는 성은 권문세족(權門勢族)이 되라는 뜻에서 하사했다고 한다. 당시 그는 현 안동의 옛 지명인 고창(古昌)의 별장(別將)을 지냈다고 한다.

※ 문화류씨(文化柳氏)

시조는 류차달(柳車達)이다. 그의 선대 조상은 차씨(車氏)였다고 한다. 성의 유래에 대한 문중의 기록을 보면, 5대조인 차승색(車承穡)이 신라 애장왕(哀莊王) 때 고위직에 있었는데, 왕의 서숙(庶叔:

아버지의 배다른 동생)되는 김언승(金彦昇)에게 왕이 시해되자 관직에서 물러나 선왕을 위해 복수를 도모하다 계획이 탄로나자 숨어 살았다. 그 당시 조모(祖母)의 성이었던 양씨(楊氏)와 비슷한 글자인 류(柳)를 택해 성으로 삼았다는 것이다.

※ 주: 위의 내용에 대해 문화류씨 문중에서는 부인하고 있으며, 이수건의 《한국의 성씨와 족보》에도 이 내용이 사실이 아니라는 주장이 실려 있다.

※ 수성최씨(隋城崔氏)

시조는 최영규(崔永奎)이다. 그의 본래 성은 신라계 김씨 성이었는데, 고려 충렬왕 때 풍속이 문란한 수원 일대를 도덕과 효의 고장으로 만드는 데 공을 세워, 왕으로부터 새로운 성과 본관을 하사받았다고 했다. 수성은 수원의 옛 지명이다.

※ 예천권씨(醴泉權氏)

시조는 권섬(權暹)이다. 그의 본래 성은 흔씨(昕氏)였다. 고려 19대 명종의 이름과 같다고 하여 스스로 성을 바꾸었다고 한다. 바꾼 권씨 성은 외갓집 성이었다. 당시는 임금의 이름과 같은 글자는 성으로 사용하지 아니한다는 관습이 있었다.

※ 안동손씨(安東孫氏)

시조는 손응(孫凝)이다. 원래 그의 성은 순씨(荀氏)였다. 고려 8대

현종의 이름 글자의 음과 비슷하다고 하여 바꾼 것이라고 한다. 순씨 성은 고려초부터 있었다.

※ 광산이씨(光山李氏)

시조는 이순백(李珣白)이다. 그는 신라의 왕족 성이었던 김씨 성이었다고 한다. 고려 27대 충숙왕이 티벳으로 유배갈 때, 다른 신하들은 도망갔으나 오직 그 혼자 따라가 호종(扈從)한 공이 있어, 귀국한 뒤 왕으로부터 새로운 성을 하사받은 것이다.

※ 인천이씨(仁川李氏)

시조는 이허겸(李許謙)이다. 그는 원래 김수로왕의 왕비와 같은 허씨(許氏) 성이었다고 한다. 통일신라시대 당나라에 사신으로 갔다가, 현종(玄宗)이 안록산(安祿山)의 난을 만나 촉(蜀)으로 피난갈 때 호종한 공이 인정되어, 당나라의 왕족 성씨였던 이씨(李氏) 성을 하사받았다는 것이다.

※ 해주왕씨(海州王氏)

시조는 왕유(王儒)이다. 그는 본래 박씨(朴氏)였다고 한다. 후고구려의 궁예(弓裔) 밑에서 벼슬을 지내다가 고려의 건국에 참여하여 공신이 된 뒤에 고려 태조 왕건으로부터 왕씨 성을 하사받았다고 한다.

※ 창원구씨(昌原具氏)

시조는 구성길(仇成吉)이다. 조선 정조(正祖)가 발음은 같지만 글자가 다른 구씨(具氏) 성을 사성(賜姓)하여 성이 바뀌었다.

※ 안씨(安氏)

태원안씨(太原安氏)를 제외한 모든 본관의 안씨는 당나라에서 신라로 귀화한 이원(李瑗)의 후예라고 한다. 이원의 아들이 3명 있었는데, 신라 경문왕(景文王) 때 왜구를 물리친 공을 인정받아 왕으로부터 안씨(安氏) 성을 사성(賜姓)을 받았다고 한다.

※ 남씨(南氏)

모든 남씨는 남민(南敏)을 시조로 받들고 있다. 남민의 본래 성과 이름은 김충(金忠)이었고 당나라 사람이었다고 한다. 사신으로 일본에 갔다가 귀국하는 뱃길에 풍랑을 만나 표류하였는데, 신라 땅에 흘러 들어가 귀화한 뒤 왕에게 새로 하사받은 성이 남씨라고 한다.

이상의 성씨는 시조가 본래의 성에서 바뀌어 등장한 성씨들이다. 그 밖에 시조의 성이 바뀌어 생긴 성씨들도 있다.

일제강점기의 성씨

　1897년 10월에 조선이란 나라의 이름이 대한(大韓)으로 바뀌었다. 공식 국호는 대한제국(大韓帝國)이라고 했다. 그뒤 근대화로 가는 개화의 물결로 말미암아, 반상(班常)의 구별을 혁파하는 사회현상이 나타났다. 이에 따라 그때까지 성을 갖지 못하였던 사람들도 임의대로 성을 갖거나 본관을 취하는 데 구애받는 일이 없게 되었다. 그러나 뒤늦게 성과 본관을 가졌어도, 이런 사람들은 남들 앞에 떳떳할 수 없는 불안이 있었는데, 대한제국이 일본제국의 식민지가 되면서 이 불안을 지울 수 있는 계기가 생기게 되었다. 그것은 본관 같은 것이나 옛 조상계보 같은 것이 필요 없는 창씨(創氏)였다. 일제가 한국을 식민지화한 뒤 내선일체(內鮮一體)란 명목으로 한국인의 전통 성씨를 일본식으로 바꾸게 하였던 것이다.

　조선총독부에서는 1939년에 법령을 정하고 다음 해 2월에 창씨개명을 단행하였다. 당시 총독은 미나미(南)였는데, 그는 한국인이 조상을 받드는 사상을 근절시켜 일본인화(日本人化)하겠다는 의도로 창씨 작업을 진행했다.

　한국인은 성이 곧 조상의 얼굴이라고 여겼기에 전통적인 그들의 성을 바꾸지 않으면 조선인이 일본인화하는 것은 어렵고, 일본천황을 섬기는 황국신민(皇國臣民)이 되려는 생각은 더더욱 하지 않으리라는 점을, 당시 일본의 통치자들과 미나미 총독은 잘 알고 있었던 것이다.

창씨와 함께, 이름을 바꾸는 개명정책(改名政策)이 추진되었다. 이 정책 역시 조선인들의 전통적 작명원리(作名原理)였던 항렬자(行列字) 사용을 막아 숭조(崇祖)의 정신을 말살하려는 의도로 벌인 것이다.

그러나 당시 한국인에게는 성이 매우 소중한 존재였기에, 이런 정책들에 반대하여 죽음으로 항거하는 사례마저 있었다. 전라남도 곡성군(谷城郡) 오곡면에 살았던 류건영(柳建榮)이란 사람은 "말과 글을 빼앗더니 이제 성까지 빼앗다니? 조상이 준 성을 버리게 하는 건 5천 년의 우리민족이 지켜 온 성을 버리라고 강요하는 것이다. 그것은 곧 죽으라는 것과 같다. 창씨개명은 짐승만도 못한 짓이다. 조상을 모를 바에야 나는 차라리 죽음을 택하겠다." 라는 항의문을 미나미 총독에게 우편으로 부치고 자결하였다. 당시 그의 나이 58세였다.

또한, 전북 고창군(高敞郡)에 사는 소진영(蘇鎭永)이라는 사람은 자녀가 학교에 입학하면서 강제로 창씨개명된 것을 보고 비분강개하여 바다에 몸을 던져 죽었다고 한다.

구한말(舊韓末) 일제의 강요로 단행했던 단발령(斷髮令)은 '신체발부(身體髮膚)는 수지부모(受之父母)'라는 유림들의 유교사상에 저항을 받았지만, 창씨개명은 일반 백성들 사이에서도 뿌리가 깊은 조상숭배의 정신에 어긋나는 것이었기에 큰 정서적 저항을 받기도 했다.

총독부령으로 단행된 창씨개명은 한국인의 성을 일본인처럼 두 글자로 만드는 방식, 그러니까 원래 조선인들이 쓰던 성씨에 한 글자를 더 붙이는 방식으로 진행되었다. 그 예를 살펴보면 다음과 같다.

김씨(金氏) 성을 가진 사람은 金本(가네모토), 金岡(가네오카), 金田(가네다), 金村(가네무라), 金山(가네야마) 등으로 바꾸었다.

강씨(姜氏) 성은 大山(오오야마), 大野(오오노), 岡田(오카다), 吉村(요시무라) 등으로, 이씨(李氏) 성은 松本(마쓰모토), 國本(구니모토), 松岡(마쓰오카), 森山(모리야마), 靑山(아오야마) 등으로, 박씨(朴氏) 성은 木村(기무라), 新井(아라이), 高木(다카키), 平田(히라다), 松井(마쓰이) 등으로, 최씨(崔氏) 성은 大山(오오야마), 高山(다카야마), 山本(야마모토) 등으로, 조씨(趙氏) 성은 富山(후지야마), 豊田(도요타), 富田(후지타), 白川(히라카와), 松原(마쓰하라) 등으로, 홍씨(洪氏) 성은 德山(도쿠야마), 三井(미쓰이), 德原(도쿠하라), 水田(미즈타) 등으로, 신씨(申氏) 성은 平山(히라야마), 平田(히라타), 松山(마쓰야마) 등으로, 안씨(安氏) 성은 安田(야스다), 安井(야스이), 安川(야스카와), 竹山(다케야마) 등으로, 윤씨(尹氏) 성은 三木(미키), 伊藤(이토), 鈴原(스즈하라), 平川(히라카와), 大平(오오히라) 등으로, 한씨(韓氏) 성은 大山(오오야마), 西原(니시하라), 神田(칸다), 吉田(요시다) 등으로 바꾸었다.

창씨를 할 때 자기 성의 본관을 성으로 만드는 사람들도 있었다. 평산신씨(平山申氏)는 平山(평산)을, 김해김씨(金海金氏)는 金海(김해)를, 달성서씨(達城徐氏)는 達城(달성)을, 안동장씨(安東張氏)는 安東(안동)을, 수원백씨(水原白氏)는 水原(수원)을, 파평윤씨(坡平尹氏)

는 坡平(파평)을, 현풍곽씨(玄風郭氏)는 玄風(현풍) 또는 苞山(포산)을, 청주한씨(淸州韓氏)는 淸州(청주) 또는 淸原(청원)을, 광산김씨(光山金氏)는 光山(광산)을, 안동김씨(安東金氏)는 安東(안동)을, 능성구씨(稜城具氏)는 稜城(능성)을 창씨 성으로 삼았다.

창씨 성 가운데는 짐짓 일본의 전통성을 본뜬 성씨도 있었다. 鈴木(스즈키), 吉村(요시무라), 伊藤(이토), 加藤(가토), 岡村(오카무라), 野村(노무라), 大平(오오히라), 山本(야마모토) 등의 성을 자진해서 썼던 것이다. 이런 성을 가졌던 사람은 아무래도 친일적(親日的)인 사고방식에 젖어 있었다고 할 수 있다.

특히 伊藤(이토)는 조선침략의 원흉 이토 히로부미(伊藤博文)의 성과 같았기에, 지각이 조금이라도 있는 사람들은 이러한 성을 쓰는 조선인들을 보며 씁쓸함을 금치 못했다.

강씨(姜氏) 성을 가진 어떤 사람은 강씨 성이 중국신화에 등장하는 신농씨(神農氏)로부터 생겨난 것을 알리고자 짐짓 神農(신농)이라 창씨하기도 했다.

상촌(桑村)이라는 자기 조상의 호(號)를 창씨로 삼은 사람도 있었다. 상촌은 고려말 충신이었던 김자수(金自粹)의 호이다. 그는 경주 김씨의 파조(派祖) 가운데 한 사람이다. 그를 파조로 하는 상촌공파(桑村公派)가 있다.

일본의 성이 대부분 그러하듯 한문의 뜻을 충실하게 따르는 창씨를 하는 경우가 많았다. 예컨대 '나는 본래 김씨 성이다' 하는 뜻으로 金本(가네모토) 같은 성을 만든 것이다.

일본의 성은 주변 환경에서 유래한 성씨가 많았다. 예컨대, 산 아래라는 뜻의 야마시타(山下), 밭 가운데라는 뜻의 다나카(田中),

큰 마을이란 뜻의 오오무라(大村), 중간 마을이란 뜻의 나카무라(中村) 같은 성을 들 수 있다. 이런 성의 시조들은 실제로 그런 곳에 살았다고 한다. 일본의 경우에는 자기네 시조가 최초로 가졌던 성과는 관계없이, 문중의 혈족을 표시할 때 문장(紋章) 등을 쓰는 경우가 많았다.

일제강점기에서는 일본인들의 성을 흉내내지 않으면 교육, 공직생활 등 모든 면에서 불이익을 받았기 때문에, 대부분의 한국인들이 처음에는 창씨개명 정책에 저항하다가도 끝내는 이에 따를 수밖에 없었다.

조선총독부가 조선인에게 창씨개명을 강요하기 전인 1930년대 중반기에는 조선인의 각 성씨 문중에서 족보발행이 성행하였는데, 이 시기에 바로 오늘날에도 볼 수 있는 순수하지 못한 탁보(濁譜)가 쏟아져 나왔다. 당시 족보출판이 빈번하였던 곳은 경북 상주의 공성(功城)과 경남 밀양의 부북(府北), 평북의 의주(義州)였다. 족보의 대량출판이 이뤄지는 과정에서 가짜 계보가 명가(名家)의 족보에 끼어들기도 했다.

창씨개명이 강제적으로 시행된 뒤로는 족보출판이 금지되었기에 암암리에 출판이 이뤄졌는데, 이때는 더욱 믿을 수 없는 족보가 나타나기도 했던 것이다.

조선시대 본관이 된 지명

　본관으로 사용되는 지명을 보면 대개가 과거 현(縣)의 지역이다. 현의 지역이라면 오늘날 군(郡)의 행정단위보다 작은 지역이다. 성씨 뒤에 본관을 붙일 때 나라 이름, 또는 도(道)의 이름을 사용하는 예는 없었다. 이를테면 경북(慶北), 경남(慶南), 전북(全北) 또는 경상도(慶尙道), 전라도(全羅道)라고 하는 본관을 쓰지는 않는다. 이는 한국인 성씨의 본관제도가 보여주는 특징이다.

　한편, 본관의 유래가 되는 지역의 이름이 바뀌었어도 옛 지명을 계속 본관으로 표기하는 사례가 많다는 점도 알아둘 필요가 있다. 또한 같은 지역에서 유래한 성이라도, 조상의 계보가 다름을 표시하고자 일부러 옛 지명을 쓰는 경우도 있다. 광주(光州)와 광산(光山), 능성(綾城)과 능주(綾州), 파주(坡州)와 파평(坡平), 수원(水原)과 수성(隋城) 등이 같은 지역인데 다른 지명을 쓰는 예이다.

　아래 기록된 지명은 조선시대부터 각 성씨들이 본관으로 써 왔다. 지금도 이 지명들 가운데 본관을 선택한 성씨가 많이 있다.

　○ 경기도 : 한양(漢陽), 양주(楊州), 견주(見州), 풍양(豊壤), 고양(高陽), 행주(幸州), 금천(衿川), 서원(瑞原), 파평(坡平), 교하(交河), 개성(開

城), 해풍(海豊), 덕수(德水), 임강(臨江), 연천(漣川), 삭녕(朔寧), 가평(加平), 수주(樹州), 인천(仁川), 경원(慶源), 남양(南陽), 당성(唐城), 양천(陽川), 안산(安山), 김포(金浦), 통진(通津), 광주(廣州), 여흥(驪興), 천녕(川寧), 음죽(陰竹), 설성(雪城), 이천(利川), 양성(陽城), 용인(龍仁), 수원(水原), 수성(隋城), 용성(龍城), 진위(振威), 안성(安城), 양근(楊根), 강화(江華), 진강(鎭江), 하음(河陰), 교동(喬洞).

○ 황해도 : 황주(黃州), 서흥(瑞興), 봉산(鳳山), 안악(安岳), 수안(遂安), 곡산(谷山), 신계(新溪), 해주(海州), 재령(載寧), 장연(長淵), 강령(康翎), 신천(信川), 연안(延安), 평산(平山), 배천(白川), 우봉(牛峰), 토산(兎山), 강음(江陰), 풍천(豊川), 문화(文化), 송화(松禾), 은율(殷栗).

○ 충청도 : 충주(忠州), 덕산(德山), 청풍(淸風), 단양(丹陽), 연풍(延豊), 괴산(槐山), 제천(堤川), 진천(鎭川), 청안(淸安), 청주(淸州), 음성(陰城), 전의(全義), 목천(木川), 문의(文義), 죽산(竹山), 천안(天安), 회인(懷仁), 연기(燕岐), 직산(稷山), 평택(平澤), 온양(溫陽), 신창(新昌), 아산(牙山), 보은(報恩), 옥천(沃川), 영동(永同), 연산(連山), 진잠(鎭岑), 부여(扶餘), 임천(林川), 한산(韓山), 서천(舒川), 남포(藍浦), 비인(庇仁), 정산(定山), 홍산(鴻山), 홍주(洪州), 여양(驪陽), 흥양(興陽), 신평(新平), 태안(泰安), 서산(瑞山), 면천(沔川), 여미(餘美), 당진(唐津), 덕산(德山), 청양(靑陽), 보령(保寧), 결성(結城), 대흥(大興).

※ 평택은 과거에 충청도에 속했던 적이 있다.

○ 강원도 : 강릉(江陵), 우계(羽溪), 동산(洞山), 간성(杆城), 고성(固

城), 통천(通川), 흡곡(歙谷), 삼척(三陟), 울진(蔚珍), 평해(平海), 원주(原
州), 평창(平昌), 정선(旌善), 영월(寧越), 홍천(洪川), 횡성(橫城), 인제(麟
蹄), 회양(淮陽), 금성(金城), 금화(金化), 평강(平康), 춘천(春川), 철원(鐵
原), 안협(安峽).

○ 경상도 : 경주(慶州), 안강(安康), 기계(杞溪), 경산(慶山), 영천(永
川), 하양(河陽), 신령(新寧), 흥해(興海), 영일(迎日), 장기(長鬐), 울산(蔚
山), 언양(彦陽), 기장(機張), 양산(梁山), 동래(東萊), 밀양(密陽), 창녕(昌
寧), 청도(淸道), 영산(靈山), 현풍(玄風), 대구(大邱), 수성(壽城), 하빈(河
濱), 안동(安東), 풍산(豊山), 임하(臨河), 일직(一直), 감천(甘泉), 길안(吉
安), 영해(寧海), 영양(英陽), 영덕(盈德), 예안(禮安), 봉화(奉化), 청송(靑
松), 진성(眞城), 의성(義城), 군위(軍威), 의흥(義興), 예천(醴川), 영주(榮
州), 순흥(順興), 풍기(豊基), 은풍(殷豊), 인동(仁同), 약목(若木), 상주(尙
州), 중모(中牟), 함창(咸昌), 용궁(龍宮), 문경(聞慶), 가은(加恩), 개령(開
寧), 지례(知禮), 선산(善山), 해평(海平), 가리(加利), 팔거(八莒), 고령(高
靈), 합천(陜川), 야로(冶爐), 초계(草溪), 김해(金海), 창원(昌原), 진해(鎭
海), 함안(咸安), 칠원(漆原), 구산(龜山), 진주(晋州), 고성(固城), 사천(泗
川), 의령(宜寧), 강성(江城), 거창(居昌), 이안(利安), 함양(咸陽), 남해(南
海), ·하동(河東), 거제(巨濟), 아주(鵝州).

○ 전라도 : 전주(全州), 진산(珍山), 금산(錦山), 여산(礪山), 익산(益
山), 고산(高山), 함열(咸悅), 용안(龍安), 김제(金堤), 금구(金溝), 낭산(朗
山), 만경(萬頃), 임피(臨陂), 고부(古阜), 옥구(沃溝), 초산(楚山), 태인(泰
仁), 부안(扶安), 고창(高敞), 흥덕(興德), 나주(羅州), 반남(潘南), 압해(押

海), 안노(安老), 진도(珍島), 가흥(嘉興), 해남(海南), 영광(靈光), 영암(靈岩), 도강(道康), 탐진(耽津), 무송(茂松), 무안(務安), 남평(南平), 장성(長城), 남원(南原), 순창(淳昌), 용담(龍潭), 구례(求禮), 임실(任實), 운봉(雲峰), 장수(長水), 무주(茂州), 진안(鎭安), 곡성(谷城), 광양(光陽), 순천(順天), 돌산(突山), 낙안(樂安), 고흥(高興), 보성(寶城), 능성(綾城), 창평(昌平), 화순(和順), 동복(同福), 옥과(玉果), 진원(珍原), 광주(光州), 장흥(長興), 장택(長澤), 담양(潭陽).

※금산(錦山)은 과거에 전라도에 속했던 적이 있다.

○ 제주도 : 제주(濟州), 영주(瀛州).

○ 평안도 : 평양(平壤), 중화(中和), 상원(祥原), 강동(江東), 함종(咸從), 강서(江西), 용강(龍岡), 정주(定州), 의주(義州), 은산(殷山), 안주(安州), 연주(延州), 창성(昌城), 태천(泰川), 희천(熙川).

○ 함경도 : 등주(登州), 서곡(瑞谷), 영흥(永興), 문천(文川), 길주(吉州), 경성(鏡城), 종성(鍾城), 경원(慶源).

조선시대 중국의 지명을 그대로 본관으로 쓰는 성씨들도 있다. 그 예를 들면 다음과 같다.

가씨(賈氏): 소주(蘇州) / 공씨(孔氏): 곡부(曲阜) / 단씨(段氏): 강음(江陰) / 명씨(明氏): 서촉(西蜀) / 시씨(施氏): 절강(浙江) / 왕씨(王氏): 제남(濟南) / 자씨(慈氏): 요양(遼陽) / 장씨(張氏): 절강(浙江) / 정씨(程氏): 하

남(河南) / 초씨(楚氏): 파릉(巴陵) / 편씨(片氏): 절강(浙江) /팽씨(彭氏):
절강(浙江) / 호씨(胡氏): 파릉(巴陵) 등.

다른 본관을 쓰는 장씨와 왕씨 성도 있다. 안동장씨와 개성왕씨
의 경우에는 한국의 지명을 본관으로 삼았다.

4 부

오늘날 한국인의 성과 그 인구수

　현존하는 성씨별 인구수는 아래와 같다. 이것은 본관과는 관계 없는 수치이다. 괄호 안 숫자는 2000년도 통계청 조사에 기록된 인구수이다. 여기 기록된 성 가운데, 같은 글자라도 한글의 발음표기를 달리 한 경우도 있다. 예를 들어, 같은 葉을 한자로 쓰더라도 '엽'과 '섭'으로 구별하였다.

○ 가(賈 : 9,090)　　　○ 간(簡 : 2,429)　　　○ 갈(葛 : 3,178)

○ 감(甘 : 5,998)　　　○ 강(姜 : 1,044,386)　　○ 강(康 : 109,925)

○ 강(疆 : 13,228)　　　○ 강(強 : 1,620)　　　○ 강(剛 : 546)

○ 개(介 : 88)　　　　○ 견(甄 : 1,141)　　　○ 견(堅 : 519)

○ 경(慶 : 11,145)　　　○ 경(景 : 4,639)　　　○ 경(京 : 1)

○ 계(桂 : 6,282)　　　○ 고(高 : 435,839)　　○ 곡(曲 : 148)

○ 공(孔 : 83,164)　　　○ 공(公 : 2,442)　　　○ 곽(郭 : 187,322)

○ 교(橋 : 41)　　　　○ 구(具 : 178,167)　　○ 구(丘 : 13,241)

○ 구(邱 : 894)　　　　○ 국(鞠 : 16,697)　　○ 국(國 : 2,182)

○ 국(菊 : 405)　　　　○ 군(君 : 46)　　　　○ 궁(弓 : 562)

○ 궉(鴌 : 248)　　　　○ 권(權 : 652,495)　　○ 근(斤 : 242)

○ 금(琴 : 23,489)　　○ 기(奇 : 24,385)　　○ 기(箕 : 2,294)

○ 길(吉 : 32,418)　　○ 김(金 : 9,925,949)　　○ 나(羅 : 172,022)

○ 난(欒 : 80)　　○ 남(南 : 257,718)　　○ 남궁(南宮 : 18,743)

○ 낭(浪 : 341)　　○ 내(奈 : 63)　　○ 내(乃 : 377)

○ 노(盧 : 220,354)　　○ 노(魯 : 67,032)　　○ 노(路 : 3,048)

○ 뇌(賴 : 21)　　○ 뇌(雷 : 80)　　○ 누(樓 : 24)

○ 단(段 : 1,429)　　○ 단(單 : 122)　　○ 단(端 : 34)

○ 담(譚 : 57)　　○ 당(唐 : 1,025)　　○ 대(大 : 606)

○ 도(陶 : 1,809)　　○ 도(都 : 52,349)　　○ 도(道 : 621)

○ 독고(獨孤 : 807)　　○ 돈(頓 : 115)　　○ 돈(敦 : 21)

○ 동(董 : 5,564)　　○ 동방(東方 : 220)　　○ 두(杜 : 5,750)

○ 마(馬 : 35,096)　　○ 마(麻 : 998)　　○ 류(柳 : 603,084)

○ 매(梅 : 222)　　○ 맹(孟 : 20,219)　　○ 명(明 : 26,746)

○ 모(牟 : 18,955)　　○ 모(毛 : 879)　　○ 목(睦 : 8,191)

○ 묘(苗 : 61)　　○ 묵(墨 : 179)　　○ 문(文 : 426,927)

○ 미(米 : 199)　　○ 민(閔 : 159,054)　　○ 박(朴 : 3,895,121)

○ 반(班 : 2,955)　　○ 반(潘 : 23,216)　　○ 방(龐 : 1,080)

○ 방(方 : 81,710)　　○ 방(房 : 35,366)　　○ 방(邦 : 1,547)

○ 배(裵 : 372,064)　　○ 백(白 : 351,275)　　○ 범(范 : 3,316)

○ 범(凡 : 157)　　○ 변(卞 : 78,685)　　○ 변(邊 : 52,869)

○ 복(卜 : 8,644)　　○ 봉(奉 : 11,492)　　○ 봉(鳳 : 327)

○ 부(夫 : 9,470)　　○ 부(傅 : 122)　　○ 비(丕 : 90)

○ 빈(賓 : 3,704)　　○ 빈(彬 : 1,548)　　○ 빙(氷 : 726)

○ 빙(冰 : 1)

○ 사(舍 : 227)

○ 사(史 : 9,756)

○ 사(謝 : 136)

○ 삼(森 : 49)

○ 사공(司空 : 4,307)

○ 삼(杉 : 2)

○ 서(徐 : 693,954)

○ 상(尙 : 2,298)

○ 서(西 : 1,295)

○ 석(石 : 46,066)

○ 서문(西門 : 1,861)

○ 석(昔 : 9,544)

○ 선우(鮮于 : 3,560)

○ 선(宣 : 38,849)

○ 설(薛 : 38,766)

○ 설(偰 : 3,298)

○ 섭(葉 : 450)

○ 성(成 : 184,555)

○ 소(蘇 : 39,552)

○ 성(星 : 808)

○ 소(邵 : 9,904)

○ 손(孫 : 415,182)

○ 소(肖 : 1)

○ 송(宋 : 634,345)

○ 송(松 : 4,737)

○ 수(水 : 124)

○ 수(洙 : 75)

○ 순(舜 : 120)

○ 순(荀 : 1,017)

○ 순(淳 : 121)

○ 승(承 : 2,494)

○ 순(順 : 38)

○ 승(昇 : 810)

○ 시(柴 : 1,807)

○ 시(施 : 2,121)

○ 신(申 : 698,171)

○ 신(愼 : 45,764)

○ 신(辛 : 167,621)

○ 심(沈 : 252,255)

○ 아(阿 : 632)

○ 십(辻 : 82)

○ 안(安 : 637,786)

○ 야(夜 : 180)

○ 애(艾 : 123)

○ 양(梁 : 389,152)

○ 양(樑 : 3,254)

○ 양(楊 : 93,416)

○ 양(襄 : 823)

○ 엄(嚴 : 132,990)

○ 어(魚 : 17,551)

○ 여(呂 : 56,692)

○ 여(汝 : 358)

○ 여(余 : 18,146)

○ 연(延 : 28,447)

○ 연(燕 : 3,540)

○ 연(連 : 532)

○ 염(廉 : 63,951)

○ 영(永 : 132)

○ 엽(葉 : 127)

○ 영(榮 : 86)

○ 예(芮 : 12,655)

○ 영(影 : 41)

○ 예(乂 : 1)

○ 옥(玉 : 22,964)

○ 오(吳 : 706,908)

○ 온(溫 : 5,081)

○ 옹(雍 : 192)

○ 옹(邕 : 772)

○ 왕(王 : 23,447)　　○ 용(龍 : 14,067)　　○ 요(姚 : 198)

○ 우(禹 : 176,682)　　○ 우(于 : 3,359)　　○ 우(宇 : 1)

○ 운(雲 : 169)　　○ 운(芸 : 68)　　○ 원(元 : 119,356)

○ 원(袁 : 1,104)　　○ 원(苑 : 5)　　○ 위(魏 : 28,675)

○ 위(韋 : 1,821)　　○ 유(劉 : 242,889)　　○ 유(兪 : 178,209)

○ 유(庾 : 16,802)　　○ 육(陸 : 21,545)　　○ 윤(尹 : 948,600)

○ 은(殷 : 15,657)　　○ 음(陰 : 5,936)　　○ 이(李 : 6,794,637)

○ 이(異 : 1,730)　　○ 이(伊 : 860)　　○ 인(印 : 20,635)

○ 임(林 : 762,767)　　○ 임(任 : 172,726)　　○ 장(張 : 919,339)

○ 장(蔣 : 17,708)　　○ 장(章 : 5,562)　　○ 장(莊 : 476)

○ 저(邸 : 48)　　○ 전(全 : 493,419)　　○ 전(田 : 188,354)

○ 전(錢 : 6,094)　　○ 점(占 : 516)　　○ 정(鄭 : 2,018,117)

○ 정(丁 : 187,975)　　○ 정(程 : 32,519)　　○ 제(諸 : 19,595)

○ 제(齊 : 373)　　○ 제갈(諸葛 : 4,444)　　○ 조(趙 : 984,913)

○ 조(曹 : 362,817)　　○ 종(鍾 : 816)　　○ 종(宗 : 146)

○ 좌(左 : 3,130)　　○ 주(朱 : 176,232)　　○ 주(周 : 38,778)

○ 즙(辻 : 4)　　○ 준(俊 : 72)　　○ 증(增 : 3)

○ 증(曾 : 3)　　○ 지(池 : 140,824)　　○ 지(智 : 6,748)

○ 진(陳 : 142,496)　　○ 진(秦 : 21,167)　　○ 진(晋 : 5,738)

○ 진(眞 : 1,579)　　○ 차(車 : 180,589)　　○ 창(昌 : 1,035)

○ 창(倉 : 144)　　○ 채(蔡 : 114,069)　　○ 채(菜 : 3,516)

○ 채(采 : 1,666)　　○ 천(千 : 103,811)　　○ 천(天 : 8,416)

○ 초(楚 : 281)　　○ 초(肖 : 70)　　○ 초(初 : 45)

○ 추(秋 : 54,667)　　○ 추(鄒 : 642)　　○ 춘(椿 : 77)

○ 최(崔 : 2,169,704)   ○ 탁(卓 : 19,395)   ○ 탄(彈 : 155)

○ 태(太 : 8,165)   ○ 판(判 : 209)   ○ 팽(彭 : 2,825)

○ 편(片 : 14,675)   ○ 편(扁 : 633)   ○ 평(平 : 608)

○ 포(包 : 129)   ○ 표(表 : 28,398)   ○ 풍(馮 : 586)

○ 피(皮 : 6,303)   ○ 필(弼 : 251)   ○ 하(河 : 209,756)

○ 하(夏 : 4,052)   ○ 학(郝 : 101)   ○ 한(韓 : 704,365)

○ 한(漢 : 11,191)   ○ 함(咸 : 75,955)   ○ 해(海 : 322)

○ 허(許 : 300,449)   ○ 현(玄 : 81,807)   ○ 형(邢 : 6,640)

○ 호(扈 : 4,228)   ○ 호(胡 : 1,668)   ○ 호(鎬 : 210)

○ 홍(洪 : 518,635)   ○ 화(化 : 945)   ○ 환(桓 : 157)

○ 황(黃 : 644,294)   ○ 황보(皇甫 : 9,148)   ○ 후(候 : 83)

○ 후(后 : 31)   ○ 홍(興 : 462)

※ 일본식 성도 있다. 강전(岡田 : 51), 강절(綱切 : 10), 어금(魚金 : 51), 장곡(長谷 : 52)

본관별 인구순위로 본 100대 성씨

한국인들은 성뿐 아니라 본관까지 같아야 일족(一族)으로 여긴다. 따라서 본관별 성씨의 인구수를 살펴볼 필요가 있다. 2000년도 통계청에서 조사한 인구수 상위 100개 성을 아래에 나열하였다.

인구순위	성의 본관	가구수	인구수
1	김해김씨(金海金氏)	1,295,080	4,124,934
2	밀양박씨(密陽朴氏)	946,307	3,031,478
3	전주이씨(全州李氏)	808,501	2,609,890
4	경주김씨(慶州金氏)	542,018	1,736,798
5	경주이씨(慶州李氏)	446,598	1,424,866
6	경주최씨(慶州崔氏)	304,722	976,820
7	진주강씨(晉州姜氏)	300,724	966,710
8	광산김씨(光山金氏)	258,936	837,008
9	파평윤씨(坡平尹氏)	221,477	713,947
10	청주한씨(淸州韓氏)	199,642	642,992
11	안동권씨(安東權氏)	196,566	629,291
12	인동장씨(仁同張氏)	184,963	591,315

인구순위	성의 본관	가구수	인구수
13	김녕김씨(金寧金氏)	162,204	513,015
14	평산신씨(平山申氏)	154,612	496,874
15	순흥안씨(順興安氏)	145,254	468,827
16	동래정씨(東萊鄭氏)	137,524	442,363
17	달성서씨(達城徐氏)	132,270	429,353
18	안동김씨(安東金氏)	132,645	425,264
19	해주오씨(海州吳氏)	131,399	422,735
20	전주최씨(全州崔氏)	122,147	392,548
21	남평문씨(南平文氏)	118,491	380,530
22	남양홍씨(南陽洪氏)	117,638	379,708
23	창녕조씨(昌寧曺氏)	105,282	338,222
24	제주고씨(濟州高氏)	100,654	325,950
25	수원백씨(水原白氏)	98,748	316,535
26	한양조씨(漢陽趙氏)	95,206	307,746
27	경주정씨(慶州鄭氏)	94,466	303,443
28	문화류씨(文化柳氏)	87,186	284,083
29	밀양손씨(密陽孫氏)	85,333	274,665
30	함안조씨(咸安趙氏)	81,048	259,196
31	의성김씨(義城金氏)	79,368	253,309
32	창원황씨(昌原黃氏)	78,894	252,814
33	진양정씨(晋陽鄭氏)	74,777	238,505
34	나주임씨(羅州林氏)	73,566	236,877
35	여산송씨(礪山宋氏)	72,763	232,753

인구순위	성의 본관	가구수	인구수
36	남원양씨(南原梁氏)	67,691	218,546
37	연일정씨(延日鄭氏)	67,418	216,510
38	청송심씨(靑松沈氏)	65,744	212,717
39	평택임씨(平澤林氏)	65,015	210,089
40	은진송씨(恩津宋氏)	64,590	208,816
41	김해김씨(金海金氏)(2)**	59,880	199,544
42	성주이씨(星州李氏)	58,134	186,188
43	해주최씨(海州崔氏)	56,592	181,840
44	강릉유씨(江陵劉氏)	55,464	178,913
45	이천서씨(利川徐氏)	53,407	172,072
46	창녕성씨(昌寧成氏)	52,058	167,903
47	강릉김씨(江陵金氏)	52,050	165,963
48	단양우씨(丹陽禹氏)	50,789	162,479
49	연안차씨(延安車氏)	50,168	161,325
50	하동정씨(河東鄭氏)	49,440	158,396
51	광주이씨(光州李氏)	48,811	158,249
52	신안주씨(新安朱氏)	47,551	151,227
53	의령남씨(宜寧南氏)	46,529	150,394
54	장수황씨(長水黃氏)	45,567	146,575
55	연안이씨(延安李氏)	44,799	145,440
56	여흥민씨(驪興閔氏)	43,887	142,572
57	정선전씨(旌善全氏)	44,316	141,380
58	강릉최씨(江陵崔氏)	44,704	140,854

인구순위	성의 본관	가구수	인구수
59	현풍곽씨(玄風郭氏)	43,626	140,283
60	반남박씨(潘南朴氏)	43,300	139,438
61	평해황씨(平海黃氏)	43,207	137,150
62	한산이씨(韓山李氏)	42,005	136,615
63	제주양씨(濟州梁氏)	41,169	133,355
64	전의이씨(全義李氏)	41,071	133,237
65	천안전씨(天安全氏)	40,740	133,074
66	양천허씨(陽川許氏)	40,260	130,286
67	담양전씨(潭陽田氏)	39,912	128,007
68	함평이씨(咸平李氏)	38,852	125,419
69	영월엄씨(寧越嚴氏)	38,887	124,697
70	함양박씨(咸陽朴氏)	38,788	123,688
71	진주하씨(晋州河氏)	37,744	121,054
72	김해허씨(金海許氏)	37,778	121,031
73	능성구씨(稜城具氏)	37,706	120,503
74	충주지씨(忠州池氏)	36,937	118,211
75	고령신씨(高靈申氏)	36,250	116,966
76	합천이씨(陜川李氏)	36,411	115,462
77	풍양조씨(豊壤趙氏)	35,009	113,798
78	기계유씨(杞溪兪氏)	34,984	113,430
79	선산김씨(善山金氏, 일선)	34,422	109,682
80	원주원씨(原州元氏)	33,665	109,505
81	나주나씨(羅州羅氏)	33,600	108,139

인구순위	성의 본관	가구수	인구수
82	영일정씨(迎日鄭氏)	32,326	100,263
83	풍천임씨(豊川任氏)	30,974	99,986
84	여양진씨(驪陽陳氏)	30,492	97,372
85	영천이씨(寧川李氏)	29,559	94,491
86	청풍김씨(淸風金氏)	29,527	94,468
87	나주정씨(羅州鄭氏)	29,068	93,845
88	초계정씨(草溪鄭氏)	29,264	93,586
89	벽진이씨(碧珍李氏)	28,733	90,907
90	성주배씨(星州裵氏)	27,829	90,239
91	순천박씨(順天朴氏)	27,209	87,631
92	고성이씨(固城李氏)	26,286	84,383
93	안동장씨(安東張氏)	25,552	83,961
94	영산신씨(靈山辛氏)	26,274	83,798
95	나주정씨(羅州丁氏)	25,786	82,863
96	삼척김씨(三陟金氏)	25,442	79,985
97	연안김씨(延安金氏)	25,215	79,788
98	무안박씨(務安朴氏)	24,746	78,817
99	경주손씨(慶州孫氏)	24,830	78,450
100	청도김씨(淸道金氏)	23,675	75,567

** 김해김씨(2) : 일본계 귀화인 후손들의 성씨(우록김씨)

한국의 희귀성씨에 대하여

희귀성(稀貴姓)이라 해서 귀한 성이라는 말은 아니다. 전통적인 성씨가 아닌 갑작스럽게 나타나 생소한 성씨라는 뜻에서 희귀성이란 말이 나온 것이다. 옛날에도 희귀성이 많았고 현재도 적지 않은데, 한때 이들 희귀성이 많이 사라지기도 하였다.

왜 사라졌는가를 따져 보면, 아마도 희귀성을 쓰던 사람들이 개성(改姓)을 하였기 때문이 아닌가 한다. 개성이란, 호적법이나 가족법이 제대로 시행될 무렵에 짐짓 성을 바꾼 것을 말한다. 자기 성을 쓰는 사람이 너무도 드물기에 가치가 없다고 여겼거나 사람들이 우습게 볼 것 같아, 개성이 가능한 시기에 성을 바꾼 경우가 많았던 것 같다.

희귀성은 거의가 생소한 글자의 성이다. 보편적으로 사용되는 글자의 성이 아닌 경우에는 그 성의 유래가 모호하기도 하였다. 그렇다 보니 의당 자신들의 성에 대해 의문을 품게 되기가 쉬웠다. 이것 또한 성을 바꾸는 이유가 되었을 것이다.

일제강점기에 호적법을 현대화하는 작업의 일환으로 호주제도가 생겼다. 이 제도는 성을 중심으로 하는 가족법이었기 때문에 당연히 성을 가져야 했다. 기존에 성이 없던 사람은 이때 성을 갖게 되었고, 또 기존의 성을 바꿔 등록하는 경우도 있었다. 이런 배경 아래 희귀성이 없어졌다고 할 수 있다.

과거의 희귀성들 가운데 오늘날에는 볼 수 없는 성씨들은 아래와 같다.

천(川), 궁(宮), 동(童), 몽(蒙), 공(空), 종(種), 강(江), 옹(翁), 시(時), 지(知), 추(追), 기(起), 계(季), 어(於), 노(蘆), 수(輸), 주(珠), 오(俉), 보(甫), 오(午), 고(固), 소(素), 우(遇), 부(附), 계(啓), 괴(槐), 태(泰), 내(來), 태(苔), 대(對), 신(莘), 진(震), 원(員), 문(門), 돈(豚), 간(竿), 탄(炭), 판(板), 전(傳), 선(鮮), 요(要), 표(標), 뇨(尿), 형(荊), 소(召), 호(好), 하(何), 나(那), 화(和), 하(賀), 좌(佐), 화(華), 화(花), 조(爪), 가(價), 양(良), 방(方), 량(凉), 장(庄), 상(甞), 장(場), 상(桑), 상(象), 탄(憚), 혜(稶), 구(裘), 상(相), 장(將), 응(應), 포(鮑), 염(濂), 양(襄), 빈(彬), 앙(仰), 광(廣), 경(庚), 정(貞), 경(卿), 정(井), 경(耿), 경(敬), 영(靈), 형(刑), 홍(弘), 승(勝), 등(登), 우(牛), 수(壽), 우(祐), 수(守), 심(尋), 욱(郁), 독(獨), 곡(谷), 촉(燭), 록(綠), 탁(濯), 을(乙), 실(實), 필(畢), 율(律), 물(物), 왈(曰), 골(骨), 갈(喝), 결(決), 별(別), 척(拓), 곽(霍), 백(栢), 택(宅), 택(澤), 익(益), 석(席), 역(力), 적(翟), 석(釋), 책(冊), 칙(則), 은(恩), 익(翌), 직(直), 합(合), 공손(公孫), 사마(司馬)

이 희귀성 가운데에는 한자의 뜻으로 보면 성으로 선택할 법하지 않은 글자도 많이 있다. 尿(뇨)는 오줌, 霍(곽)은 곽란(霍亂), 곧 배탈이라는 뜻이다. 刑(형)은 형벌, 童(동)은 아이, 翁(옹)은 늙은이, 牛(우)는 소, 豚(돈)은 돼지, 象(상)은 코끼리라는 뜻이다. 책(冊), 촛불(燭), 우물(井), 고래(鮑), 뼈(骨), 손톱(爪), 영혼(靈), 빨래(濯)란 뜻을 가진 글자도 있다.

이런 글자를 자기의 혈족표시가 되는 성으로 삼는 것은 언뜻 보아서는 이해하기 어려운 일이다. 뜻을 아는 사람은 의문을 가지고 성을 바꿀 생각까지도 할 수도 있다.

어떤 글자를 보면 한자표기(漢字表記)를 잘못하여 성의 글자가 바뀐 것이 아닌가 하는 생각도 하게 된다. 추(追), 계(季), 어(於), 기(起)는 각각 추(秋), 계(桂), 어(魚), 기(奇)를 잘못 쓴 것이 아니었나 싶다. 일제강점기에 성을 조사하는 과정에서 한문을 잘 모르는 이들이 자기 성의 글자를 몰라서 그들이 발음하는 대로 호적계 직원들이 기록한 것이 성이 된 경우도 있다.

2000년도 통계청의 인구조사에서 성씨관계 자료를 수집할 때 오류가 발생하기도 했다. 새로 생겼다는 성씨들에 대한 내용이 그러하다. 과거에 있었던 희귀성을 담당 조사자들이 잘 모르고 새로 생긴 성씨로 분류한 것이었다.

통계청 관계자가 새로 발견된 희귀성이라고 했던 경(京), 엽(葉), 소(肖), 증(曾)이 있었다. 사실 이들은 전에도 존재했으며 본관까지 있었던 성씨이다. 경(京)씨는 본관이 금화(金化), 엽(葉)은 공촌(公村), 소(肖)는 제주(濟州), 증(曾)은 진강(鎭江)이었다. 그런데 엽(葉)이라고 하는 성은 옛날에는 '섭'이라고 읽었다. 金(금)을 성으로 부를 때는 '김'이라고 하듯 葉(엽)도 성으로 부를 때는 '섭'이라고 한 것이다.

肖(소)도 원래는 소씨(肖氏)라고 하지 않고 초씨(肖氏)라고 했다. '소'와 '초', 두 가지의 독음이 있지만 '소'라고 읽을 때는 '쇠잔해진다'는 뜻이 되었기에, '같다'는 뜻이 있는 '초'의 음으로 성을 삼았던 것이다.

소씨(肖氏) 성으로 조사된 인구수가 단 1명이고, 초씨(肖氏) 성으로 조사된 인구수는 70명이나 있었는데, 소씨(肖氏)는 조사과정의 실수로 잘못 기록된 것인 듯하다.

이와 같은 경우가 또 있다. 한자는 같은데 역시 발음을 다르게 한 성씨이다. 십씨(辻氏)와 즙씨(辻氏)가 통계청 자료에는 같이 수록되어 있는데, 십씨 성은 82명이고 즙씨 성은 4명이었다.

그런데 옥편을 보면 辻(십)을 '즙'으로도 읽는다는 설명이 없다. 오로지 '십'이라고만 표기되어 있다. 汁(즙)이란 글자로 보고 辻(십)을 '즙'이라고 오기(誤記)하였던 것이다.

통계청의 조사에 따르면, 于(우)의 성을 가진 사람은 모두 3,359명이다. 宇氏(우씨) 성도 있었는데, 이 성을 쓰는 사람은 단 1명으로 조사되었다. 아마도 이 사람 또한 원래는 于氏(우씨) 성인데 조사과정에서 한자를 잘못 적어 우(宇)의 성으로 기록된 듯하다.

增(증) 역시 과거에는 없었던 성이다. 한편, 曾(증)이란 성은 예전부터 있었다. 두 성 모두 인구수 3명으로 조사되었는데, 이 역시 모두 曾氏(증씨)일 텐데 한자표기를 할 때 혼동이 있었던 것 같다.

같은 '얼음'이라는 뜻을 가진 冰(빙)과 氷(빙)의 성이 각각 조사과정에서 기록되었다. 두 성 모두 경주를 본관으로 하기에 아마도 일족일 것이다. 과거에는 冰(빙)으로 성씨를 삼았었는데, 이번 조사에서는 氷(빙)의 글자를 쓴 사람이 726명이고 冰(빙)의 글자를 쓴 사람이 단 1명으로 나타났다. 이 문중에서, 흔히 쓰는 글자 氷(빙)을 사용하기로 정한 것이 아닌가 한다.

현재 인구수 1백 명이 안 되는 성씨들을 살펴보면 다음과 같다. 丕(비) 90명, 介(개) 86명, 榮(영) 86명, 雷(뇌) 80명, 椿(춘) 77명, 洙(수) 75명, 俊(준) 72명, 肖(초) 70명, 芸(운) 68명, 奈(나) 63명, 苗(묘) 61명, 森(삼) 49명, 邸(저) 48명, 君(군) 46명, 初(초) 45명, 橋(교) 41명,

影(영) 41명, 順(순) 38명, 端(단) 34명, 后(후) 31명, 樓(누) 24명, 敦(돈) 21명, 賴(뢰) 12명, 曾(증) 3명, 京(경) 1명, 乂(예) 1명, 苑(원) 5명, 杉(삼) 2명, 魚金(어금) 51명, 長谷(장곡) 52명, 岡田(강전) 51명, 小峰(소봉) 18명, 綱切(강절) 10명.

이 가운데 長谷(장곡), 岡田(강전), 小峰(소봉), 綱切(강절)은 분명히 일본계 귀화인의 성일 것이다.

최근 귀화인들이 만든 성은 무려 442개나 된다고 한다. 기존 성씨 280개의 1.5배를 넘는 수치이다. 이 가운데 여성 귀화인의 성이 87.7퍼센트나 된다. 여성 귀화인은 대개 한국 남자와 결혼하여 호적에 등록되었는데, 특히 필리핀계 여성의 성이 145개나 된다고 한다.

새로운 성이 갑자기 많이 나타나는 과정에서, 성의 가치는 예전보다 떨어지고 한국의 전통적 성씨제도도 더욱 복잡해질 가능성이 높다. 만약 부모 양쪽의 성을 다 붙이는 양성제도(兩姓制度)가 도입되기라도 한다면 더욱 큰 혼란이 생길 것이다.

일본에는 엄청나게 많은 성씨가 있는데, 우리나라도 언젠가는 일본처럼 되지 말라는 법도 없는 것이다.

로마에 가면 로마의 법을 따라야

통계청에서는 2000년 현재 한국인의 사용하는 성씨가 몇 개인지, 본관은 몇 개나 되며, 각 성씨의 인구수는 얼마나 되는지, 그리고 새로 나타난 귀화인의 성씨는 어떤 것이 있는지를 발표하였다.

성씨의 수는 본관과 관계없이 글자에 따라 파악된 것으로 그 수가 728개였다. 1985년도 국세조사에서는 275개의 성씨가 있었는데, 15년 사이에 453개가 늘었다는 얘기가 된다. 한국의 경제규모가 커지면서 중국, 동남아 등 외국에서 노동자들이 대거 들어오는 과정에서 새로운 성이 많이 나타난 것이다.

수백 년을 거쳐오는 동안 한국인의 성은 300개를 넘지 않았다. 그런데 최근 15년 사이에 거의 3배로 늘어난 것이다.

한국인 성의 특징 때문에 본관은 늘어나더라도 성씨 자체는 그다지 늘어나는 일이 없었는데, 성씨가 오늘날 급격하게 늘어나는 것은 좋은 현상이 아니라는 이야기도 나온다. 성씨가 갑자기 늘어나게 되면, 전통 성씨의 정체성을 무너뜨리는 것은 물론 국가의 호적업무가 크게 복잡해지기 때문이라는 것이다.

'로마에 가면 로마의 법을 따르라'는 말이 있다. 이 말은 '그 나라의 사정에 순응하는 것이 원칙이다'라는 의미를 담고 있다. 그 나라의 법률뿐 아니라 관습, 문화 등에도 따라야 한다는 것이다. 사실은 법보다는 관습과 문화의 측면에 더 무게가 실린다고 할 수 있다.

관습은 그 사회에서 전통적으로 내려온 것이다. 이를테면 생활 속에서 관행으로 존재해 왔던 것을 말한다. 이런 관습은 나라마다 다르기 때문에, 다른 나라에 가서 살게 되면 일단 그 관습을 따르는 것이 일반적인 도리라고 할 수 있다.

성씨에 대한 문화와 관습이 법의 힘으로 만들어지지는 않았다. 성씨제도가 성립할 때, 나라에서 법으로 이런 성을 가져라, 저런 성을 가져라 하는 식으로 규정해 놓은 것은 아니다.

유럽이나 미주지역 사람들은 성을 대개 이름 뒤에 붙여 사용한다. 예컨대 존 F. 케네디라는 성명(姓名)에서 뒤쪽의 케네디는 성을 말한다. 한국인, 중국인, 일본인은 그렇지가 않다. 모두 개개인의 이름 앞에다 성을 붙여 사용한다. 한자(漢字) 문화권에 속하는 나라에 사는 사람들은 모두 성을 이름 앞에다 붙이는 관습을 가지고 있는 것이다.

그런데 오늘날 우리 한국인이나 일본인, 그리고 중국인들이 유럽 또는 미주지역에 이민가서 사는 경우에 유럽의 관습, 또는 미주지역의 관습에 따라 성을 뒤에다 붙여 사용하고 있다.

예컨대 한국식 성명이 김성열이었다면, 이민가서는 성열 김으로 성명을 쓴다. 다시 말해 그 나라 사람들이 성씨를 쓰는 관습과 제도에 순응하게 된 것이다.

성을 반드시 이름 뒤에 붙이라는 강세규정은 없다. 그저 그 나라의 관습에 자진해서 따른 것이다. 다만, 만약 유럽이나 미주지역에

서 고국에 있을 때 쓰던 그대로 김성열이라고 성을 이름 앞에다
두면, 그 나라에서는 '김'이 이름이고 '성열'이 성인 줄로 오해를
받을 가능성이 높다(영어권에서 Kim이라는 이름을 쓰는 사람들이
있다).

반대로 성을 뒤에 붙이는 유럽인이 한국에서 그 이름을 그대로
사용한다면 한국인들은 이름을 성으로 오해할 우려가 있다. 예를
들어 마거릿 힐다 대처라는 성명이 있을 때, 한국인의 관습에 따르
자면 마거릿을 성으로 보기가 쉬운 것이다. 실제로 통계청에서 조
사를 할 때도, 한국 국적을 얻은 필리핀 여성들이 자기 본국에서
쓰던 이름과 성을 그대로 한국에서 썼을 때 이름을 성으로 오해받
는 경우가 적지 않았다. 필리핀도 영어를 쓰는 나라이기에 유럽의
성명 형식을 취하고 있었던 것이다.

마거릿 힐다 대처는 영국의 여성 총리로서 유명했던 사람이다.
이 대처라는 성은 자신의 본래 성이 아니고 남편 테니스(이름) 변
호사의 성이다.

영국의 성씨 관습은 부인이 남편의 성을 쓰는 것이다. 설령 자기
의 성을 함께 붙였다 하더라도 실제 대외적으로 사용하는 것은 남
편의 성이었다. 언론에서도 대처 전(前) 영국 총리, 대처 여사 등으
로 표기를 하였다. 유럽의 여러 나라에서 부인의 성이 대외적으로
알려지는 일은 드물다. 대개가 남편의 성을 붙여 아무개 여사(女史)
라고 부른다. 이와 달리 한국에서는 부인의 본래 성, 곧 친정의 성
을 그대로 붙여 아무개 여사라고 부르는 것이다.

일본의 여성들은 결혼을 하면 남편의 성만 사용한다. 자신의 본
래 성은 버리고 계속 남편의 성을 이름에다 붙여 사용하는 것이다.

그들의 성씨 관습은 유럽의 관습과 닮은 점이 있다. 단 유럽인들처럼 자기의 본래 성도 함께 붙이는 일은 없다. 일본은 법률상 한 집안에 하나의 성만 갖는 1가1씨(一家一氏)의 성씨제도를 채택하고 있다. 이 때문에 여자가 결혼하면 남편의 성을 취하고, 다른 사람에게 개가(改嫁)하면 마찬가지로 새로운 남편의 성을 사용한다. 자신의 원래 성은 없어지는 것이다.

중국인의 성씨 관습은 한국인의 성씨 관습과 같다. 부인은 자기의 본래 성씨를 죽을 때까지 갖는다. 죽어서도 비문 같은 데에도 태어날 때 붙여졌던 성씨가 그대로 기록되는 것이다.

성씨제도는 나라마다 오래전부터 특성이 있고 서로가 다른 관습에 따라 사용해 왔다. 이런 관습에 대하여 어떤 이유를 내세워 시시비비하기는 어려운 일이다.

다만, 국적을 바꾸었으면 그 나라의 문화와 관습에 동화되어야 하는 것이 도리이다. 성도 마찬가지로 그 나라의 제도에 따르는 것이 원칙인 것이다.

'로마에 가면 로마의 법을 따르라'는 말은 그 나라의 관습에 동화(同化)하라는 뜻이다. 이 동화는 이질감(異質感)을 해소하는 방편의 하나이기도 하다. 현재 주한 미국대사 캐서린 스티븐스는 젊은 시절 한국에서 영어를 가르칠 때 '심은경'이라는 한국식 성과 이름을 썼던 적이 있었다. 한국 국적을 얻은 것은 아니었지만, 한국인의 성씨 문화에 이해하는 모습을 보이려는 행동이 아니었나 싶다.

귀화인이 지금의 성씨 문화에 동화하지 않고 귀화 이전의 나라에서 썼던 성을 그대로 가지고 호적이나 가족부에 표기한다면, 후손들이 내 조상의 어느 누구는 본래 우리민족이 아니었다는 이질감을 갖게 되기가 쉬울 것이다. 오늘날 한국인에게는 김씨 성이 많다. 이 많은 김씨 성 가운데 옛날 여진족의 후손도 분명히 있을 것이다. 그러나 이들이 한국인의 성 가운데 가장 흔한 김씨 성을 썼기 때문에, 한국인들과 잘 융합되어 오늘날 아무 거리낌 없이 명문가의 김씨처럼 행세하고 있는 것이다.

과거 귀화인들이 그 나라의 백성이 되고자 하면 그 나라의 관습과 문화에 동화되어야만 했다. 동화되고 나서 계속 그 나라에 살면서 후손을 두면, 그들은 당연히 그 나라 민족의 일원이 되었다. 그런데 오늘날의 귀화인들, 특히 동남아계 사람들은 한국식이 아닌 그들 본래 나라의 성을 고집하여 그 발음대로 표기를 한 경우가 많다. 자신들의 본래 성을 고집한다면, 한국의 전통 성씨들과 차이를 보이기 때문에 먼 훗날 후손들도 계속 이민족이란 인상을 주게 될 것이다.

귀화인들도 한국에서는 글자 한 개로 성을 삼는 경우가 대부분임을 알고 있다. 동남아인들이 자기 나라 식의 성을 가지고 한국어로 표기를 하면, 두 글자 정도의 복성(複姓), 또는 세 글자, 네 글자 이상으로 표기해야 하는 경우도 있다. 여러 글자로 이뤄진 성을 보았을 때 기존 한국인들은 도대체 성인지 이름인지 구별하기 어렵다는 점을 그들도 모르지는 않을 것이다.

지난번 통계청의 인구조사 발표에서도, 귀화한 외국인은 성과 이름의 분리가 힘들어 정확한 성과 본관의 파악에 어렵다는 이야기가 나왔다. 만약 그들이 한국식 성을 쓰고 자신의 연고지를 본관으로 하였다면 인구조사 과정에서 그런 어려움이나 혼란 같은 것은 벌어지지 않았을 것이다.

한국인의 부인이 되었으면 분명히 한국인 남편의 호적에 자기 이름이 올라간다. 그때 차라리 한국의 성씨 특성에 맞는 성으로 바꿔 호적에 올렸으면 이런 문제는 간단히 해결되었을 것이며 호적 기록자들이 잘못된 기록을 하는 일도 줄어들었을 것이다.

과거 일제강점기에 캐나다에서 온 의료선교사 스코필드 박사는 우리나라에서 석호필(石虎弼)이란 이름을 쓰기도 했다. 그가 한국식 성과 이름을 쓰기 시작한 것은 역시 한국인의 전통과 정서에 융합하려는 목적이었다. 그는 한국을 사랑했으며 한국의 독립을 도왔다. 또한 해방 이후에도 서울대학교에서 강의하는 등 한국에서 많은 공적을 남겼다. 비록 귀화인은 아니었지만 한국의 성과 이름을 쓴 것은 그의 한국 사랑을 잘 보여준다.

요즘에도 버시바우 전 미국대사 부부가 박보우(朴寶友)와 박신예(朴信藝)라는 이름을 쓴 사례가 있고, 전 주한미군사령관 리포트는 나보태(羅寶泰)라는 이름을 갖기도 했다. 구(舊)소련에서 온 축구선수 사리체프는 2000년에 한국인으로 귀화하여 신의손(申宜孫)이라는 성과 이름을 가지게 되었다. 또한 구리신씨의 시조가 되었다. 역시 로마에 가면 로마의 법을 따르는 모습을 보여 준 것이다.

오늘날 많은 귀화인들에게 이씨든 김씨든 한국식 성을 붙이게 되면 본관 표기는 어떻게 해야 하는가에 대한 의문이 있는데, 그들이 편한 대로 연고지를 택하면 될 것이다.

해외동포들의 성씨사용과 외국의 성씨관습

　해외로 나간 우리 겨레(한민족)들은 대개 자신의 성을 그대로 쓰고 있다. 다만 유럽이나 미주에 이민으로 가서 성을 사용할 때 한국인의 습관대로 이름 앞에 사용하지는 않고, 서양식으로 이름 뒤에다 붙여 쓰는 경우가 많다.

　예컨대 한국에서는 김철수라는 성명을 썼다면 철수 김이라 표기해서 성을 이름 뒤에다 붙이는 것이다. 그들은 한국인들의 방식대로 아버지의 성을 자식들도 계속 잇게 한다. 이민간 나라의 성씨제도가 어머니의 성을 함께 붙이든가 또는 모계성을 따르는 것이더라도 부계성의 관습을 계속 유지하고 있다.

　그들이 한국의 성씨제도를 지키는 것은 성씨 그 자체가 조상의 얼굴이고 혼이란 관념을 갖고 있기 때문이다. 한국인의 특성 가운데 하나인 숭조(崇祖)의 사상이 남아 있는 것이다. 다시 말해, 성을 핏줄의 표시로서 중요하게 생각한 것이다.

　성이 핏줄의 표시가 아니었다면, 그들 해외동포들도 굳이 조상의 성을 사용하지 않고 존(John)이니 스미스(Smith)니 하는 성을 사용했을 것이다.

　한국인에게는 '김씨'니 '이씨'니 하는 식으로 성만 부르면 결례로 본다. 윗사람이 아랫사람을 부르는 듯한 행동이기 때문이다. 이름과 함께 씨(氏)니 선생(先生)이니 하는 존칭을 붙여야 예의를 차린 호칭으로 여긴다. 이와 달리, 유럽이나 미주 등에서는 대통령에게 '미스터 오바마'라고 해도 나무라는 사람이 없다.

해외에 입양된 한국 아이들에게 그대로 모국의 성을 갖게 하는 외국의 입양가족도 있다. 여기에는 그 아이들이 자라서 뒷날 자신의 뿌리를 기억하게 하려는 의도가 있다고 볼 수 있다. 그들도 마찬가지로 천륜(天倫)인 혈육관계를 중요하게 여긴 것이다.

과거 해외로 이주해 간 많은 동포들의 아들, 손자에 이르는 2세, 3세도 역시 마찬가지로 한국의 아버지가 쓰던 성을 이어받는 경우가 많다. 또한 일제강점기에 러시아로 이주해 간 많은 동포들 가운데 역시 러시아인들의 성을 따르지 않고 한국의 성씨를 지키고 자식들과 손자들에게 물려주는 사람 역시 많았다. 단지 그 나라의 성씨 사용 습관에 따라 성을 불렀을 뿐이다. 이런 사례를 보면 우리 겨레는 숭조의 사상에 바탕을 둔 성씨제도를 참으로 충실히 따랐음을 알 수 있다.

그런데 일본에 거주하는 동포들(국적을 일본으로 둔)의 경우에는 과거 일제강점기에 붙였던 창씨(創氏)를 그대로 사용하며 후손들에게도 그 성을 쓰게 하는 사례가 많다. 일본 당국이 일본식 성씨를 갖도록 강제하는 법을 시행하는 것은 아니지만, 동포들이 쓰는 성씨가 일본인들의 정서와 시각에 맞지 않으면 알게 모르게 그들로부터 차별을 받지 않을까 하는 우려 때문이었을 것이다.

일본인들의 민족성(民族性)은 다른 어느 민족보다도 강하다고 알려져 있다. 다만, 조상이 다른 민족과 혈통이 섞였더라도 그 동안 일본인으로 살아온 사람들에 대해서는 같은 민족으로 생각하고 대접하였다. 백제가 망한 뒤 백제 유민이 대거 일본으로 건너갔다. 건너간 그들이 일본인이 되어 일본식 성씨를 썼던 것이 그 예가 된다. 두 개의 글자로 된 복성(複姓)이 일본인 성씨 형태의 주류를 이루는데, 그들과 같은 성을 쓰고 동화하는 모습을 보임으로써 차별을 면하고자 한 것이다.

한국과 마찬가지로 일본도 한자 문화권에 속한다. 일본인들은 중국에서 한자(漢字)를 받아들인 뒤, 그것을 마치 자기 나라의 글자처럼 계속 사용하였으며 성을 표기할 때도 사용했다. 일본인들 나름대로 만든 글자[가나]가 있는데도, 그들은 한자로 된 성을 쓰는 것이다.

이와 달리 북한은 순 한글로만 성을 표기한다. 이렇게 되면 그들 조상이 썼던 본래의 성은 알 수 없게 된다. 정씨라 해도 鄭(정), 丁(정), 程(정) 가운데 어느 성씨인지 혼선이 생길 수 밖에 없다.

해외동포들이 한국의 성씨를 쓸 때도 한자로는 표기하지 못하는 경우가 많다. 단지 우리말로 김씨, 이씨 하는 정도로만 알고 있을 뿐이다. 이 경우에 자신의 본관을 안다면 성의 한자표기를 잘 모르더라도 조상의 뿌리는 어느 정도 짐작할 수 있다. 아무튼 해외동포들은 정확한 성과 본관을 모르더라도 오로지 한국인과 같은 성씨를 쓴다는 데 의미를 두는 경우가 많다. 이를테면 '같은 겨레(한민족)'라는 의식을 드러내는 것이다.

소련의 경우를 보면 부부가 서로 의논하여 어느 한쪽의 성을 공통으로 채택하여 사용하거나 아니면 결혼 전에 각자 쓰던 성을 그대로 갖게 하였다. 이것은 법률로 정해진 것이었다. 그러나 그들도 관습적으로 남편의 성을 사용했다.

공산주의 중국에서는 법률상으로 '각자 자기의 성명을 사용할 권리를 가진다'고 정해 놓았다. 그러나 그들 대다수 인민들은 전통적으로 이어 내려온 부계중심의 성을 지켰다. 대만에서는 여자는 자기의 본래 성에다 남편의 성을 덧얹어 사용하는 이른바 복성주의(複姓主義)를 채택하고 있다. 다만, 자식에게는 남편의 성을 따르게 했다.

부인이 남편의 성을 따르는 나라로는 이탈리아, 스위스, 독일, 오스트리아, 영국 등을 들 수 있다.

미국도 원칙적으로 남편의 성을 따르고 있다 자녀들에게도 역시 남편의 성을 갖게 한다. 이는 혈통을 남편의 인자(因子)로 보는 관점에서 나온 관습이다. 그들 역시 성에 혈통표시의 개념을 두고 있는 것이다.

일본의 성을 보면 복잡하다. 일본인들이 쓰는 성은 27만 개가 넘어 중국인의 성보다도 몇 십 배 많다. 이는 일본인들이 성을 취하는 방식이 속되게 말해서 '엿장수 맘대로'였기 때문이다.

그 때문에 일본의 성은 혈족 또는 가문의 표시가 될 수 없었다. 혈족이나 가문을 표시할 때 그들은 문장(紋章) 등을 주로 이용했다.

일본인에게는 성의 본관이 없다. 그리고 옛날부터 성을 갖는 데 제약을 받지 않았다. 나라에서는 일찍부터 누구든 임의대로 성을 가지라고 장려하였다. 하지만 일본 사람들이 너나 할 것 없이 성을 임의대로 쓰기 시작한 것은 1875년 메이지유신(明治維新) 때 칙령이 반포된 이후이다. 그 전에는 대부분의 일본인들이 성을 쓰지 않았다.

메이지유신 때 반포된 칙령은 모든 일본국민은 성을 가지라는 강제명령이었다. 당시 서양의 선진문화를 받아들이는 과정에서 성이 없는 국민들로 하여금 성을 갖게 하는 분위기를 조성한 것이다.

일본의 성씨관계 문헌인《신찬성씨록》(新撰姓氏錄)을 보면, 7세기 무렵 환무천황(桓武天皇)이 교토(京都)로 수도를 옮기면서 황족의 성씨는 물론 사성(賜姓)되었던 귀족층의 여덟 개 성을 없애고 대신에 온 백성이 다 성을 갖게끔 하는 제도를 만들었다. 이 여덟 개 성은 眞人(마히토), 朝臣(아소미), 宿禰(스쿠네), 忌寸(이마키), 道師(미치노시), 稻置(이나기), 臣(오미), 連(무라지)였으며 통틀어 팔색성(八色姓)이라고도 했다. 여덟 개의 성을 보면 대개가 두 글자로 되어 있다. 일본이 두 글자로 이뤄진 성을 쓰는 것은 백제 왕족성씨의 영향이란 의견이 있기도 하다.

그런데 일본은 일반백성에게 성을 가지라고 명령하면서, 천황가(天皇家)의 기존 성을 없앴다. '신(神)은 성이 없다. 천황은 신의 존재이다'라는 이유 때문이었다.

본관이 없는 북한의 성씨

북한은 공산주의 정권을 세운 뒤에 소련의 가족법 형태를 따랐다. 정치체제뿐만 아니라 가족제도까지 소련의 것을 본받은 것은 그들이 곧잘 입에 담는 민족이란 말과 어긋나는 행태라고 할 수 있다.

각 민족은 언어, 문화, 관습 등에서 다른 민족과 구별되는 그 나름의 특징이 있다. 그런데 북한의 가족제도가 슬라브 민족의 제도와 같다면, 북한정권에서 조선민족이라는 말을 입에 담는 것은 앞뒤가 맞지 않는 일이다. 한민족 고유의 본관을 폐지하고 성만을 썼다는 사실에서도 이 점을 알 수 있다. 그들은 본관을 없애고자 해방 직후 각 성씨의 족보까지 압수하고 불태웠다고 한다.

북한은 본관을 없애면서 성을 한글 전용으로 쓰게 했다. 본관이 없으면 성을 군이 한자로 표기하지 않아도 된다. 성이 혈족표시의 기능을 잃기 때문이다.

한글표기만 하게 되면 당연히 성씨의 사용에 혼란이 생긴다. 강씨라고 해도 강(姜)인지, 강(康)인지, 또는 강(强)인지 구별할 수 없고, 전씨라고 해도 전(全)인지 전(田)인지 분간할 수 없다.

김씨나 이씨의 경우에는, 본관이 없으면 수백만 명이나 되는 그들 성씨가 모두 친족처럼 생각될지도 모른다. 그러나 오늘날 김씨의 경우에는 본관이 2백 개가 넘는다.

북한은 이렇게 내려온 한민족의 성씨 환경과 전통을 무너뜨린 것이다. 다른 공산주의 국가의 사례와 비슷하게, 북한 정권은 혈족 개념의 성을 고집하는 것은 봉건적인 종파분자의 행위라고 비난하고, 성을 신분증명서에 기록되는 다른 일련번호와 마찬가지로 다루었다.

사람들의 머릿속에 남아 있는 개인주의와 가족주의를 파괴하고 그들로 하여금 오로지 국가관(國家觀)에만 몰입하게 하려는 목적으로, 성의 개념을 짐짓 혈족에서 벗어나게 한 것이 그들의 가족제도였다.

북한은 일찍이 김일성을 아버지 수령이라고 하며, 한 명의 통치자를 정점(頂點)으로 하는 가족개념을 주입시켜 자기 성의 조상과 관계없이 우러러 받들게 하였다. 아버지란 말은 가장 가깝다는 부자(父子)관계를 뜻한다. 다시 말해, 통치자를 아버지로 모시게 하면 이미 각자의 조상은 무시되기 마련인 것이다. 북한은 시조나 오래된 조상에게 제사지내는 것도 금지하였다. 대한민국에서 혈족개념의 성씨를 면면히 지켜 내려온 것과 달리, 그들에게는 성이 곧 조상의 얼굴이란 인식이 없었다. 쉽게 말하면 성은 그들에겐 일종의 장식품에 불과했던 것이다. 성이 조상의 얼굴이란 인식이 없는 그들은 할아버지는 남에 가까웠고, 오로지 아버지와 아들의 관계에서만 혈족의 의미를 찾았다.

북한은 호적부를 없애고 개인별 신분등록제를 시행했다. 이 등록제는 1인 1적, 곧 한 사람이 하나의 적(籍)에 올라가는 제도였다.

때문에 사촌이니 팔촌이니 하는 친족관계를 생각하기 어려웠다.

북한의 제도에 따르면, 어떤 여성이 현재의 남편 아닌 사람과 맺은 관계로 생긴 아이가 있으면 그 아이에게 현재 남편의 성을 붙일 수 있고, 여성이 재혼하면서 자식을 데려가는 경우 의붓아버지의 성을 얼마든지 가질 수 있다.

북한의 개인별 신분등록제는 동성동본금혼과 관계없는 것이었다. 다시 말해, 사촌끼리도 결혼을 할 수 있다. 이와 달리 한국에는 엄연히 성에 본관을 두고 있고, 이 때문에 성을 함부로 바꾸지 못하는 것이다.

북한이 왜 일찍부터 본관을 없앴는가에 대한 논란이 있는데, 어떤 사람들은 김일성과 그의 부인 김정숙이 동성동본이었기 때문이라고도 한다. 김정숙은 김정일의 어머니이다. 그리고 그들은 모두 전주김씨이다. 옛날 한국인의 풍습에는 동성동본의 남녀 사이에는 금혼(禁婚)의 제약이 있었다. 법적으로는 폐지가 되었지만, 아직도 이 규정을 따르는 사람이 적지 않다. 그런데 북한처럼 본관이 없이 성씨만 사용하면, 동성동본금혼은 아무 의미가 없게 된다.

몽고에서는 성이 없어진 뒤로 근친혼 사례가 자주 생겼다. 이 때문에 신경정신질환 또는 이상체질을 가진 아이들이 많이 나왔다는 말도 있다. 북한의 당국자들도 이 말을 새삼 귀담아 들어야 한다. 오늘날 몽고에서는 뒤늦게나마 혈족구별을 위해 성을 갖자는 운동이 일어나고 있다. 북한에는 성이 있어서 현재로서는 혈족구별이 가능하겠지만 더 긴 세월이 흐르면 성을 가졌어도 몽고와 마찬가지로 근친혼으로 말미암은 여러 문제가 나타나게 될 가능성도 있다.

현재 북한에서는 거주의 자유가 제한적이기 때문에 한정된 공간에서 사는 친척들에 대해서는 잘 알고 있다. 그러나 뒷날 거주가 자유롭게 되면 친척들이 여기저기 뿔뿔이 흩어지게 될 것이고, 몇 세대나 지난 뒤에는 성씨만으로는 혈족관계를 알기가 어렵게 되어 자연히 근친혼이 발생할 가능성이 높아질 것이다.

북한 국방위원장 김정일은 자신이 전주김씨란 것을 알고 있었다. 그 정도 나이라면 자신의 본관에 대해 웃어른에게 들은 적이 있을 것이다. 마찬가지로 현재 북한의 노년층도 김정일처럼 웃어른들로부터 자신의 성씨 본관에 관한 어느 정도의 정보를 가지고 있을 것이다. 그러나 후대로 가면서 본관은 자연히 잊혀지게 될 것이다. 대한민국도 2008년부터 1인1적제를 시행하고 있는데, 이는 북한과 동일한 제도임을 다시 한 번 인식할 필요가 있다.

오늘날 왜 본관이 많은가

본관의 수는 현재 4,179본으로 지난번 통계청의 조사에서 나타났다. 1985년도의 조사에서는 3,349본으로 보고된 바가 있었는데 그때와 비교해서 830본이 늘어난 셈이다.

본관이 왜 성씨보다 더 많이 늘어났을까? 더욱이 새로 생긴 성이 453개인데, 원칙적으로 성 하나에 본관이 하나씩 나타나게 되어 있음을 생각하면 이상한 일이라고 여길 만하다.

성이 새로 생기면 그 성에 따르는 본관은 당연히 하나이다. 이성을 쓰는 후손들 가운데 누군가가 다른 본관을 만들어 나가면, 또 하나의 본관이 생기는 것이다. 이런 과정이 계속되면서 본관이 성씨보다 많이 나타났다. 그러나 이런 형태의 분관(分貫)은 조선시대 숙종, 영조 시대 이후로 성씨의 본관별로 족보가 작성되면서 막을 내렸다.

이미 족보가 갖추어진 성씨에서는 그 이상 분관되는 일이 없었다. 기존의 본관을 벗어나 새로운 본관에서 족보를 만드는 것은 역사성이 없어서 그 가치가 떨어지는 일이었기 때문이다. 한국인의 족보는 조상의 계보가 일목요연하면서 오래전부터 내려왔다는 점에서 큰 의미가 있었던 것이다.

족보가 없는 성씨 문중은 뿌리가 없는 문중으로 여겨진다. 그래
서 이미 족보가 있는 문중에서 따로 떨어져 나가 다른 본관을 가지
게 되면 새로운 족보를 만들어야 하기 때문에 뿌리가 없는 성씨로
오해를 받을 수도 있는 것이다. 이 때문에 가능하면 새로운 본관을
만드는 일은 피했고, 오히려 족보가 본격적으로 만들어지게 되면
서 분관된 성씨를 도로 합치는 일이 많아졌다.

자기의 성씨 문중에서 고려조나 조선조 초기에 활약했던 유명
한 인물이 있었다면, 가능한 한 기존 본관을 바꾸지 않으려고 했
다. 깊은 역사와 유명한 인물이 있는 문중을 배경으로 자신의 존재
를 더 높게 보이려는 심리가 은연중 있었기 때문에, 가능하면 분관
을 하지 않으려 한 것이다.

최근의 조사에 따르면, 귀화인이 아닌 한국인에게 새로 생긴 본
관이 없지는 않다. 이는 그 동안 자신의 본관을 몰랐던 사람이 현
재 자기가 살고 있는 지역을 본관으로 삼은 것이었다. 그런 사례를
살펴보면 다음과 같다.

◎ 강(姜)의 성에는 한양, ◎ 김(金)의 성에는 장지(서울 송파구의 장
지동)와 태백(강원), ◎ 박(朴)의 성에는 덕산(충남), ◎ 방(方)의 성에는
웅천(경남), ◎ 백(白)의 성에는 제천(충북), ◎ 서(徐)의 성에는 한밭(대
전), ◎ 석(石)의 성에는 태안(충남), ◎ 석(昔)의 성에는 홍주(강원), ◎
여(呂)의 성에는 대전(충남), ◎ 염(廉)의 성에는 익산(전북), ◎ 임(林)의
성에는 달성(대구).

이들이 새로 등장한 본관인데, 그 가운데 새로 나타난 본관이

아닌 것도 있다. 현존하거나 과거에 있었던 것을 지난번 통계청에서 잘못 파악한 사례도 있는 것이다.

이와 달리, 어떤 본관이 과거에 있었는데 현재는 없다고 하면, 그것은 분관으로 말미암아 생겼던 본관의 사람들이 본래의 본관으로 다시 편입된 경우이다.

서씨(徐氏) 사람들이 '한밭'이라는 본관을 쓰는 경우가 있는데, 이것은 大田(대전)을 우리말로 적은 것이다. 이런 표기방식은 과거에 없었던 것으로, 본관을 몰라서 새로 정할 때 한글식 표기를 한 사례로 볼 수 있다.

족보는 사실에 바탕을 둬야 가치가 있다

한국의 각 성씨 문중에서는 앞을 다투어 족보를 찍어냈다. 그런데 '그 족보의 내용들을 다 믿을 수 있느냐'는 말이 종종 나오고, 족보의 진실성과 관련한 논란은 오늘날에도 끊이지 않고 있다. 족보에 대한 불신이 생겨난 데는 여러 가지 이유가 있는데, 하나씩 따져보기로 하자.

여러 성씨 문중의 족보에는, 그들 문중의 뿌리가 중국 한족(漢族)과 연계되었다는 내용이 등장한다. 이런 내용이 실린 많은 족보를 앞에 놓고 살펴보면, 과연 우리 조상이 한민족(韓民族)이었나 하는 의문을 가질 만하다.

문중에서 주장하는 내용을 모두 믿는다면, 우리가 중국 한족(漢族)의 한 분파인양 착각하게 될 수도 있다. 많은 족보들에서, 시조 또는 시조의 상계(上繼)가 중국 방면에서 들어 온 사람이며 그들로 말미암아 성(姓)을 가지게 되었다고 설명하고 있기 때문이다.

오늘날 중국이 고구려사 왜곡만이 아니라 고려사 왜곡까지 자행할지도 모른다는 얘기가 있다. 그런데 그들이 고려사를 왜곡하는 근거 가운데 하나가 고려를 건국한 태조 왕건의 선대 조상이 한족(漢族)이라는 설이라고 한다.

그런데 그들의 주장을 뒷받침하는 내용이 개성왕씨(開城王氏)의 족보에 등장한다. 그들의 시조가 어디에서 왔는가 하는 창씨(創氏)의 이야기를 살펴보자.

황제헌원씨(皇帝軒轅氏)의 17세손 조명(祖明)은 유루(劉累)와 함께 동래(東來)하여 지금의 평양 일토산하(一土山下)에 정착하였다. 그 뒤 조명의 후손 수긍(受兢)은 기자(箕子)가 왕이 되었을 때 왕사(王師)가 되었고 왕씨(王氏)로 사성(賜姓) 받았다. 그 뒤 수긍의 12세손 지(贄), 지의 45세손인 염(廉), 염의 13세손인 몽(蒙)으로 이어져 왔는데 몽은 신라건국 초기에 시중(侍中)을 지냈다. ※ 주(註) : 신라 초기에는 시중이란 관직이 없었음.
당시 비결(秘訣)에 일토초가위왕(一土草家爲王)이라고 하였으므로 그 화가 미칠까 두려워 일곱째 아들 림(琳)을 데리고 지리산에 들어가 10여 년 동안 수도하며 이인(異人)의 가르침에 따라 전(田), 신(申), 차(車) 등으로 세번 성을 바꿨고 무일(無一)이라는 새로운 이름을 취했다. 차무일의 셋째 아들이 왕식시(王式時)였고 그의 후손이 왕건(王建)이다. ※ 주(註) : 황제헌원씨는 중국 한족(漢族)의 전설적 인물이며 그들 종족의 최초 조상이라고 한다.

이 내용에 따르자면, 고려 태조 왕건의 뿌리는 틀림없이 중국 한족이다. 황제 헌원씨의 후예로 개성왕씨의 조상 세계(世系)가 기록되어 있기 때문이다. 비록 설화에 등장하는 인물이지만, 중국인은 한족의 통일국가를 건설한 최초의 임금으로 황제 헌원씨를 받들고 있다. 오늘날 우리 한국인이 단군을 모시듯 그들도 헌원씨를 민족의 건국조상으로 받들고 있는 것이다.

중국 한족에게는 전통적인 역사관이 있다. 그것은 중국의 역사가 국가형태를 갖춘 하(夏), 상(商), 주(周) 3대의 왕조시대로 내려오기 이전에 삼황오제(三皇五帝)라는 성군(聖君)이 통치하는 황금시대가 있었다는 사관(史觀)이다.

대호씨(大皞氏), 신농씨(神農氏), 헌원씨(軒轅氏)를 삼황으로, 소호씨(小皞氏), 전욱(顓頊), 곡(嚳), 요(堯), 순(舜)을 오제로 일컬어, 이들이 다스릴 때는 세상이 태평했다고 믿었다.

이 삼황오제 가운데 학계에서 실제 존재했을 법한 인물로 보는 것은 요와 순뿐이다. 그밖에는 전부 설화 속의 인물인 것이다.

중국인들은 성(姓)의 발원(發源)을 통해 동족 여부를 판단하기도 한다. 예컨대 고구려의 시조가 고씨(高氏) 성이면, 고양씨(高陽氏)의 후예이고 그들과 같은 뿌리라고 보았다. 오제 가운데 한 명인 전욱이 고양(高陽)에 나라를 세웠기에 고양씨라 불렸던 것이다.

중국의 한족은 고대 전설 속 인물에게도 성(姓)을 붙였다. 그러고는 그 성으로부터 다른 여러 성이 생겨났다고 주장했다. 그들의 성씨제도는 다소간 패권주의의 양상을 띠고 있었다. 비록 이족(異族)이라도 그들과 같은 글자의 성을 갖고 있으면, 그들 조상으로부터 갈라져 나간 일족(一族)으로 끌어넣기도 했던 것이다.

동양권에서 성이란 것을 창안하여 혈족을 구별하는 수단으로 사용하기 시작한 나라가 고대 중국이었음은 상식에 속한다. 그들의 성씨문화는 이웃 여러 나라에 전파되기도 하였다.

우리 겨레가 세운 부여, 고구려, 발해도 그들과 같은 성씨문화를 받아들였다. 신라, 백제도 마찬가지로 중국의 성씨문화를 수입해 사용한 것이다. 중국의 한자문화(漢字文化)가 들어오면서 자연스럽게 그들과 비슷한 성을 사용하였던 것이다.

그런데 오늘날 (이미 오래전부터 그러하였다고 보는데) 한국인 성씨의 기원을 보면 (그들 족보의 기록으로는) 많은 수의 성씨가 기원을 중국 방면에다 두고 있는 것이다.

그러한 내용대로라면 지금 중국의 공식 역사관이 사실을 왜곡하는 것이 아니라, 오히려 사실과 부합한다고 주장할 수도 있다. 우리 조상은 황제헌원씨(黃帝軒轅氏)니, 염제신농씨(炎帝神農氏)니, 소호김천씨(少昊金天氏)니 하는 중국 한족의 전설적 인물로부터 비롯되었다는 이야기가 되기 때문이다.

성씨에 사용되는 글자의 기원을 중국에서 찾는다면 이는 이해가 가는 일이다. 하지만, 글자가 아닌 핏줄의 뿌리를 그 쪽에서 찾는다면, 이는 결과적으로 우리 한민족의 핏줄이 아님을 밝히는 일이 될 것이다.

물론 현재 우리 한국인의 많은 성씨 문중 가운데, 중국 한족으로부터 또는 다른 이족(異族)으로부터 귀화한 성씨의 시조들도 있다.

필자는《흥하는 성씨, 사라진 성씨》(조선일보사, 2001)에서 태조 왕건은 원래 왕씨가 아니었다는 내용을 언급했다. 아울러 개성왕씨 족보의 내용 가운데 이해가 안가는 점을 설명했다.

그 책에는 다음과 같은 내용이 있다.

고려 18대 의종(毅宗) 때의 학자이며 검교군기감(檢校軍器監)을 지낸 김관의(金寬毅)가 저술한《왕대종록》(王代宗錄)이라는 책이 있다. 여기에는 도선(道詵)의 예언에 따라 고려 태조가 탄생하고 나라를 세운 것이 설명되어 있다.

도선은 세조의 집이 송악 남쪽에 있는 것을 보고 "메기장[穄]을 심을 밭에 삼[麻]을 심었구나." 라고 말했다. 메기장[穄]과 왕(王)은 방언(方言)이 서로 같은 것이다. 그래서 태조가 성을 왕씨라고 하였다.

이 내용을 보면 왕건이 본래부터 왕씨 성을 썼던 것은 아님을 알 수 있다.

세조는 태조 왕건의 아버지, 곧 용건(龍建)을 말한다. 왕건이 고려를 건국한 뒤 아버지에게 세조(世祖)라는 시호를 붙였다.

그런데《왕대종록》의 내용에 대해, 고려의 대학자로 이름이 높았던 이제현(李齊賢)은 그의 저서《역옹패설》(櫟翁稗說)에서 다음과 같이 반박했다.

아버지가 있는데 아들이 그 같은 이유로 아버지의 성을 놔두고 성을 다르게 고칠 수 있겠는가? 그리고 태조는 아버지인 세조(용건)에 이어 궁예 밑에서 벼슬을 하였다. 궁예는 의심과 시기가 많은 왕이었는데 왕(王)이란 성을 사용하였다면 그냥 뒀겠는가?

고려 태조가 왕씨 성을 처음 쓴 것이 아니라는 내용이다.

그는 또 고려 태조의 이름에 대해서도 의문을 제기했다.

태조의 조부 이름이 작제건(作帝建)이고 아버지 이름이 용건, 그리고 태조 자신의 이름이 건이다. 태조의 조부는 육예(六藝)에 통달하고 글쓰기와 활쏘기는 신기에 가까웠고 아버지는 젊었을 때부터 웅지가 있어 큰 뜻을 펴곤 했다. 그런데 그들 3대가 내려가면서 윗대의 이름을 어찌 한 자씩 같이 사용해서 어른의 이름을 범하는 행위를 보였을까? 하물며 태조는 왕업을 처음 열고 전통을 지키며 선대에 대한 예(禮)를 어긋남이 없이 지켰는데 건(建)이란 글자를 3대가 함께 썼다는 것은 이름이 아니라 일종의 존칭으로 봐야 옳은 것이다.

이제현은 그 근거로 신라 때 임금은 마립간(麻立干), 신하는 아한(阿干)과 한아한[大阿干]이라고 일컬었고 시골 백성들까지 한(干)을 이름 밑에 붙여서 부르는 사례를 들었다. 다시 말해, 태조 왕건은 한(干) 대신에 건을 존칭으로 사용한 것이며 이를 이름으로 정한 것은 나중의 일이었다는 것이다. 이제현의 말대로라면, 고려 태조 왕건은 건으로 이름을 정하기 전에 다른 이름이 있었다는 얘기가 된다.

왕건의 5대조까지 계보를 거슬러 올라가 보면 아버지 용건(龍建), 조부 작제건(作帝建), 3대조 보육(寶育), 4대조 강충(康忠), 5대조 호경(虎景)이다. 여기서 왕건 외에는 왕씨 성의 사람이 없다.

왕건의 큰아버지 역시 건(建)의 글자가 붙은 이제건(伊帝建)이라는 이름을 썼다. 개성왕씨의 족보에 따르면, 왕건의 윗대 조상 가운데 신라 건국초기에 시중(侍中) 벼슬을 지낸 사람이 있다고 하는데, 신라 초기에 시중이란 벼슬은 없었다.

개성왕씨 족보에 왕건의 조상이라고 기록된 차무일(車無一)은 (차씨 문중의 족보에 따르면) 류씨(柳氏)와 차씨(車氏)의 먼 시조가 되는 차무일과 같은 사람이다. 그러나 서로 다른 성씨의 조상이 왜 같은 사람인지에 대한 설명은 없다.

귀화인의 후손이 아닌 이상, 자기 성의 조상을 중국 한족과 연결한다면 중국인들의 역사왜곡 시도는 분명 힘을 받게 되는 것이다. 양식 있는 성씨의 문중 사람이었다면 족보에 조상등장의 내력을 중국 쪽에다 두는 것을 재고(再考)할 필요가 있었을 것이다.

왕건의 조상이 중국 한족 출신이라면, 나라를 세울 때 왜 고구려의 후예임을 내세우며 나라 이름을 고려로 정했는지에 대한 의문이 생긴다. 이 점을 보아도 왕건은 분명 중국 한족의 핏줄이 아니었던 것이다. 왕씨 성을 썼다고 해서 반드시 중국에서 왔다는 법은 없다. 오로지 왕(王)이라는 글자를 사용했을 뿐이다.

중국 왕씨 성의 기원을 보면 여러 다른 성에서 왕씨 성으로 개성 (改姓)된 사례가 많다. 예를 들면 고대국가의 왕족이었던 사람들은 성씨제도가 등장하자 자신이 왕족이었음을 표시하고자 王(왕)의 글자를 취해 성으로 삼았다. 상(商)나라, 주(周)나라의 왕실 성이었던 姬(희), 嬀(규) 같은 성이 바로 왕씨로 바뀐 것이다.

중국인의 성은 천자문(千字文)에 나오는 글자가 거의 다 성으로 쓰일 정도로 많다. 그런데 우리 한국인처럼 한번 성을 가졌으면 바꾸지 않는 것은 아니고, 개성을 하는 경우가 적지 않았다. 그 가운데 왕씨 성으로 바꾼 경우가 많았기에, 오늘날에는 중국의 대성 (大姓)이라고 하는 백 개의 성 가운데 2위를 차지하기에 이른 것이다. 1987년도 인민일보의 발표에 따르면, 왕씨 성을 가진 중국인은 8,000만 명이 넘었다. 당시 1위는 8,700만 명이 넘는 이씨였다. 이씨 성이 많은 이유는 중국 당나라를 건국한 당태종이 이씨가 아닌 성을 쓰던 사람들에게 이씨 성을 많이 내려주었기 때문이다.

요즘에 와서는 왕씨 성이 인구수 1위가 되었다고 한다. 우리 한국인의 성씨 증가 비율만을 생각한다면, '과연 가능한 일인가'라는 의문이 생길 법도 하다.

중국의 왕씨 성 내력에 대한 여러 설(說)이 있지만, 그 가운데 고려의 왕씨 성 언급은 없다. 단지 이성(夷姓)의 왕씨가 있었다고만 하였다. 이성은 오랑캐의 성이란 뜻이다. 그들이 보는 오랑캐라면 고려가 해당될지도 모른다.

그런데 중국에서는 고씨 성의 기원에 대한 네 가지 이야기가 있다. 그 가운데 하나가 고려족의 고씨 성이다. 이것은 고구려의 고씨 성을 말한 것이다.

중국의 고씨 성은 성씨 인구수로 15위에 들어가는 대성(大姓)이다. 이 인구수에는 과거 고구려 사람이었던 고씨 성의 후손들이 포함되어 있다고 봐야 한다. 우리나라에는 고구려와 관계없는 제주고씨 밖에 없다. 그렇다면 과거 고구려의 영토였던 요동 또는 다른 여러 지역에, 고구려에서 등장하였다는 고씨 성의 후손들이 흩어져 살고 있을 것이라 생각해 볼 수 있다.

고구려 고씨 성의 인물 가운데 북연(北燕)에서 왕이 된 고운(高雲)이 있다. 그는 19대 광개토대왕 때 북연의 왕이 되었다. 그의 조부 고화(高和)가 연나라에서 살았던 것이다. 연나라는 선비족이 세운 나라이다. 중국 동북부 지역과 만주 요동반도 지역을 차지한 광대한 나라였다

기자조선(箕子朝鮮)에 대해 중국에서는 그들 고대국가의 제후국으로 보고 있다. 우리나라 학계에서는 기자조선이 중국 한족의 나라인지 아닌지를 두고 그 동안 여러 가지 이야기가 끊이지 않았다.

중국의 기록에 따르면, 기자는 은(殷)나라 마지막 임금 주왕(紂王)의 친척으로 왕의 실덕(失德)과 허물을 간하다가 구금당하기도 했고, 뒷날에 단군조선이 있던 평양 방면으로 망명하여 기자조선을 세웠다고 한다.

이 내용은 중국 진한시대(秦漢時代)의 문헌인 《상서대전》(尙書大傳)에 기록되어 있다. 현재 중국의 역사 왜곡자들은 이 내용을 자신들의 논거로 삼고 있는 것 같다.

일부 학자들은 기자조선으로 알려졌던 고조선 사회를 한씨조선(韓氏朝鮮)으로 봐야 한다고 주장한다. 그들은 한씨가 기자의 후예가 아니라 우리 한반도에 세거했던 고유 씨족이라고 하였다. 그들

의 견해에 따르면, 기자조선은 종래 단군조선이라 일컬어 온 아사
달(阿斯達)의 새 씨족이 옛 지배씨족을 밀어내고 지배층이 되면서
생겨났으며, 그들의 성은 기씨(箕氏)가 아니고 당시 중국의 창씨
방법을 이용하여 한씨(韓氏) 성을 가진 것이라고 주장한다.

우리나라 성씨 가운데에도 기자조선에다 뿌리를 두었다는 성씨
들이 있다. 한씨(韓氏), 선우씨(鮮于氏), 기씨(奇氏)가 그러하다. 기자
조선의 마지막 임금 준왕(準王)이 위만(衛滿)에 쫓겨 무리를 이끌고
한반도로 남하해 온 뒤 마을을 만들고 왕이 되었으며, 그의 후손이
퍼져 세 성이 등장하였다고 한다. 이러한 이야기는 《삼국지》 위지
(魏志) 동이전(東夷傳)과 《후한서》(後漢書)에 기록된 내용에 바탕을
두고 있다.

아마도 준왕의 성이 한씨였을 것이다. 당시 중국의 창씨는 나라
이름과 같은 경우가 많았다. 자기 성을 나라 이름으로 삼은 경우도
적지 않았다.

기자조선이라면 기자가 세운 나라이다. 여기서 기자는 성이 아
닌 이름이다. 예를 들어, 중국 춘추시대의 도가(道家)인 노자(老子)
의 성은 이씨(李氏)이고 이름은 이(耳)이다. 그러니까 노자는 하나
의 별호 또는 존칭이었던 것이다. 기자라는 이름도 이와 같은 맥락
으로 볼 수 있다.

그런데 기씨(箕氏) 성을 쓰는 사람 가운데, 기자를 자기 문중의
최초 조상으로 보는 사람이 있다. 중국 기씨 성의 연원에 따르면,
상(商)나라의 제후국이었던 기국(箕國)에서 나온 성이라고 하였다.
제후 서우(胥于)가 기국의 왕으로 봉해져 기자(箕子)라 했는데 뒤에
나라 이름이 성으로 되었다고 한다.

그들의 기록대로라면 기씨는 오랜 역사를 가졌던 성이기 때문에 그 후손의 수가 적지 않을 법하다. 그러나 중국에서 기씨 성은 희성(稀姓)이다.

역사학자들의 연구에 따르면, 기자가 조선에 들어왔다는 시기는 B.C.1122년 무렵이다. B.C.1111년 무렵에는 상(商)이 망하고 주(周)나라가 건국되었다.

상나라의 다른 이름은 은(殷)나라이다. 《후한서》(後漢書)에는 상나라 때 오늘날 중국의 강소성(江蘇省), 산동성(山東省)에 동이족(東夷族)이 세력을 뻗치고 있었다는 기록이 있다. 동이족이라고 분명히 언급한 것으로 보아, 이들은 중국 한족이 아니다. 북중국 동쪽에 있는 종족을 가리켜 한족이 부르는 말이다. 그리고 기자족(箕子族)이 발해연안으로 이동했다는 기록도 있다. 기자족이라는 표현을 굳이 쓴 것으로 보건대, 기자와 관련이 있어 보이는 이 용어 역시 한족과는 다른 종족을 일컫는 말일 것이다.

앞서 언급한 중국의 《상서전》(尙書傳)을 보면 주나라 무왕(武王) 때 해동제이(海東諸夷)인 구려(駒麗), 부여(夫餘), 한(馯), 맥(貊) 등이 주나라와 통도(通道)하였다 하는 내용이 나온다. 구려와 부여, 한은 시대가 지나면서 한자(漢字) 표현으로 구려(句麗), 부여(扶餘), 한(韓)으로 바뀌었다. 맥(貊)은 오랑캐란 뜻이다.

이렇듯 중국의 문헌에서 분명히 기자조선이 한족(漢族)의 나라가 아님을 밝혔는데, 오늘날에 와서 기자조선을 그들 한족의 국가였다고 주장하는 것 역시 역사왜곡이라고 할 수밖에 없다. 다시 말해, 우리 한국인 성씨의 뿌리를 중국의 역사기록만을 바탕으로 설명한다면 그들 왜곡에 동참하는 꼴이 될 것이다.

그런데 우리나라의 여러 성씨 문중의 기록을 비판하는 것은 학자들 사이에 금기시되고 있다. 설령 그 내용이 엉터리라도 비판을 하지 않는 것이다. 이는 학자들 가운데서도 성씨기원에 대한 지식을 가진 이가 그다지 많지 않기 때문일 것이다.

민족사를 제대로 알려면 성(姓)의 기원에 대한 탐구가 필요하다. 민족이란 어원(語源)을 보면 백성 민(民) 자에 겨레 족(族) 자가 합해져 있는 단어다. 여기에서 민(民)이란 글자는 백 개의 성을 가진, 곧 백성(百姓)이란 뜻이다.

백 개는 다수를 표현한 것이다. 그러므로 민은 많은 성으로 이뤄진 씨족집단을 나타낸 것이다. 그러니까 성의 기원을 알면 곧 민족이란 개념을 제대로 파악할 수 있게 된다.

과거 고구려 사람들이 썼다고 기록된 성은 고대 중국에서나 현대 중국에서나 그들의 주요한 성씨가 아니다. 이는 중국의 《성씨대전》(姓氏大典)을 보아도 알 수 있다. 을지(乙支), 천(泉), 명림(明臨) 같은 성을 중국에서는 찾아볼 수가 없다.

중국인들이 쓰는 성은 1만 개가 넘는다. 그 가운데 인구수가 가장 많은 성 백 개를 대성(大姓)으로, 천 개의 성을 보편적인 성으로 보고 있다. 중국에 을씨(乙氏)는 있어도 을지씨(乙支氏)는 없고, 명씨(明氏)는 있어도 명림씨(明臨氏)는 없다.

이런 사실을 보아도 중국 한족의 뿌리에서 고구려인이 나타났다고 볼 수는 없는 것이다. 오늘날 중국에 고씨 성이 많이 살고 있는 것은, 오히려 고씨 성을 쓰던 고구려인들이 중국으로 옮겨갔기 때문이라고 봐야 한다. 중국 고씨 성의 유래 가운데에는 신화적인 설명도 있지만, 실제로는 고대에 그런 성을 사용한 한족이 별로 많지 않았기 때문이라고 봐야 할 것이다.

선비족 사람들 가운데 오히려 고씨 성이 많았다. 특히 탁발부(拓跋部)라는 집단에서 고씨 성이 주류를 이루고 있었는데, 이 집단의 부락이 고구려인과 연계된 것이 많았던 기록을 보면 그들 역시 고구려인이었을지도 모른다. 그들의 집단부락이 과거 부여의 영내에 있었기 때문에 이러한 가능성이 제기되는 것이다.

민족사는 반드시 국토로만 좌지우지되는 것은 아니다. 국토는 이민족에게 점령되기도 한다. 그러나 민족은 나라가 없더라도 존재할 수 있다. 언어, 문화, 관습에 동질성을 보이면 민족이라 정의하지만, 실제로는 긴 세월동안 이민족의 지배 아래 있거나 새로운 문화와 관습이 수입되면서 언어가 소멸되고 문화가 변질되고 관습이 달라지는 것이 보통이다.

현재 중국의 역사학계에서는 고구려를 고대 중국의 일개 영주국가(領主國家)로 기술하려 하고 있다. 이에 대해서 우리 학계에서는 당연히 반발하고 있다. 하지만 민족의 근원을 성씨문화에서 찾아보고 이를 바탕으로 중국의 주장에 대응하려는 노력이 부족한 점은 아쉽다.

우리의 상고사(上古史)를 연구할 때 맞닥뜨리게 되는 가장 큰 문제는 사료(史料)의 부족이다. 우리의 역사서로는 《삼국사기》와 《삼국유사》만이 전한다. 일찍이 우리민족 나름의 문자가 없었고, 전쟁 등으로 말미암아 상고시대(上古時代) 우리민족의 기록유산이 많이 사라졌기 때문일 것이다. 이 때문에 우리의 역사를 연구하는 사람들조차도 문헌적(文獻的)으로는 중국의 역사서에 의존해 왔다.

그러나 우리민족은 뒤늦게나마 중국의 한자(漢字)를 수입하여 기록문화를 꽃피웠다. 그 예가 광개토대왕의 비문이나 신라 진흥왕의 순수비이다. 이런 기록물들을 바탕으로, 오늘날 우리는 문헌에 의한 중국의 여러 역사서가 우리민족에 대해 기술한 내용 가운데 왜곡이 많이 있었음을 알 수 있다.

중국에는 《사기》(史記), 《한서》(漢書), 《삼국지》(三國志), 《진서》(晋書) 등 고대사를 서술한 역사서가 많이 남아 있다. 이 책들은 한결같이 우리민족의 나라를 종속국(從屬國)으로 다루고 있다.

조공(朝貢)이란 말이 중국의 사서에 많이 나온다. 이 조공은 속국, 곧 종속된 나라가 종주국(宗主國)인 대국(大國)에 예물을 바친다는 뜻이다.

중국 대륙 안에도 수많은 민족이 있어서 그들 민족이 세운 나라들 사이에 많은 부침(浮沈)이 있었다. 그 부침이 어느 한 민족의 역사로만 편입될 수는 없는 것이다. 그런데 오늘날 중국은 그들 한족(漢族)만을 중심으로 놓고, 언제나 종주(宗主)의 입장에서 역사를 서술하고 있다. 이는 반드시 과장과 왜곡을 낳기 마련이다.

중국은 다양한 민족으로 형성된 나라이다. 현재 56개 민족이 있는 것으로 파악되고 있다. 우리 한민족(韓民族)과 같은 뿌리의 조선족(朝鮮族)도 여기에 들어간다.

중국의 요령성(遼寧省)과 길림성(吉林省)에서는 적잖은 인구수의 조선족이 수백 년이나 생활의 터전을 닦아 왔다. 그들은 일제강점기에 만주로 건너 간 한민족(韓民族)만이 아니다. 고구려 사람들 또는 발해 사람들의 후손들도 있을 것이다.

중국의 조선족들은 이런 말을 하는 경우가 있다. 왜 우리나라도 자신들과 같이 '조선족'이란 이름을 쓰지 않고 한민족(韓民族)이란

민족호칭을 사용하여 혼동을 불러 오느냐는 것이다. 우리나라의
지식인 사이에서도 그런 의구심을 갖는 사람이 없지는 않다.

한민족이란 용어는 한반도 남단에 자리잡고 있던 삼한(三韓)에
근거를 두었을 것이다. 삼한은 진한(辰韓), 변한(弁韓), 마한(馬韓)을
말한다. 이 말이 생겨났을 때는 이 세 나라가 우리민족의 순수한
뿌리였을 것이라고 여겨 한(韓)을 민족의 이름으로 사용하였을지
도 모른다. 그러나 깊이 따지고 보면 이 말은 단군조선(檀君朝鮮)
이후부터 내려온 고조선(古朝鮮)을 무시하는 결과가 될 뿐만 아니
라, 한반도에 서로 다른 두 개의 민족이 있었다는 인식을 불러올
수도 있다는 문제점이 있다.

이와 달리, 조선이란 이름에서 우리는 민족의 뿌리였던 고조선
을 떠올리고, 동북아 지역에 광대하게 자리를 잡고 세력을 떨쳤던
고구려와 발해를 머릿속에 그릴 수 있다. 하지만 해방 이후 분단이
되면서, 남쪽에서는 조선이란 용어에 대해 되레 거부감을 갖고 외
면하였다.

사실 이 말을 꺼렸던 이들이 한반도 남쪽 사람들만은 아니다.
한족 역시 조선이라는 용어를 좋아하지 않았다. 그 이유를 한 마디
로 말하자면, 조선족이 강성(強盛)했기 때문이다. 한때 묘족(苗族)이
중국 양자강 이남에서 큰 세력을 갖고 북상하며 한족에게 큰 위협
이 되었듯, 조선족 역시 중국 대륙의 동북권 지역에서 큰 세력을
떨쳤던 것이다.

중국은 여러 개 민족으로 이뤄진 나라이며, 각각의 민족은 그
나름의 역사가 있다. 지금의 조선족도 예외가 아니다. 그런데 중국
은 그들 민족의 역사를 깡그리 한족의 역사 속으로만 몰아넣는 우

매함을 보이고 있다. 동북공정(東北工程)이 그 극명한 예가 된다. 하지만 현재 국가통치기구의 목적에 역사를 억지로 꿰맞춘다고 하여 진실이 사라지는 것이 아니다.

그러나 그들의 우매함을 탓하기 전에 우리 자신이 지금껏 저질러 온 어리석음부터 돌아볼 필요가 있다. 특히 여러 족보에 등장하는 사대주의적 오류에 대해 되짚어보고 반성할 필요가 있다. 모화사상(慕華思想)이 극심할 때 만들어진 족보로 말미암아, 우리민족의 주체성이 흐려진 측면이 없지 않기 때문이다. 이는 고구려사를 왜곡하려는 중국인들에게 좋은 빌미가 될 수도 있다.

족보는 그 성씨의 시조로부터 혈족이 이어져 오면서 대손(代孫) 이름과 출생, 사망, 묘소, 행적 등을 작성해 둔 책을 말한다. 다시 말해, 족보는 각 성씨의 혈통과 가계(家系)를 알 수 있게 하는 자료이며, 이런 점에서 씨족사라고 부를 수도 있다. 이 족보는 성씨가 생겨난 뒤부터 등장했다. 성이 없었던 시대였다면 계보에는 이름만 기록되었을 것이며, 혈족집단에서도 마찬가지였을 것이다.

그런데 우리 족보들을 보면, 신라에서 등장하였다는 6촌의 성씨와 신라 왕족의 세 성씨를 제외하고는, 대개가 중국 방면에서 들어온 사람으로부터 비롯되었다고 기록되어 있다. 중국에서 온 시조들은 대개 한족(漢族)과 연결되어 있다. 지금도 그렇지만, 중국에 어떤 나라가 세워졌든지 그 안에는 여러 민족이 섞여 있었다. 그런데도 여러 문중의 족보에서는 유독 한족만이 귀화하여 시조가 된 것으로 기록되어 있다.

오늘날 우리나라 여러 성씨 문중의 족보를 들여다보면, 나라의 역사도 제대로 기록되어 있지 못한 때 활약했다는 조상에 대한 내용이 어찌 그리도 잘 기록되어 왔는지 참 이상스럽다고 여길 만큼 자세하다.

족보는 한자로 기록되어 있다. 한자가 중국에서 수입된 뒤에도, 고려초까지는 그 활용이 미미했다. 그런데 어떤 성씨의 족보를 보면 통일신라 이전에 살았던 조상의 벼슬과 이름이 고스란히 적혀 있는 경우가 있다. 심지어는 단군조선시대의 시조를 기록해 놓은 족보도 있다.

학계에서는 신라 왕족의 3성, 곧 박씨(朴氏), 석씨(昔氏), 김씨(金氏), 그리고 임금이 6촌에 내렸다는 이씨(李氏), 정씨(鄭氏), 손씨(孫氏), 최씨(崔氏), 배씨(裵氏), 설씨(薛)의 기원에도 연대상(年代上)으로 의문을 제기하는 일이 많다. 그런데 적잖은 성씨가 신라시대에 시조의 기원을 두고 있으며, 심지어 신라초기에 자신들의 시조가 나타났다고 주장하는 성씨 문중도 없지 않다.

그들 성씨 문중에서는 시조로부터 내려오는 조상계보를 상세하게 작성해 놓았는데, 우리 전체의 민족사는 왜《삼국사기》나《삼국유사》에만, 그것도 상당히 허술하게 기록되어 있는지에 대한 의문이 생길 수밖에 없다.

역사적 의미가 있는 인물과 사건에 대해서라면, 사관(史官)이나 역사학자가 당연히 상세한 기록을 남겼을 것이다. 그런데 오늘날의 족보를 보면 역사서에는 나오지 않는 인물이 여러 명 등장하니, 그 신빙성에 대해 의문을 아니 가질 수 없는 것이다.

조선왕조가 임진왜란이라는 크나큰 위기를 넘겼을 때 명(明)나라의 도움을 많이 받았다. 이에 따라 재조지은(再造之恩: 거의 망하게 된 것을 구원하여 준 은혜)이란 이름으로, 명나라에 대한 사대

의식은 더욱 강화되었다. 족보를 만드는 사람들도 연도를 표시할 때 중국 명나라의 연호를 충실하게 사용했다.

숭정(崇禎)이란 연호가 있다. 이 연호는 명나라 마지막 임금 의종(毅宗)의 연호이다. 지금 남아 있는 족보 가운데 이 연호가 기록되어 있는 것이 많다. 오늘날의 족보는 대부분 1700년대 이후 영조(英祖) 때부터 작성되기 시작한 것인데, 이때는 이미 명나라가 청(淸)나라에게 망한 뒤였음에도 족보 편찬자들이 계속 명나라의 연호를 쓰는 것을 잊지 않았기 때문이다. 이 시대 이후에 작성된 족보는 탁보(濁譜)라는 말을 듣기도 한다.

학계에서는 1600년 이전에 편찬된 족보는 그래도 신빙성이 있어 보인다고 하여 청보(淸譜)라는 말을 붙였다. 1600년 이전에는 윗대 조상에 대해서 기록한 것이거나 자기 성씨계보를 작성한 내용이 광범위하지 못하여, 일개 파(派)의 범위 정도로 엮이곤 했다. 오늘날 볼 수 있는 종합적인 대동보(大同譜) 같은 것은 아니었다. 좁은 범위의 조상에 대한 내용만을 기록했기 때문에, 내용 면에서는 사실에 좀 더 가까웠을 것이다.

1700년대 이후에는 대동보가 많이 쏟아져 나왔다. 이 과정에서 정확하게 확인되지 않는 자료가 섞여들어 가짜 계보와 가짜 종친 등이 수록되곤 했던 것이다.

그런데 어쨌든 족보에 이미 멸망한 명나라의 연호를 쓰는 것은 잊지 않았다. 이 때문에 오늘날 남아 있는 족보에서 숭정(崇禎)이란 연호를 흔히 볼 수 있고, 각 문중에서도 연호만을 보고 당연히 오래 된 족보라고 여기고 자랑스러워하기도 했다.

일제강점기에 작성된 대동보나 파보(派譜)에서도 숭정의 연호가 종종 사용되었다. 단기(檀紀)를 연도표시의 수단으로 사용하는 것을 오히려 무게 없고 가치 없어 보인다며 외면하였다. 과거에 이런 풍조가 있었기에, 새삼 중국인이 고조선사나 고구려사를 왜곡할 수 있는 빌미가 되기도 한 것이다.

'성은 믿어도 족보는 못 믿는다'는 말이 있다. 조상의 벼슬을 과장과 허위로 기재한 사례가 많고, 시조가 본관을 갖기 시작한 때를 실제보다 훨씬 오래전의 일로 기록한 경우도 많고, 그러면서도 조상 개개인의 연대표기는 부실했기 때문이다. 게다가 역사기록이 많이 남아있지 않은 시대의 일을 기록할 때도, 일목요연하게 조상의 계대(系代)가 빠짐없이 기록되어 있는 것이다. 나라의 역사책은 '이것은 이렇다'고 단정적인 서술만을 하고 있지는 않은데, 여러 문중의 족보를 살펴보면 수록된 내용이 분명한 사실인양 단정적으로 기록된 경우가 많다. 신라 때나 고려 초기 때 우리민족이 그렇게 자세한 역사기록을 할 만큼 기록문화가 성숙되어 있지 않았다는 점을 고려하면, 그 신빙성은 더욱 낮아진다.

민족은 여러 씨족이 모인 집단이다. 족보를 통해 우리는 민족사에 대한 더 깊은 진실을 알 수 있다. 다시 말해, 족보가 진실하면 우리는 민족사의 진실에 더 가까워지는 것이다.

부 록 :

고려·조선 관직명 해설

한국인의 성씨 문중에서는 저마다 족보를 만들어 두고 있다. 족보는 그 성씨 문중 최초의 조상인 시조로부터 대대로 그 뿌리를 이어 온 조상에 관해서 간략하게 신상관계와 이름을 기록하여 놓은 것을 말한다. 여기에는 1세(世), 2세(世)라는 세대의 순차(順次)를 표시해 두었다. 세는 시조로부터 내려오는 세대의 순차이다. 다시 말해, 시조는 1세가 되는 것이다.

이 족보에서 등장하는 조상의 벼슬, 곧 관직(官職)이 있다. 관직만이 아니라 관직에 따라 부여되는 대부(大夫)니, 낭(郞)이니 하는 벼슬의 품계 등도 기록되어 있다.

이러한 관직과 벼슬의 품계를 후손들은 대단히 중히 여겼다. 벼슬의 높고 낮음에 따라 조상의 위상을 가늠하기도 하여, 높은 벼슬에 올랐던 조상이 많으면 그 성씨 문중은 대단한 가문으로 평가받았기 때문에 족보에는 꼭 관직과 품계이름을 기록하였다.

그러나 오늘날에는 족보에 등장하는 벼슬이나 품계의 의미에 대해 제대로 알지 못하는 사람이 많다. 이 부록에서는 족보에서 흔히 등장하는 관직과 벼슬 품계의 이름 등을 설명하고자 한다.

(ㄱ)

☞ 嘉善大夫(**가선대부**) : 조선시대 문관(文官)과 무관(武官)의 관인(官人)에게 주는 종2품 품계(品階)의 이름 가운데 하나. 참판급의 관인이 이 이름을 받는다.

☞ 諫議大夫(**간의대부**) : 고려시대 나라의 모든 정치를 담당하는 최고관청인 문하부(門下部)에 둔 정4품의 관직.

☞ 監務(**감무**) : 고려시대 비교적 규모가 작은 고을에 둔 현감(縣監) 아래의 관직. 16대 예종 때 제정되었다. 현(縣)은 지방통치 단위의 하나로서, 더 큰 규모의 현(縣)에는 현감보다 한 단계 높은 관직인 현령(縣令)을 두었다.

☞ 監司(**감사**) : 관찰사(觀察使)를 달리 부르는 말.

☞ 監察(**감찰**) : 조선시대 감찰기관인 사헌부(司憲府)의 정6품 관직.

☞ 監察大夫(**감찰대부**) : 고려시대 감찰기관인 감찰사(監察司)의 수장 관직. 정3품.

☞ 監察侍史(**감찰시사**) : 고려시대 감찰기관인 감찰사에 소속된 관직. 품계는 종5품이다.

☞ 監察御史(**감찰어사**) : 고려시대 암행관청인 어사대(御史臺)에 소속된 종6품 관직.

☞ 監察掌令(**감찰장령**) : 고려시대 감찰기관인 감찰사에 소속된 관직. 품계는 종4품이다.

☞ 檢校(**검교**) : 고려와 조선시대 관청에서 정원 외에 임시로 둔 관직.

실제 사무는 안보고 이름만 있는 관직 앞에 붙인다.

☞ 經筵官(**경연관**) : 왕 앞에서 유교경전(儒敎經典)을 강의하는 관직.

☞ 恭人(**공인**) : 조선시대 정5품 문관과 무관의 부인에게 내린 외명부(外命部)의 벼슬.

☞ 工曹判書(**공조판서**) : 나라의 토목·산림·하천 등 공사를 맡는 공조(工曹)의 수장 관직. 품계는 정2품이고 고려에서는 전공상서(典工尙書)라고 하였다.

☞ 觀察使(**관찰사**) : 각 도(道)의 수장으로서, 중앙관청을 대신해서 지방의 군사, 행정, 재정, 사법 등 제반 업무를 관장하는 종2품 관직.

☞ 校勘(**교감**) : 고려시대 유교경전을 강론하는 보문각(寶文閣)과 서적 인쇄를 맡은 전교시(典敎寺)에 소속된 종9품의 최하위 관직.

☞ 校理(**교리**) : 조선시대 국가의 문서·서적 등을 관리하는 홍문관(弘文館)에 소속된 정5품의 관직.

☞ 敎授(**교수**) : 조선 고종 때 동학(東學)에 둔 직책(관인官人이 아니었기에 품계는 없었음).

☞ 校尉(**교위**) : 고려시대 무관(武官)에게 주던 관직. 종9품에서 종6품 까지 등급이 있다.

☞ 國子祭酒(**국자좨주**) : 교육기관인 국자감(國子監)에 소속된 종3품의 관직(祭는 이 경우에 '좨'로 읽는다).

☞ 郡夫人(**군부인**) : 조선시대 왕자들의 부인에게 내리는 벼슬. 정1품.

☞ 郡守(**군수**) : 조선시대 군(郡)단위의 지방에 둔 관직. 종4품에 해당하고 고려에서는 지군사(知郡事)라 불렀다.

☞ 權知(**권지**) : 고려·조선시대에 관직을 임시로 맡을 때 그 관직 앞에 붙는 이름. 과거 급제자를 각 관청에 보낼 때 일정 기간 동안 임시로

직무를 맡겼다가 나중에 실직(實職)을 주었다.

☞ 金紫光祿大夫(**금자광록대부**) : 고려시대 문관(文官)에게 주었던 종2품 품계의 이름 가운데 하나.

☞ 給事中(**급사중**) : 고려시대 국가의 제반 정무를 관장하던 문하부(門下 府)의 종4품 관직.

☞ 起居舍人(**기거사인**) : 고려시대 국가의 제반 정무를 관장하던 문하부 (門下府)의 종5품 관직.

(ㄴ)

☞ 郎將(**낭장**) : 고려시대 군사들에게 준 정6품의 무관 관직.

(ㄷ)

☞ 大司諫(**대사간**) : 조선시대 왕에게 도덕문제 등을 간(諫)하는 사간원 (司諫院)의 수장에게 준 정3품의 관직.

☞ 大司成(**대사성**) : 고려와 조선의 교육기관이었던 성균관(成均館)의 수 장에게 준 정3품 관직.

☞ 大司憲(**대사헌**) : 고려와 조선의 감찰기관이었던 사헌부(司憲府)의 수 장에게 준 정3품 관직.

☞ 大相(**대상**) : 고려 초기에 문무 양반의 신하에게 내렸던 지방의 향직 (鄕職). 이 직종에는 모두 9등급이 있는데, 대상은 그 가운데 네 번째

등급이다.

☞ 大將軍(**대장군**) : 고려와 조선시대 무관벼슬의 하나로 종3품의 관직. 상장군(上將軍) 다음의 관직.

☞ 大提學(**대제학**) : 고려와 조선시대 학문에 뛰어난 벼슬아치들이 있는 보문각(寶文閣)의 수장. 종2품의 관직이다.

☞ 大中大夫(**대중대부**) : 고려시대 종3품, 정4품, 종4품의 관리에게 내려 준 품계의 이름 가운데 하나.

☞ 大護軍(**대호군**) : 조선시대 현직이 없는 문관 또는 무관에게 준 관직. 음관(蔭官)으로 벼슬에 오른 사람 가운데 주로 임명하였다(음관은 공신 또는 높은 벼슬을 지낸 양반의 자손을 형식적인 시험을 거쳐 임용하는 제도를 말함).

☞ 都事(**도사**) : 고려와 조선시대 종5품 내지 종6품의 관직.

☞ 都承旨(**도승지**) : 고려시대 왕명을 하달하는 종5품의 관직. 조선시대 는 정3품의 관직.

☞ 都正(**도정**) : 조선시대 왕실의 친척들을 관리하는 관청인 돈녕부(敦寧 府)와 군사훈련소인 훈련원(訓練院)의 정3품 관직.

☞ 都摠管(**도총관**) : 조선시대 군사를 총괄하는 오위도총부(五衛都摠府)의 정2품 관직.

☞ 都統使(**도통사**) : 고려시대 각 도(道)의 군사를 통솔하는 총수에게 내 린 관직.

☞ 同正(**동정**) : 고려시대 지방관직으로 문반(文班)의 정6품 관직. 무반(武 班)에게는 정5품 이하의 관직. 대개 추천으로 처음 벼슬길에 오를 때 받는다.

☞ 同知事(**동지사**) : 조선시대 왕실의 친척들을 관리하는 돈녕부, 죄인을

심문하는 관청인 의금부(義禁府), 교육기관인 성균관(成均館) 등의 종2품 관직.

☞ 同知中樞府事(**동지중추부사**) : 조선시대 중추부(中樞府)의 종2품 관직. 중추부사는 실무의 관직이 아닌 명예직이다.

(ㅁ)

☞ 牧使(**목사**) : 고려시대 전국 중요지역에 둔 종3품 관직의 하나. 12목 (牧)의 지사(知事), 조선시대는 관찰사 아래의 정3품 관직.

☞ 門下侍郞平章事(**문하시랑평장사**) : 고려시대 나라의 모든 정사를 주관 하던 문하부(門下部) 소속의 정2품 관직. 문하시랑(門下侍郞)이라고도 불 렀다.

☞ 門下侍中(**문하시중**) : 고려시대 나라의 모든 정사를 주관하던 문하부 소속의 종1품 관직.

☞ 門下贊成事(**문하찬성사**) : 고려시대 나라의 모든 정사를 주관하던 문 하부 소속의 정2품 관직.

☞ 門下評理(**문하평리**) : 고려시대 나라의 모든 정사를 주관하던 문하부 소속의 종2품 관직.

☞ 密直司使(**밀직사사**) : 고려시대 임금의 명령을 하달하며 궁궐을 호위 하는 관청인 밀직사(密直司)의 종1품 관직.

☞ 密直提學(**밀직제학**) : 고려시대 임금의 명령을 하달하며 궁궐을 호위 하는 관청인 밀직사의 정3품 관직.

(ㅂ)

☞ 壁上三韓三重大匡(**벽상삼한삼중대광**) : 고려시대 문관의 정1품 최고위 관직. 실무직이 아닌 명예직이었다.

☞ 別將(**별장**) : 고려시대 군(軍)의 정7품 관직. 조선시대 초기에는 정7품 관직이었다가 후에 군사훈련관청인 훈련도감(訓練都監), 군사기관의 하나인 어영청(御營廳) 소속의 정3품 관직이 되었다.

☞ 別提(**별제**) : 조선시대 나라의 인구·조세·재정을 관장하는 호조(戶曹), 나라의 법률·형벌을 관장하는 형조(刑曹) 등의 관청에 둔 정6품~종6품의 관직.

☞ 別座(**별좌**) : 조선시대 병기를 관리하는 관청인 군기시(軍器寺), 왕족과 외국사신 접대 등을 관장하는 관청인 예빈시(禮賓寺) 등에 둔 정5품~종5품 관직.

☞ 兵馬團練使(**병마단련사**) : 조선시대 각 도(道)에 주둔하던 정3품의 무관 관직.

☞ 兵馬使(**병마사**) : 고려시대 동북면(東北面: 함경도 지역)과 서북면(西北面: 평안도 지역)에 둔 정3품의 무관 관직.

☞ 兵馬節度使(**병마절도사**) : 조선시대 각 지방에 둔 군대를 관장하는 종2품 무관 관직.

☞ 兵馬節制使(**병마절제사**) : 조선시대 몇몇 중요 고을에 둔 군사를 통솔하는 정3품의 무관 관직.

☞ 奉教(**봉교**) : 조선시대 왕의 지시문을 맡은 관청인 예문관(藝文館)의

정7품 관직.

☞ 兵曹判書(**병조판서**) : 조선시대 6조(曹)의 하나로 군사에 관한 일을 총괄하던 병조(兵曹)의 수장으로서 정2품 관직. 아래에 참판(參判 : 종2품), 참의(參議 : 정3품)를 두었다.

☞ 保功將軍(**보공장군**) : 조선시대 종3품의 무관 관직.

☞ 僕射(**복야**) : 고려시대 나라 안의 제반 정무(政務)를 처리하는 상서육부(尙書六部)를 총괄하는 관청인 상서도성(尙書都省)의 정2품 관직. 여기에는 같은 품계의 좌복야(左僕射), 우복야(右僕射)가 있다. 상서육부는 조선시대의 육조(六曹)와 거의 같은 기능을 수행했다.

☞ 封君(**봉군**) : 왕자, 왕의 장인, 정2품의 품계 이상인 왕의 친척과 문무(文武) 양반의 신하에게 군(君)이란 칭호를 내리는 것을 말함.

☞ 奉事(**봉사**) : 조선시대 왕실의 친척들을 관리하는 관청인 돈녕부(敦寧府), 군수품을 관리하는 관청인 군자감(軍資監) 등 여러 관청에 둔 종8품의 관직.

☞ 奉常大夫(**봉상대부**) : 고려시대 문관에게 준 정4품 벼슬 품계의 이름 가운데 하나.

☞ 奉順大夫(**봉순대부**) : 고려시대 무관에게 준 정4품 벼슬 품계의 이름 가운데 하나.

☞ 奉翊大夫(**봉익대부**) : 고려시대 문관에게 준 종2품 벼슬 품계의 이름 가운데 하나.

☞ 府夫人(**부부인**) : 조선시대 왕비의 어머니에게 내린 정1품의 벼슬. 왕의 본처가 낳은 대군(大君)의 부인도 이 벼슬을 받았다.

☞ 府使(**부사**) : 조선시대 지방행정단위의 하나인 부(府)의 정3품 및 종3품의 관직.

☞ 副使(**부사**) : 고려시대 임금의 명령을 하달하고 궁궐을 호위하던 관청인 중추원(中樞院)의 정3품 관직. 나라의 재정을 관리하는 삼사(三司)에서는 정4품의 관직. 그 외 다른 관청은 5품~6품에 해당하는 관직이다. (밀직사와 중추원의 업무는 사실상 같았는데, 왕에 따라 그 이름이 변하곤 했다)

☞ 副承旨(**부승지**) : 고려시대 임금의 명령을 하달하고 궁궐을 호위하던 밀직사(密直司)의 정3품 관직. 조선시대에는 상명하달 기관인 승정원(承政院)의 정3품 관직.

☞ 府尹(**부윤**) : 조선시대 지방행정단위의 하나인 부(府) 지역의 최고위 관직. 종2품 관직으로 개성부(開城府), 한성부(漢城府), 평양부(平壤府) 등에 두었다.

☞ 部將(**부장**) : 조선시대 군관계 관청인 오위(五衛)의 종6품 관직.

☞ 副正(**부정**) : 고려시대 왕의 가마와 말을 관리하는 사복시(司僕寺), 농업을 관리하는 전농시(典農寺) 등의 정4품 관직. 조선시대에는 군자감(軍資監), 돈녕부(敦寧府), 종친부(宗親府) 등에 둔 종3품의 관직.

☞ 副提學(**부제학**) : 조선시대 각종 서적·문서와 왕명 작성 등을 주관하는 관청인 홍문관(弘文館)의 정3품 관직.

☞ 副摠管(**부총관**) : 조선시대 군사관계 관청인 오위도총부(五衛都摠府)의 종2품 관직.

☞ 副護軍(**부호군**) : 조선시대 군사관계 관청인 오위도총부 소속의 종4품 관직.

290

（ㅅ）

☞ 司空(**사공**) : 고려시대 삼대정승인 삼공(三公)의 하나로서 정1품의 최고위 관직.

☞ 司果(**사과**) : 조선시대 군사 관청인 오위(五衛)의 정6품 관직. 현직에 종사하지 않는 문무관(文武官), 음관(蔭官) 가운데 임명되었다.

☞ 司業(**사업**) : 고려시대 국가 교육기관인 국자감(國子監) 소속의 종4품 관직.

☞ 舍人(**사인**) : 고려시대 나라의 모든 정사를 주관하는 최고의 관청인 문하부(門下府)에 속한 종4품 또는 정4품의 관직. 조선시대 의정부 소속의 정4품 관직. 내사사인(內史舍人), 중서사인(中書舍人), 문하사인(門下舍人) 등으로 관직의 이름이 계속 바뀌었다.

☞ 司直(**사직**) : 고려시대 왕세자궁의 정7품 관직. 조선시대는 군사관청인 오위(五衛)에 소속된 정5품의 관직.

☞ 散員(**산원**) : 고려시대 2군(軍) 6위(衛)에 소속된 정8품의 무관 관직.

☞ 三司使(**삼사사**) : 나라의 돈과 곡식 등을 관리하는 관청인 삼사(三司)의 정3품 관직. 충렬왕 때 삼사좌사(三司左使), 삼사우사(三司右使)로 나뉘었다.

☞ 習讀官(**습독관**) : 조선시대 훈련원(訓鍊院)에 둔 종9품의 관직.

☞ 尙書(**상서**) : 고려시대 육부(六部)의 수장 관직. 조선시대 판서(判書)와 같음. 고려시대에는 정3품 관직이었다.

☞ 上將軍(**상장군**) : 고려시대 정3품의 무관 관직. 대장군(大將軍)보다 위

의 관직이다.

☞ 上護軍(**상호군**) : 고려시대와 조선시대에 상장군(上將軍)을 고쳐 부른
정3품의 무관 관직.

☞ 繕工監正(**선공감정**) : 고려시대와 조선시대 공조(工曹) 아래 설치되어,
토목공사, 건축에 관한 일을 맡은 관청인 선공감(繕工監)의 정3품 관직.

☞ 宣略將軍(**선략장군**) : 조선시대 종4품의 무관 관직

☞ 少尹(**소윤**) : 조선시대 한성부(漢城府), 개성부(開城府)에 두었던 정4품
의 관직.

☞ 水軍萬戶(**수군만호**) : 조선시대 각 도(道)의 수군절도사영(水軍節度使
營)에 둔 종4품의 무관 관직.

☞ 水軍節度使(**수군절도사**) : 조선시대 도(道) 안에 있는 수군(水軍)을 통솔
하는 정3품의 무관 관직.

☞ 水軍統制使(**수군통제사**) : 경상, 전라, 충청도의 수군을 통괄하는 종2
품의 무관 관직. 처음에는 한산도(閑山島)에 두었다가 임진왜란 뒤에 두
룡포(豆龍浦: 오늘날의 충무시)로 옮겼다.

☞ 修撰(**수찬**) : 고려시대 춘추관(春秋館), 예문관(藝文館)에 둔 정8품의
관직. 조선시대에는 각종 서적·문서와 왕명 작성 등을 주관하는 관청
인 홍문관(弘文館)에 둔 정6품의 관직.

☞ 淑夫人(**숙부인**) : 조선시대 정3품의 문무관(文武官) 부인에게 준 외명
부(外命部)의 벼슬.

☞ 淑人(**숙인**) : 조선시대 정3품 당하관(堂下官)의 부인에게 준 외명부(外
命部)의 벼슬. 정3품의 품계에는 당상(堂上)과 당하(堂下), 2단계의 등급
이 있었다.

☞ 崇祿大夫(**숭록대부**) : 고려시대와 조선시대 종1품의 품계에서 한 단계

낮은 벼슬아치에게 내린 벼슬 품계의 이름 가운데 하나.

☞ 崇政大夫(**숭정대부**) : 조선시대 종1품의 관인에게 준 벼슬 품계의 이름 가운데 하나.

☞ 承務郎(**승무랑**) : 고려시대 종8품, 조선시대 종7품의 관인에게 내린 품계의 이름 가운데 하나.

☞ 承事郎(**승사랑**) : 고려시대 국왕이 하달하는 지시문을 작성하는 관청인 한림원(翰林院)의 정8품 벼슬의 이름 가운데 하나.

☞ 承議郎(**승의랑**) : 고려와 조선시대 정6품의 관인에게 준 품계의 하나.

☞ 承旨(**승지**) : 려시대 임금의 명령을 하달하고 궁궐을 호위하던 관청인 밀직사(密直司) 소속의 정3품 관직. 조선시대 승정원(承政院) 소속의 정3품 관직.

☞ 承訓郎(**승훈랑**) : 조선시대 정6품의 관인에게 내린 벼슬 품계의 이름 가운데 하나.

☞ 侍郎(**시랑**) : 고려시대 나라 안의 제반 정무를 맡은 여섯 관청인 상서 육부(尚書六部)의 정4품 관직.

☞ 侍御史(**시어사**) : 고려시대 암행 감찰기관인 어사대(御史臺) 소속의 종5품 관직.

☞ 侍中(**시중**) : 고려시대 나라 안의 모든 정사를 주관하는 최고 관청인 문하부(門下府)의 종1품 관직. 중찬(中贊) 또는 정승(政丞)으로 부르기도 했다.

☞ 愼人(**신인**) : 조선시대 정3품 또는 종3품 관인들의 부인에게 내린 외명부(外命部)의 벼슬.

(ㅇ)

☞ 按廉使(**안렴사**) : 고려시대 지방관직의 하나인 정3품의 관직.

☞ 按撫使(**안무사**) : 지방에 어떤 사변이나 재난이 벌어졌을 때, 주민을 안무(按撫)하는 목적으로 파견된 종2품 또는 정3품의 관직.

☞ 禦侮將軍(**어모장군**) : 조선시대 정3품의 무관 관직.

☞ 御史(**어사**) : 왕의 특명에 따라 암행임무를 수행하는 관직.

☞ 御史大夫(**어사대부**) : 고려시대 어사대(御史臺)의 정3품 관직.

☞ 御營大將(**어영대장**) : 조선시대 궁궐과 왕 호위관청인 어영청(御營廳)의 종2품 관직.

☞ 令同正(**영동정**) : 동정직의 우두머리 관직. 동정(同正)은 고려시대 6품 이하의 문관과 5품 이하의 무관에게 내린, 정직(正職)에 준하는 명예직을 말한다.

☞ 領事(**영사**) : 조선시대 영문하부사(領門下府事), 영삼사(領三司), 영돈녕부사(領敦寧府事) 등의 약칭. 종1품의 관직이다.

☞ 領三司事(**영삼사사**) : 고려시대 나라의 돈과 곡식 등을 관리하는 관청인 삼사(三司)에 둔 종1품의 관직.

☞ 領相(**영상**) : 영의정(領議政)의 약칭.

☞ 領議政(**영의정**) : 조선시대 정치를 총괄하는 의정부(議政府)의 최고위 관직. 정1품이다.

☞ 令人(**영인**) : 조선시대 정4품 관직의 부인에게 내렸던 외명부(外命部)의 벼슬.

☞ 領中樞府事(**영중추부사**) : 조선시대 실제 직무를 맡지 않던 정3품 이상 의 당상관을 위한 관청인 중추부(中樞府)의 최고위 관직. 정1품이며 영 중추(領中樞)라고 부르기도 했다.

☞ 禮曹判書(**예조판서**) : 조선시대 국가의 의식, 외교 등을 맡은 관청의 정2품 관직. 아래에 종2품의 참판(參判), 정3품의 참의(參議), 정5품의 정 랑(正郞)이 있다.

☞ 五衛長(**오위장**) : 조선시대 군사관청인 오위(五衛)의 종2품과 정3품의 관직.

☞ 右諫議大夫(**우간의대부**) : 고려시대 나라의 제반 정사를 주관하는 관 청인 중서문하성(中書門下省) 소속의 정4품 관직.

☞ 右代言(**우대언**) : 고려시대 임금의 명령을 하달하며 궁궐을 호위하는 관청인 밀직사(密直司)의 정3품 관직. 조선시대 승정원(承政院)의 정3품 관직.

☞ 右副代言(**우부대언**) : 고려시대 임금의 명령을 하달하며 궁궐을 호위 하는 관청인 밀직사의 정3품 관직. 조선시대 왕명을 전달하는 승정원의 정3품 관직.

☞ 右副承宣(**우부승선**) : 고려시대 중추원(中樞院)의 정3품 관직.

☞ 右副承旨(**우부승지**) : 고려시대 밀직사의 정3품 관직. 조선시대 중추부 의 정3품 관직.

☞ 右使(**우사**) : 고려시대와 조선시대 나라의 돈과 곡식 등을 관리하는 관청인 삼사(三司)의 정2품 관직.

☞ 右承旨(**우승지**) : 고려시대 밀직사의 정3품 관직. 조선시대 승정원의 정3품 관직.

☞ 右侍中(**우시중**) : 고려시대 나라의 모든 정사를 주관하는 최고 관청인

문하부의 종1품 관직.

☞ 右尹(우윤) : 고려시대 나라의 돈과 곡식 등을 관리하는 관청인 삼사 (三司)의 종3품 관직. 조선시대 한성부(漢城府)의 종2품 관직.

☞ 右議政(우의정) : 조선시대 나라의 제반 정사를 맡고 관리들을 감독하던 의정부(議政府)의 정1품 관직.

☞ 右正言(우정언) : 고려시대 나라의 제반 정사(政事)를 맡은 중서문하성 (中書門下省)의 종6품 관직. 조선시대 왕에게 도덕문제 등을 간하는 사간원(司諫院)의 정6품 관직.

☞ 虞侯(우후) : 조선시대 각 도에 설치된 병영(兵營)과 수영(水營)의 정3품 관직.

☞ 員外郞(원외랑) : 고려시대 향직(鄕職)의 벼슬 품계 가운데 하나. 아홉 등급에서 네 번째 등급. 고려시대 나라 안의 제반 정무(政務)를 맡는 상서육부(尙書六部)를 총괄하는 관청인 상서도성(尙書都省) 소속의 정6품 관직.

☞ 元尹(원윤) : 고려시대 종친에게 내린 종2품 관직. 지방향직의 하나.

☞ 留守(유수) : 조선시대 개성, 강화, 수원 등 수도권에 둔 정3품의 관직. 유수사(留守使) 등으로도 불렸다.

☞ 孺人(유인) : 조선시대 정9품과 종9품의 문관 및 무관의 부인에게 내린 외명부(外命部)의 벼슬.

☞ 宜人(의인) : 조선시대 정6품과 종6품의 문관 및 무관의 부인에게 내린 외명부의 벼슬.

☞ 吏曹判書(이조판서) : 조선시대 관리를 선발·임명하는 중앙관청이었던 이조(吏曹)의 수장. 정2품이고 아래에 종2품의 참판(叅判), 정3품의 참의(叅議), 정5품의 정랑(正郞), 정6품의 좌랑(佐郞)을 두었다.

(ㅈ)

☞ 資憲大夫(**자헌대부**) : 조선시대 문무관(文武官)에게 내린 정2품 품계의 이름 가운데 하나.

☞ 雜端(**잡단**) : 고려시대 어사대(御史臺)의 종5품 관직. 조선시대 사헌부(司憲府)의 정5품 관직. 뒤에 지평(持平)으로 이름이 바뀌었다.

☞ 將軍(**장군**) : 고려시대 중앙군인 2군(軍)6위(衛)에 딸려 있던 영(領)의 지휘관으로서 정4품 관직. 공민왕 때 호군(護軍)으로 이름이 바뀌기도 하였다.

☞ 掌令(**장령**) : 고려시대와 조선시대 감찰기관인 사헌부의 정4품 관직.

☞ 折衝將軍(**절충장군**) : 조선시대 정3품의 무관(武官)에게 준 벼슬 품계의 이름 가운데 하나.

☞ 貞敬夫人(**정경부인**) : 조선시대 정1품 및 종1품 관리의 부인에게 내려 준 외명부(外命部)의 벼슬.

☞ 政堂文學(**정당문학**) : 고려시대 나라의 모든 정사를 주관하는 최고의 관청인 문하부(門下府)의 종2품 관직.

☞ 正郎(**정랑**) : 조선시대 여러 부서의 정5품 관직.

☞ 定略將軍(**정략장군**) : 조선시대 종4품의 무관 관직.

☞ 貞夫人(**정부인**) : 조선시대 정2품 관리의 부인에게 내려 준 외명부의 벼슬.

☞ 正言(**정언**) : 고려시대 문하부의 종6품 관직. 조선시대 사간원(司諫院)의 정6품 관직.

☞ 正憲大夫(**정헌대부**) : 조선시대 정2품의 관리에게 내린 벼슬 품계의 이름 가운데 하나.

☞ 祭酒(**좨주**) : 고려시대 교육기관인 국자감(國子監)의 종3품 관직. 조선시대 성균관(成均館)의 정3품 관직.

☞ 提學(**제학**) : 고려시대 유교 경전을 강론하는 보문각(寶文閣)의 정3품 관직. 조선시대 각종 서적·문서와 왕명 작성 등을 주관하는 관청인 홍문관(弘文館)의 종2품 관직.

☞ 從仕郞(**종사랑**) : 조선시대 정9품의 관직에 붙은 벼슬 품계의 이름 가운데 하나.

☞ 左諫議大夫(**좌간의대부**) : 고려시대 나라의 제반정사를 맡은 중서문하성(中書門下省)의 정4품 관직.

☞ 左代言(**좌대언**) : 고려시대 국가의 명령을 하달하며 궁궐을 호위하는 밀직사(密直司)의 정3품 관직. 조선시대 왕의 명령을 전달하는 관청인 승정원(承政院)의 정3품 관직.

☞ 佐郞(**좌랑**) : 조선시대 6조(六曹)의 정6품 관직.

☞ 左副代言(**좌부대언**) : 고려시대 나라의 명령을 하달하며 궁궐을 호위하는 관청인 밀직사(密直司)의 정3품 관직. 조선시대 왕명을 전달하는 관청인 승정원(承政院)의 정3품 관직.

☞ 左副承旨(**좌부승지**) : 고려시대 나라의 명령을 하달하며 궁궐을 호위하는 관청인 밀직사(密直司)의 정3품 관직. 조선시대 왕명을 전달하는 관청인 승정원(承政院)의 정3품 관직.

☞ 左副承宣(**좌부승선**) : 고려시대 중추원(中樞院)의 정3품 관직.

☞ 左賓客(**좌빈객**) : 조선시대에, 다음 왕위에 오를 왕자를 교육하는 관청이었던 세자시강원(世子侍講院)의 정2품 관직.

☞ 左司諫(**좌사간**) : 고려시대 나라의 제반정사를 맡은 중서문하성의 정6품 관직.

☞ 左承宣(**좌승선**) : 고려시대 중추원(中樞院)의 정3품 관직.

☞ 左承旨(**좌승지**) : 고려시대 나라의 명령을 하달하며 궁궐을 호위하는 관청인 밀직사(密直司)의 정3품 관직. 조선시대 승정원(承政院)의 정3품 관직.

☞ 左尹(**좌윤**) : 고려시대 삼사(三司)의 종3품 관직. 조선시대 한성부(漢城府)의 종2품 관직.

☞ 左議政(**좌의정**) : 조선시대 최고정책기관인 의정부(議政府) 소속의 정1품 관직.

☞ 左贊成(**좌찬성**) : 조선시대 의정부의 종1품 관직.

☞ 左參贊(**좌참찬**) : 조선시대 의정부의 정2품 관직.

☞ 主簿(**주부**) : 조선시대 왕실의 족보 편찬을 관리하는 관청인 종부시(宗簿寺), 왕의 가마와 말을 관리하는 관청인 사복시(司僕寺), 군수품을 관리하던 관청인 군자감(軍資監)의 종6품 관직.

☞ 注簿(**주부**) : 고려시대 도서관과 인쇄 등을 관리하던 전교시(典敎寺), 왕실의 족보 편찬을 관리하던 종부시, 종실 및 외국사신 접대 등을 관리하던 예빈시(禮賓寺)에 소속된 관직. 품계는 정6품에서 정8품까지 있었다.

☞ 中郞將(**중랑장**) : 고려시대 군(軍)의 정5품 관직.

☞ 中書舍人(**중서사인**) : 고려시대 나라의 최고정책기관인 중서문하성의 종4품 관직.

☞ 中書侍郞平章事(**중서시랑평장사**) : 고려시대 나라의 최고정책기관인 중서문하성의 정2품 관직.

☞ 知郡事(**지군사**) : 고려시대 군(郡)단위의 정4품 관직.

☞ 知申事(**지신사**) : 고려시대 밀직사(密直司)의 정3품 관직. 조선시대 승정원(承政院)의 정3품 관직.

☞ 知制誥(**지제고**) : 고려시대 왕의 명령을 하달하고 교지(敎旨)를 작성하는 일을 맡은 6품 이상의 관인에게 주어지는 관직.

☞ 知中樞府事(**지중추부사**) : 조선시대 중추부(中樞府)의 정2품 관직. 고려시대에는 지중추원사(知中樞院事)라는 이름의 종2품 관직이었다.

☞ 持平(**지평**) : 조선시대 국가 감찰기관인 사헌부(司憲府)의 정5품 관직.

☞ 直講(**직강**) : 고려시대 세자부(世子府)의 정6품 관직. 조선시대 성균관의 정5품 관직.

☞ 直長(**직장**) : 고려시대 여러 관청의 종7품 관직.

☞ 直提學(**직제학**) : 고려시대 유교경전을 강론하는 관청인 보문각(寶文閣)의 정4품 관직. 조선시대 홍문관(弘文館)의 정3품 관직.

☞ 直學(**직학**) : 고려시대 국가 교육기관인 국자감(國子監)의 종9품 관직.

☞ 執義(**집의**) : 조선시대 국가 감찰기관인 사헌부의 정3품 관직.

(ㅊ)

☞ 贊成事(**찬성사**) : 고려시대 나라의 제반 정사를 주관하는 중서문하성의 정2품 관직.

☞ 察訪(**찰방**) : 조선시대 각 도의 역에서 역마(驛馬)의 일을 맡은 종6품의 관직.

☞ 參奉(**참봉**) : 여러 관청의 종9품 관직.

☞ 叅議(**참의**) : 조선시대 육조(六曹)의 정3품 관직.

☞ 叅知政事(**참지정사**) : 고려시대 나라의 제반 정사를 주관하는 중서문하부(中書門下府)의 종2품 관직.

☞ 叅贊(**참찬**) : 조선시대 나라의 제반 정사를 맡고 관리를 감독하는 의정부(議政府)의 정2품 관직. 좌참찬(左叅贊)·우참찬(右叅贊)이 있다.

☞ 叅判(**참판**) : 조선시대 육조(六曹)의 종2품 관직.

☞ 僉議中贊(**첨의중찬**) : 고려시대 나라의 제반 정사를 주관하는 중서문하성이 이름을 바꾼 첨의부(僉議府) 소속의 종1품 관직.

☞ 僉議贊成事(**첨의찬성사**) : 고려시대 나라의 제반 정사를 주관하는 중서문하성이 이름을 바꾼 첨의부 소속의 정2품 관직.

☞ 僉議叅理(**첨의참리**) : 고려시대 나라의 제반 정사를 주관하는 중서문하성이 이름을 바꾼 첨의부 소속의 종2품 관직. 참지정사(叅知政事)를 고쳐 부른 관직 이름이다.

☞ 僉正(**첨정**) : 조선시대 여러 관청의 종4품 관직.

☞ 僉知中樞府事(**첨지중추부사**) : 조선시대 실제 직무를 맡지 않던 정3품 이상의 당상관을 위한 관청인 중추부(中樞府) 소속의 정3품 관직.

(ㅌ)

☞ 太保(**태보**) / 太傅(**태부**) / 太師(**태사**) : 태보·태부·태사를 묶어서 삼사(三師)라고도 한다. 고려시대에 임금의 고문(顧問)을 맡은 정일품 벼슬이었으며, 적임자가 없을 때는 비워 두었다. 종실 또는 원로급 신하에게 내리는 명예직에 가까웠다. 이 가운데 태사가 가장 높은 벼슬이었으며,

그 다음 태부·태보 순이었다.

☞ 太尉(태위) : 고려시대 삼공(三公)의 하나. 나라의 원로대신에게 내리던 정일품 명예직이다.

☞ 通德郞(통덕랑) : 조선시대 정5품의 문관에 붙여진 벼슬 품계의 이름 가운데 하나.

☞ 通仕郞(통사랑) : 조선시대 정8품의 문관에게 붙여진 벼슬 품계의 이름 가운데 하나.

☞ 通事舍人(통사사인) : 고려시대 각종 행사 및 예식 등을 담당하는 관청인 통례문(通禮門)의 정7품 관직.

☞ 通政大夫(통정대부) : 조선시대 정3품의 당상관(堂上官)에게 붙여진 품계의 이름 가운데 하나.

☞ 通訓大夫(통훈대부) : 조선시대 정3품의 문관에게 붙여진 벼슬 품계의 이름 가운데 하나. 통훈대부는 당하관(堂下官)이다.

(ㅍ)

☞ 判決事(판결사) : 조선시대 공·사 노비 문서의 관리와 노비 소송을 맡은 관청인 장례원(掌隷院)의 수장. 품계는 정3품이다.

☞ 判官(판관) : 고려시대 각 고을에 둔 종5품부터 7품까지 둔 관직. 수도에는 정5품의 판결사를 두었다. 조선시대 예빈시(禮賓寺), 선공감(繕工監), 군자감(軍資監) 등 여러 관청에 둔 종5품 관직.

☞ 版圖判書(판도판서) : 고려시대 판도사(版圖司)의 수장 관직. 충렬왕 때 상서호부(尚書戶部)를 고쳐 부른 이름이다. 품계는 정3품이다.

☞ 判敦寧府事(**판돈녕부사**) : 조선시대 왕의 인척을 관리하는 돈녕부(敦寧部)의 종1품 관직.

☞ 判事(**판사**) : 고려시대 상서육부(尙書六部)의 수장 관직. 종2품.

☞ 判書(**판서**) : 조선시대 육조(六曹)의 우두머리를 일컫는다. 정2품.

☞ 判尹(**판윤**) : 조선시대 한성부(漢城府: 서울)의 정2품 관직.

☞ 判義禁府事(**판의금부사**) : 조선시대 죄인을 다스리는 관청인 의금부의 종1품 관직.

☞ 判中樞府事(**판중추부사**) : 조선시대 실제 직무를 맡지 않던 정3품 이상의 당상관을 위한 관청인 중추부(中樞府)의 종1품 관직.

☞ 判中樞院事(**판중추원사**) : 고려시대 중추원의 종2품 관직.

☞ 評理(**평리**) : 고려시대 나라의 모든 정사를 주관하는 최고 관청인 문하부(門下府)의 종2품 관직. 고려 초기에는 참지정사(參知政事)라고 불렀으나, 그 뒤 첨의평리(僉議評理)로 고쳐 불렀다.

☞ 平章事(**평장사**) : 고려시대 나라의 모든 정사를 주관하는 최고 관청인 문하부의 정2품 관직.

☞ 捕盜大將(**포도대장**) : 조선시대 도적을 잡고 범죄단속을 하는 포도청의 종2품 관직. 좌포도대장, 우포도대장이 있다.

(ㅎ)

☞ 翰林學士(**한림학사**) : 고려시대 학문을 담당하는 관청인 한림원(翰林院)의 정4품 관직.

☞ 閤門祗侯(**합문지후**) : 고려시대 의식 및 조회 담당 관청인 통례문(通禮

門)의 정7품 관직.

☞ 縣令(**현령**) : 고려시대 정5품 또는 정6품의 지방 관직. 조선시대는 종5품의 관직.

☞ 刑曹判書(**형조판서**) : 조선시대 각종 법률과 형벌을 다스리는 관청인 형조(刑曹)의 수장으로서 정2품 관직. 아래에 형조참판(종2품), 형조참의(정3품), 형조정랑(정5품), 형조좌랑(정6품)이 있다.

☞ 護軍(**호군**) : 고려와 조선시대 군(軍)의 정4품 관직. 아래에 종4품의 부호군(副護軍)이 있다.

☞ 戶長(**호장**) : 고려, 조선시대 향직(鄕職)의 관직. 품계는 정해지지 않았고, 단지 지역 호족세력의 수장에게 내린 관직이다.

☞ 戶曹判書(**호조판서**) : 나라 안의 인구와 조세, 노비 등을 관리하는 관청인 호조(戶曹)의 수장으로서 정2품의 관직. 아래에 참판(종2품), 참의(정3품), 정랑(정5품), 좌랑(정6품)이 있다.

☞ 訓練大將(**훈련대장**) : 군사훈련을 관장하는 관청인 훈련도감(訓練都監)의 종2품 관직.

※ 주(註) : 벼슬에는 품계가 있었다. 벼슬자리의 높낮음에 따라 부여한 등급을 뜻하는 용어이다. 이를 관계(官階)라고도 하는데, 무슨무슨 대부(大夫)이니 무슨무슨 낭(郎)이니 하는 식으로 벼슬아치들의 사회적 지위에 따르는 등급과 그에 해당하는 칭호에 구별을 두었다. 품계로 4품 이상은 대부(大夫)라고 하였다.

그런데 중앙관청의 벼슬아치와 지방관청에서 일하는 벼슬아치의 등급은 달랐다. 고려시대는 문관(文官)·무관(武官)의 벼슬아치들을 29등급으로 나누었으며, 조선시대는 30등급으로 나누었다.

지방의 벼슬아치들에 대해서는 고려는 16등급의 품계를 두었고 조선은 토관직(土官職)과 잡직(雜織)에 각각 일정한 수의 품계를 두었다. 이른바 정1품, 종1품, 정2품, 정3품…… 등으로 일컫던 벼슬의 품계를 당시에는 대단히 중요하게 여겼다.